Klaus Werner Wirtz

Visual Basic .NET 2010 praxisorientiert

Band 1: Programmieren für Windows

In Kürze erscheint:

Klaus Werner Wirtz

Visual Basic .NET 2010 praxisorientiert

Band 2: Datenbanken und Web-Anwendungen

Klaus Werner Wirtz

Visual Basic .NET 2010

praxisorientiert

Band 1: Programmieren für Windows

© 2010 – Klaus Werner Wirtz

Herstellung und Verlag: Books on Demand GmbH, Norderstedt

ISBN 978-3-8423-0014-9

Bibliografische Information der Deutschen Nationalbibliothek:

Die Deutsche Nationalbibliothek verzeichnet diese Publikation in der Deutschen Nationalbibliografie; detaillierte bibliografische Daten sind im Internet über dnb.d-nb.de abrufbar.

Vorwort

Visual Basic .NET ist eine moderne, objektorientierte Programmiersprache, die sich durch folgende Eigenschaften auszeichnet:

- Sie ist leicht zu erlernen.
- Die grafische Oberfläche von Windows-Anwendungen kann aus vorgefertigten Teilen leicht zusammengesetzt und dann mit Code vervollständigt werden.
- Sie ist für alle Arten von Anwendungen geeignet, von einfachen Programmen bis hin zu hochkomplexen Systemen.
- Sie wird von Microsoft entwickelt, unterstützt und gepflegt. Programme in Visual Basic .NET laufen auf allen heutigen PCs unter Windows.
- Visual Studio, eine komfortable Entwicklungsumgebung für das Schreiben und Testen von Visual Basic .NET-Programmen, wird von Microsoft kostenlos zur Verfügung gestellt.

Dieses Buch enthält eine Einführung in Visual Basic .NET für Wirtschaftsinformatiker, die sowohl für das Selbststudium als auch zur Begleitung eines Programmierkurses an einer Hochschule geeignet ist. Im Rahmen eines Moduls in einem Bachelor-Studiengang mit vier Semesterwochenstunden Präsenz, davon zwei Stunden Praktikum, zuzüglich Vor- und Nachbereitungszeit kann man den Inhalt gut vermitteln.

Präsentiert wird eine didaktisch motivierte Auswahl aus dem gesamten Visual Basic .NET-Sprachumfang, der so groß ist, dass er in einem Band nicht komplett dargestellt werden kann. Die getroffene Auswahl verzichtet zum einen auf weniger wichtige Details bei der Vermittlung von Sprachelementen; dabei wird aber stets Wert darauf gelegt, den Leser auf die Möglichkeiten hinzuweisen, diese Details bei Bedarf selbst herauszufinden. Visual Studio enthält dazu eine umfangreiche, nach Stichworten durchsuchbare Dokumentation, die durch zusätzliche Texte und Programmbeispiele im Internet ergänzt und erweitert wird. Zum anderen werden zwei große Anwendungsbereiche, nämlich Datenbank- und Web-Anwendungen, für einen zweiten Band ausgespart. Im vorliegenden Band werden folgende Themen behandelt:

- In der *Einführung* wird ein Überblick über .NET, Visual Basic .NET und Visual Studio gegeben; weiter wird die Quelle für den Bezug von Visual Studio genannt.
- Im Kapitel *Grundkonzepte und Sprachelemente von Visual Basic .NET* werden die einfachen Bausteine vorgestellt, aus denen die Sprache aufgebaut ist.

- Von zentraler Bedeutung ist das Kapitel *Klassen und Objekte, Vererbung und Schnittstellen*. Hier werden die Elemente der objektorientierten Programmierung allgemein und in ihrer Visual Basic .NET-Realisierung eingeführt.
- *Ereignisse* sind eine Methode der Kommunikation zwischen Objekten: ein Objekt löst ein Ereignis aus, ein anderes oder mehrere andere reagieren darauf. Dieses Kapitel ist auch als Grundlage für die Entwicklung von Windows-Anwendungen bedeutsam, da Benutzeraktionen Ereignisse auslösen.
- Auf Ausnahmesituationen muss man immer vorbereitet sein. Im Kapitel *Fehlerbehandlung* wird die Idee der Strukturierten Ausnahmebehandlung eingeführt, mit deren Hilfe man den in einem Fehlerfall auszuführenden Code klar von dem Rest der Anwendung trennen kann.
- Um die Entwicklung von Windows-Anwendungen geht es im Kapitel *Fenster und Menüs*. Mit Hilfe von Bausteinen, den so genannten Steuerelementen, lassen sich grafische Oberflächen einfach zusammenstellen und mit Code ergänzen. Visual Studio stellt hier mit der Entwurfsansicht von Fenstern, die man weitgehend grafisch manipulieren kann, ein komfortables Werkzeug zur Verfügung.
- Daten müssen in fast allen Anwendungen dauerhaft, d.h. über einen Programmlauf hinaus, gespeichert werden. Speichermedium sind meist die externen Speicher eines Rechners, die vom Betriebssystem verwaltet werden. Im Kapitel *Eingabe und Ausgabe* wird besprochen, wie man aus Visual Basic .NET-Programmen auf Dateien und Verzeichnisse zugreifen kann und wie man Daten in Dateien schreibt und aus Dateien liest. Außerdem wird eine einfache Möglichkeit zur Speicherung von Objekten, die Serialisierung, in mehreren Varianten vorgestellt.
- Ein kurzer Blick hinter die Kulissen beendet das Buch: Das Kapitel *.NET-Programmdateien (Assemblies)* beantwortet die Frage, was man zur Weitergabe von .NET-Programmen tun muss und liefert einige Hintergrundinformationen.

Bei Ihnen als Leser werden nur geringe Vorkenntnisse vorausgesetzt: Sie sollten wissen, was ein Computer ist und wozu Programme eigentlich gut sind. Kenntnisse einer anderen Programmiersprache werden nicht erwartet – obwohl sie nie schaden.

Programmieren ist eine praktische Tätigkeit, die man am besten dadurch lernt, dass man selbst Programme schreibt. Deshalb enthält das Buch zahlreiche Übungen, in denen Sie Programme zur Vertiefung des Gelernten entwickeln und testen sollen. Ein zentrales Anwendungsbeispiel, das mehrfach verfeinert und erweitert wird, zieht sich durch das ganze Buch hindurch.

Im WWW finden Sie unter der URL <http://vbnet1.notlong.com/> weiteres Material zum Buch, u.a. Lösungen zu den Aufgaben.

Über das Buch verstreut werden – meist in Fußnoten – URLs angegeben, die zu vertiefenden Informationen führen. Diese URLs haben zum Zeitpunkt der Erstellung des Manuskripts (Mitte 2010) gestimmt; wie lange sie gültig bleiben, entzieht sich meinem Einfluss. Die im Buch abgedruckten Bildschirmfotos, die Hinweise zur Handhabung von Windows und Visual Studio einschließlich der Menübefehle beziehen sich auf meine Standardinstallation der Visual Basic 2010 Express Edition und des .NET Framework 4.0 auf der Basis von Windows 7 Professional. Unter anderen Versionen von Visual Studio und/oder anderen Windows-Versionen können sich kleinere Abweichungen ergeben.

Was ist neu?
Dieses Buch ist eine Überarbeitung und Aktualisierung meines 2008 erschienenen Buchs "Objektorientierte Programmentwicklung mit Visual Basic .NET – Grundlagen", ISBN 978-3-486-58603-9. Die wesentlichen Änderungen sind:

- Umstellung auf Visual Basic .NET 2010, Visual Studio 2010 und Windows 7.
- Einarbeitung zahlreicher neuer Funktionen der Sprache und der Entwicklungsumgebung, z.B.:
  - Implizite Zeilenfortsetzung – S. 31f.
  - Lokaler Typrückschluss – S. 36f und 42.
  - Arrayliterale – S. 42.
  - Generate From Usage – S. 57 und 79.
  - Automatisch implementierte Eigenschaften – S. 74ff.
  - Auflistungsinitialisierer – S. 105.

Dank
Gern danke ich den Personen, die für das Zustandekommen dieses Buchs wichtig waren und sind:

- Meinen Studenten, an denen ich viele Versionen dieses Programmierkurses ausprobiert habe und die zahlreiche Anregungen, Vorschläge und Ideen eingebracht haben.
- Meinem Sohn Hanno für die Durchsicht eines Teils des Manuskripts.
- Meiner Frau, die nicht nur als Expertin für alle Varianten der Neuen Deutschen Rechtschreibung zahlreiche Fehler gefunden und ausgemerzt hat, sondern die mich während der gesamten Zeit der Manuskripterstellung liebevoll unterstützt hat.

Trotzdem sind natürlich alle Fehler in diesem Buch ganz allein meine! Schreiben Sie mir eine E-Mail, wenn Sie einen finden.

Mönchengladbach-Rheydt, im Juli 2010   Klaus Werner Wirtz
<mailto:wirtz@hs-niederrhein.de>

Inhalt

Vorwort 5

1 Einführung 13
1.1 Was ist .NET? 13
1.2 Versionen und Varianten von Visual Basic .NET und Visual Studio 15
1.3 Alternativen zu .NET und Visual Studio 17
1.4 Übungen: Erste Schritte mit .NET und Visual Studio 17

2 Grundkonzepte und Sprachelemente von Visual Basic .NET 31
2.1 Anweisungen und Kommentare 31
2.2 Variablen 32
2.3 Einfache Datentypen 34
2.4 Vereinbarung von einfachen Variablen 36
2.5 Konstanten 37
2.6 Zuweisung und Ausdrücke 37
2.7 Umwandlung zwischen Datentypen 40
2.8 Komplexe Variablen 41
2.8.1 Felder (Arrays) 42
2.8.2 Enum-Aufzählungen 44
2.9 Kontrollstrukturen 45
2.9.1 Auswahl 45
2.9.2 Bedingungen 48
2.9.3 Wiederholung 50
2.10 Prozeduren 52
2.10.1 Argumente und Parameter 55
2.10.2 Generate From Usage 57
2.10.3 Rekursion 59
2.11 Zusammenfassung 60
2.12 Übungen 61

3	**Klassen und Objekte, Vererbung und Schnittstellen**	**63**
3.1	Überblick	63
3.2	Objekte erzeugen und Methoden benutzen	66
3.3	Konstruktoren	69
3.4	Objektvariablen	71
3.5	Klassen entwickeln	74
3.6	Generate From Usage	79
3.7	Klassenvariablen und –methoden	80
3.8	Ein komplettes Beispiel: Mitarbeiter 1	81
3.9	Referenz- und Wertetypen	87
3.10	Vererbung	89
3.11	Mitglieder der Klasse Object	93
3.12	Schnittstellen	96
3.12.1	Definition und Benutzung von Schnittstellen	96
3.12.2	Wichtige Schnittstellen im .NET Framework	99
3.13	Übungen	106
4	**Ereignisse**	**109**
4.1	Herausgeber	111
4.2	Abonnent	112
4.3	Parameter von Ereignissen	114
4.4	Ereignisse und Vererbung	115
4.5	Klassenereignisse	115
4.6	Übungen	116
5	**Fehlerbehandlung**	**117**
5.1	Code-Absicherung durch Try und Catch	119
5.2	Die Fehlerklasse Exception und davon abgeleitete Klassen	121
5.3	Übungen	125
6	**Fenster und Menüs**	**127**
6.1	Vorbereitung	127
6.2	Überblick	128
6.3	Steuerelemente	128
6.4	Ereignisprozeduren	137

6.5	Menüs	139
6.6	Das Timer-Steuerelement	142
6.7	Vererbung von Elementen der Benutzeroberfläche	144
6.8	Übungen	147

7 Eingabe und Ausgabe — 151

7.1	Verzeichnisse und Dateien	151
7.2	Standarddialoge	157
7.3	Datenströme (Streams)	160
7.4	Objektpersistenz: Serialisierung und Deserialisierung	168
7.5	Übungen	176

8 .NET-Programmdateien (Assemblies) — 179

8.1	Weitergabe von Visual Basic .NET-Programmen	179
8.2	Assemblies	180

Literatur — 185

Index — 187

1 Einführung

> **Lernziel**
> In diesem Kapitel erfahren Sie, was hinter dem Begriff .NET steckt und wie die Programmiersprache Visual Basic .NET in die .NET-Landschaft passt. Als Vorbereitung für die praktische Anwendung wird erläutert, was man zum Entwickeln von Programmen in Visual Basic .NET benötigt und wo man es her bekommt.

1.1 Was ist .NET?

.NET ist eine Plattform für die Software-Entwicklung, die von Microsoft für PCs, die mit dem Betriebssystem Windows laufen, entwickelt wurde. .NET umfasst unter anderem

- Mehrere Programmiersprachen,
- Eine große Zahl von Klassenbibliotheken (Frameworks), die vorgefertigte (Teil-) Lösungen für zahlreiche Aufgaben enthalten,
- Eine Entwicklungsumgebung namens Visual Studio.

.NET kann auch gesehen werden als radikaler Neuanfang von Microsoft im Bereich der Windows-Entwicklungsumgebungen. Leitideen sind

- Integration verschiedener Programmiersprachen,
- Bereitstellung einer komfortablen Infrastruktur für die Software-Entwicklung,
- Bereitstellung von Bausteinen für viele Einzelaufgaben, damit die Entwickler von Arbeiten auf niedrigem Niveau entlastet werden,
- Benutzung offener Standards wie z.B. XML,
- Selbstdokumentation von Programmen und Klassenbibliotheken durch Einbettung von Metadaten,
- Unterstützung neuer Anwendungstypen wie z.B. Web Services,
- Erweiterbarkeit und interne Konsistenz.

Um diese Visionen umzusetzen, enthält .NET mehrere neue Programmiersprachen wie C# und Visual Basic .NET, um das es in diesem Buch geht. Diese und alle weiteren .NET-Sprachen werden in eine gemeinsame .NET-Zwischensprache (*IL – Intermediate Language*) übersetzt, die von einer einheitlichen Laufzeitumgebung (*CLR – Common Language Runtime*) unterstützt wird. Im Vergleich zu früheren Sprachen und Sprachversionen wie z.B. Visual Basic 6 sind neue Klassenbibliotheken hinzugekommen, die neue Programmiermodelle unterstützen (so z.B. der Datenzugriff in ADO.NET) oder ganz neue Anwendungen ermöglichen (so z.B. ASP.NET mit der Möglichkeit, Web-Anwendungen und Web Services zu erstellen). Dazu kommt mit Visual Studio eine komfortable Entwicklungsumgebung, die viel mehr ist als nur eine grafische Bedienoberfläche für die Übersetzer.

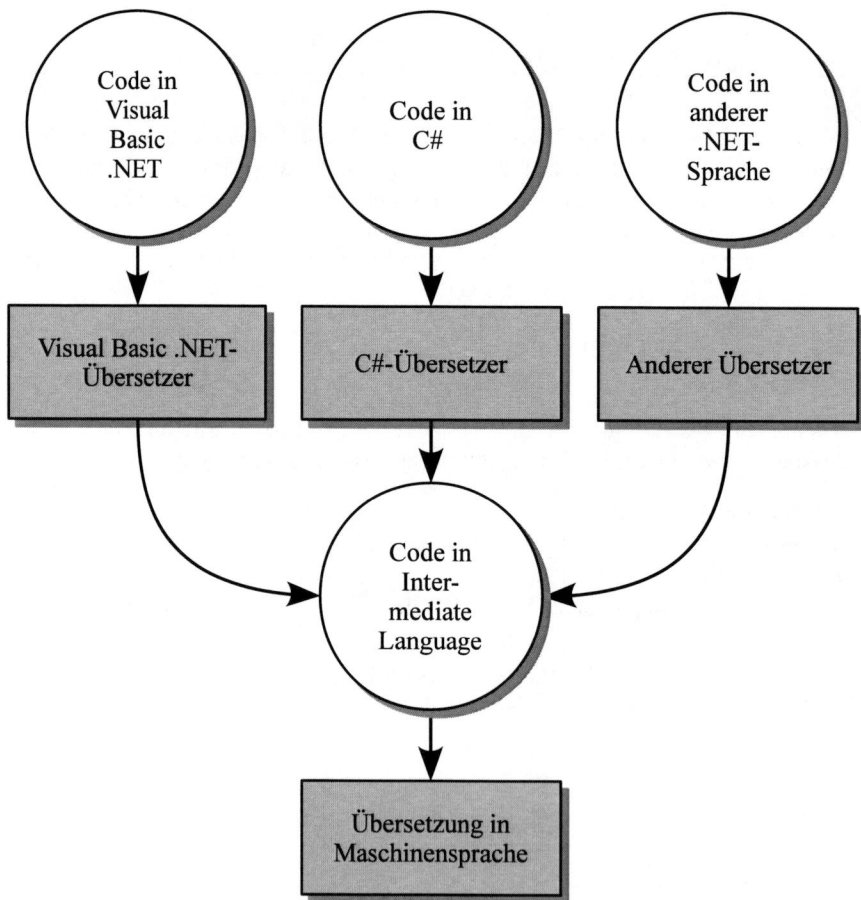

Abb. 1.1 Die Intermediate Language

Abb. 1.1 verdeutlicht das Konzept der Integration verschiedener Sprachen in .NET: Für jede Sprache wird ein Übersetzer benötigt, der in eine einheitliche Zwischensprache, die Intermediate Language (IL), übersetzt. Zur Ausführungszeit wird dieser Code dann in Maschinencode übersetzt und ausgeführt.

In Abb. 1.2 wird die Architektur von .NET zusammengefasst: Mehrere Sprachen werden in eine gemeinsame Zwischensprache nach der Common Language Specification übersetzt;

diese wird vom .NET-Framework unterstützt. Visual Studio als Entwicklungsumgebung hilft bei allen diesen Aufgaben.

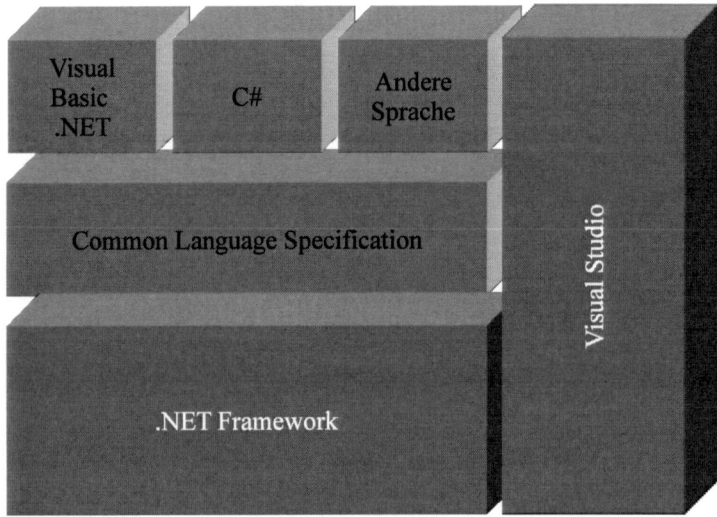

Abb. 1.2 *Die Architektur von .NET*

Die Klassenbibliotheken, die im .NET-Framework enthalten sind, unterstützen zahlreiche Entwicklungsaufgaben durch vorgefertigte Lösungen für immer wiederkehrende Probleme; einige davon sind:

- Ein- und Ausgabe von bzw. auf externe Speichermedien,
- Gestaltung der Benutzerschnittstellen von Anwendungen, die unter Windows laufen,
- Gestaltung der Benutzerschnittstellen von Web-Anwendungen,
- Zugriff auf Datenbanken,
- Datenspeicherung in XML.

1.2 Versionen und Varianten von Visual Basic .NET und Visual Studio

Die folgende Tabelle zeigt in knapper Form die Geschichte von .NET. Eine ausführlichere Darstellung finden Sie z.B. in der Wikipedia[1].

---

[1] <http://de.wikipedia.org/wiki/.NET>.

Tab. 1.1 Geschichte von .NET

Jahr	.NET Framework-Version	Visual Studio-Version
2002	1.0	2002
2003	1.1	2003
2005	2.0	2005
2006	3.0	-
2008	3.5	2008
2010	4.0	2010

Aktuell[2] ist also Visual Studio 2010 mit dem .NET Framework Version 4.0. Diese Version wurde im April 2010 veröffentlicht.

Visual Studio 2010 wird in mehreren Varianten (Editions) angeboten:

- Express,
- Professional,
- Premium,
- Ultimate,
- Test Professional,
- Lab Management, und
- Team Foundation Server.

Die Express-Variante enthält alles, was ein Einsteiger in die Welt der Windows-Programmentwicklung braucht. Sie ist dauerhaft kostenlos. Ursprünglich hatte Microsoft angekündigt, Visual Studio Express für die Dauer eines Jahres kostenfrei zur Verfügung zu stellen; dieser Zeitraum ist aber inzwischen ins Unendliche verlängert worden. Die anderen Varianten enthalten mehr Funktionen, mehr Dokumentation, weniger Einschränkungen und/oder spezielle Integrationshilfsmittel; einen Vergleich der Varianten findet man auf den Microsoft-Seiten[3]. Sie sind kostenpflichtig.

Visual Studio Express wird weiter nach unterstützten Programmiersprachen bzw. Anwendungstypen unterschieden:

- Visual Basic,
- Visual C#,
- Visual C++,
- Visual Web Developer,
- Visual Studio for Windows Phone.

---

[2] *Aktuell* bedeutet hier und anderswo im Text stets den Zeitpunkt der letzten Überarbeitung des Texts (Mitte 2010).

[3] <http://msdn.microsoft.com/de-de/vstudio/default.aspx/>.

Von den Microsoft-Seiten[4] können Sie eine (oder alle) dieser Sprachversionen herunterladen[5]. Wir benutzen die

> **Visual Basic 2010 Express Edition in deutsch**.

Laden Sie auch verfügbare Aktualisierungen (Service Packs, Updates) herunter.

1.3 Alternativen zu .NET und Visual Studio

Da Visual Studio in der Express-Edition seit 2005 kostenfrei ist, ist der Bedarf an kostengünstigen Alternativen überschaubar. Daher nur zwei kurze Hinweise:

- Vor 2005 war nur das .NET-Framework kostenlos, Visual Studio aber nicht. **SharpDevelop**[6] ist eine Open Source-Entwicklungsumgebung für C# und Visual Basic .NET, die auf dem .NET-Framework aufsetzt und Visual Studio ersetzt.
- .NET und Visual Studio laufen nur auf Windows-PCs. **Mono**[7] ist ein Open Source-Projekt, das die Funktionalität des .NET-Frameworks und Visual Studio-ähnliche Entwicklungsumgebungen auf andere Plattformen, wie Linux, Solaris oder Mac OS X bringen will.

1.4 Übungen: Erste Schritte mit .NET und Visual Studio

Diese Übungen gehen davon aus, dass Sie die Visual Basic 2008 Express Edition in deutsch mit allen verfügbaren Aktualisierungen installiert haben. In den ersten Übungen benutzen wir den Kommandozeilen-Compiler `vbc.exe`, danach die Visual Studio-Entwicklungsumgebung.

Falls Sie der Kommandozeilen-Compiler nicht interessiert, können Sie die ersten Übungen ohne jeden Verlust überspringen. Lesen Sie aber unbedingt den Abschnitt zur zeichen- und zeilenorientierten Ein-/Ausgabe, da die dort behandelten Befehle auch in vielen anderen Übungen vorkommen!

---

[4] <http://www.microsoft.com/express/Downloads/>.

[5] Dort gibt es auch – ebenfalls kostenlos – den Datenbank-Server SQL Server 2008 Express (der für dieses Buch nicht benötigt wird).

[6] <http://icsharpcode.net/OpenSource/SD/Default.aspx>.

[7] <http://www.mono-project.com/Main_Page>.

Der Kommandozeilen-Compiler vbc.exe
Suchen Sie auf Ihrer Festplatte nach der Datei `vbc.exe` (eventuell müssen Sie die "Erweiterte Suche" benutzen). Bei einer Standard-Installation finden Sie sie im Verzeichnis `C:\Windows\Microsoft.NET\Framework64\v4.0.30319`[8]. Das zeigt, dass der Übersetzer zum .NET Framework gehört, nicht zu Visual Studio – letzteres wird standardmäßig in `C:\Program Files (x86)\Microsoft Visual Studio 10.0` installiert.

Um den Übersetzer nutzen zu können, müssen Sie sein Verzeichnis dem Verzeichnispfad hinzufügen. Öffnen Sie das Programm *Eingabeaufforderung* (in *Start > Alle Programme > Zubehör*) und geben Sie den Befehl

    set PATH=C:\Windows\Microsoft.NET\Framework64\v4.0.30319;%PATH%

ein. Jetzt können Sie den Befehl

    vbc

ausführen. Da Sie keine Quellprogrammdatei zum Übersetzen benannt haben, zeigt Ihnen der Compiler nur, mit welchen Optionen man ihn benutzen kann – siehe Abb. 1.3. Wir werden die Standardeinstellungen verwenden.

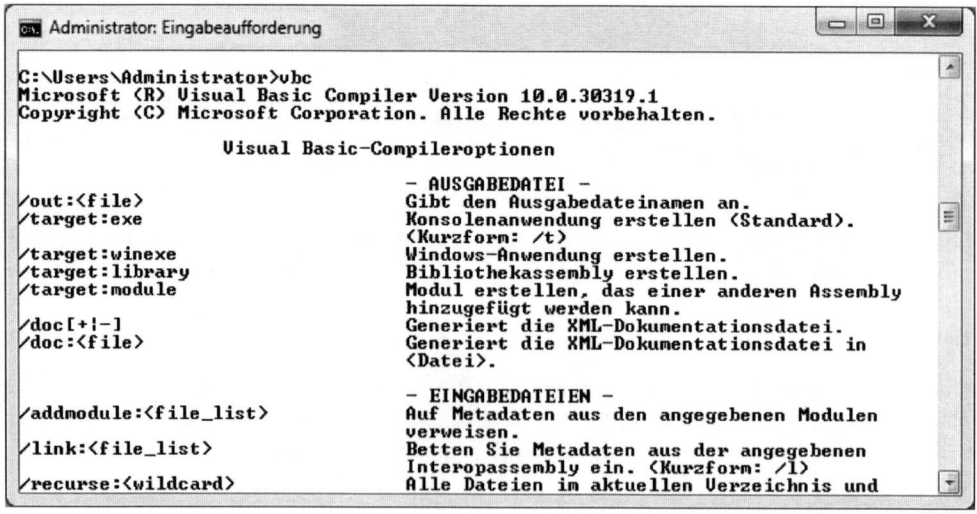

Abb. 1.3   vbc.exe

Lassen Sie das Programm *Eingabeaufforderung* für die nächsten Schritte geöffnet! (Wenn Sie es schließen und später wieder öffnen, müssen Sie den set-Befehl erneut eingeben.)

---

[8]   Versionsnummern u.ä. können bei Ihrer Installation natürlich anders lauten.

1.4 Übungen: Erste Schritte mit .NET und Visual Studio

Zeichen- und zeilenorientierte Ein- und Ausgabe
Programme müssen mit ihren Benutzern kommunizieren, d.h. Eingabewerte entgegen nehmen und Ausgabewerte anzeigen. Hier werden nur die einfachsten Befehle erläutert, um Ihnen simple Ein- und Ausgabeoperationen in der zeichen- und zeilenorientierten Umgebung des Programms *Eingabeaufforderung* zu ermöglichen.

`Console.Write(zeichenkette)` und `Console.WriteLine(zeichenkette)` geben eine Zeichenkette aus. Bei `Write` bleibt die Einfügemarke hinter dem letzten ausgegebenen Zeichen stehen; bei `WriteLine` wird danach die Zeile beendet, so dass der Cursor anschließend auf der ersten Position einer neuen Zeile steht. Eine Zeichenkette wird in Anführungszeichen eingeschlossen, z.B. `"Hallo Welt!"`. Die Zeichenkette kann sich auch als Ergebnis eines Ausdrucks ergeben, in dem der Operator `&` verwendet wird, der zwei Zeichenketten miteinander verbindet. Wenn x und y numerische Variablen sind, dann ist z.B. folgende Anweisung möglich:

```
Console.Write("x + y = " & (x + y))
```

Hier wird die Summe ausgerechnet, das Ergebnis von einer Zahl in eine Zeichenkette umgewandelt, mit der ersten Zeichenkette verbunden und ausgegeben.

`Console.WriteLine()` ohne Zeichenkette bewirkt nur einen Zeilenumbruch.

`Console.ReadLine()` liest alle Zeichen bis zum Zeilenende, das durch Drücken der Eingabetaste angezeigt wird, ein und gibt die gelesenen Zeichen – ohne das Zeilenende – als Zeichenkette an das Programm weiter. `ReadLine` muss also mit einer Variablen zusammen verwendet werden, die die gelesenen Zeichen aufnimmt; z.B. so

```
Dim s As String 's ist eine Zeichenketten-Variable
s = Console.ReadLine() 's enthält die eingegebenen Zeichen
```

Erwartet man, dass der Benutzer eine ganze Zahl eingibt, dann muss man die von `ReadLine` gelesene Zeichenkette in eine ganze Zahl umwandeln; die Funktion `CInt` und ihre Verwandten lernen Sie in Abschnitt 2.7 näher kennen:

```
Dim i As Integer 'i ist eine ganzzahlige Variable
i = CInt(Console.ReadLine()) 'Convert to Integer
```

Wartet man am Ende eines Programms nur noch auf eine Bestätigung, dass der Benutzer das angezeigte Ergebnis zur Kenntnis genommen hat, dann fügt man noch ein `ReadLine` ein. Der Benutzer muss dann die Eingabetaste drücken, damit das Programm endet.

"Hallo Welt!" mit zeichenorientierter Ausgabe
Öffnen Sie den Windows-Editor *(Start > Alle Programme > Zubehör > Editor)* und geben Sie folgendes Programm ein:

```
'Mein erstes VB .NET-Programm
Module MainMod
```

```
    Public Sub Main()
      Console.WriteLine("Hallo Welt!")
      Console.ReadLine()
    End Sub
End Module
```

Das Programm enthält eine Ausgabe- und eine Eingabeanweisung, eingebettet in eine Prozedur (Sub – Subroutine), die wiederum in einen Modul (Module) eingebettet ist.

Speichern Sie das Programm unter dem Dateinamen `Test1.vb` an einem Ihnen genehmen Ort ab, z.B. auf dem Schreibtisch, im Ordner `Dokumente` oder einem Unterordner. Wechseln Sie dann zum Programm Eingabeaufforderung. Machen Sie den Ordner mit `Test1.vb` zum aktuellen Ordner und starten Sie den Visual Basic .NET-Compiler mit

`vbc Test1.vb`

Wenn Sie keine Schreibfehler in Ihr Programm eingebaut haben, gibt der Compiler nur einige Identifikationszeilen aus und beendet sich nach kurzer Zeit wieder. Das ist gut; geben Sie

`dir`

ein. Sie sehen u.a. eine Zeile für Ihr Quellprogramm `Test1.vb` und eine Zeile für das vom Compiler erzeugte ausführbare Programm `Test1.exe`. Letzteres können Sie mit dem Befehl

`Test1`

starten. Der Text "Hallo Welt!" wird angezeigt; danach wartet das Programm darauf, dass Sie die Eingabetaste drücken, und beendet sich. Abb. 1.4 zeigt die letzten drei Schritte. Glückwunsch zum ersten Programm!

1.4 Übungen: Erste Schritte mit .NET und Visual Studio

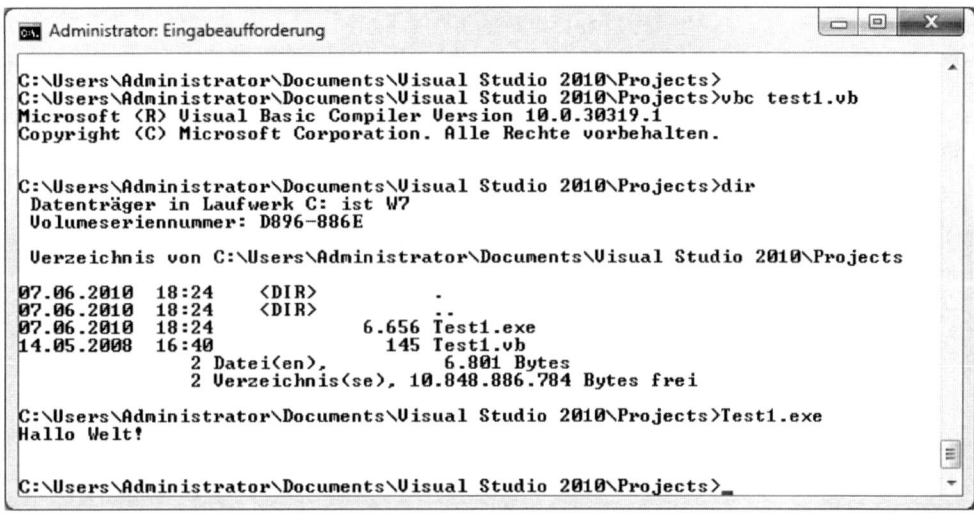

Abb. 1.4 Übersetzung und Ausführung von Test1.vb

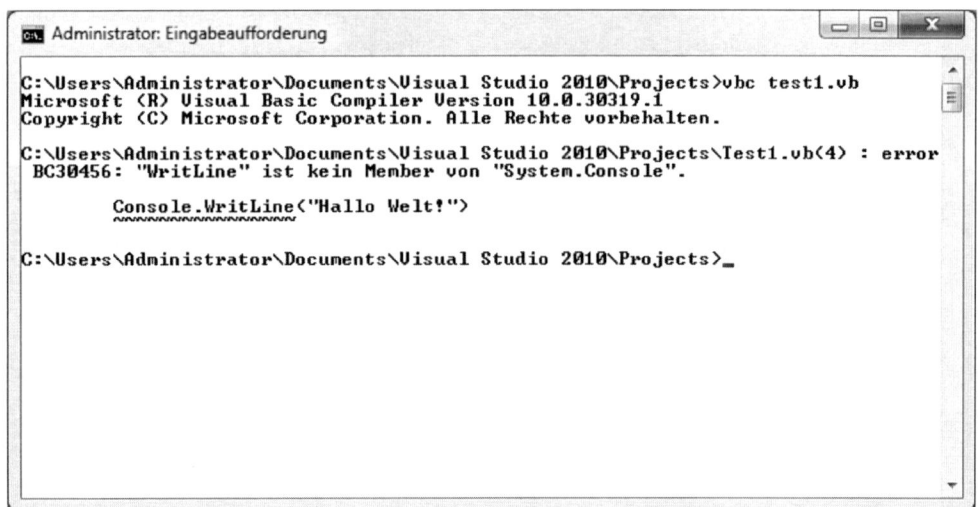

Abb. 1.5 Fehlermeldung des Compilers

Bauen Sie nun einige Schreibfehler in Ihr Quellprogramm ein; ändern Sie beispielsweise im Editor `Module` zu `Madule` und `WriteLine` zu `WritLine`. Speichern Sie die Datei und übersetzen Sie sie erneut; Sie erhalten nun Fehlermeldungen, die mehr oder weniger deutlich auf Ihre Fehler hinweisen. Im Fall `Madule` heißt die Fehlermeldung *Deklaration erwartet*, was nicht sehr aufschlussreich ist; neben anderen Fehlermeldungen wird aber zu `End Module` die Fehlermeldung *Vor 'End Module' muss ein zugehöriges 'Module' stehen* erzeugt, die Sie auf die richtige Spur bringen sollte. Nach der Korrektur dieses Fehlers wird bei der nächsten Übersetzung dann auch der zweite Fehler bemerkt, wie in **Abb. 1.5** zu sehen.

"Hallo Welt!" mit Ausgabe in ein Fenster
Legen Sie eine Kopie von `Test1.vb` an, nennen Sie sie `Test2.vb` und öffnen Sie sie im Editor. Ändern Sie den Text wie folgt:

```
'Mein zweites VB .NET-Programm
Module MainMod
   Public Sub Main()
      Console.WriteLine("Hallo Welt!")
      Messagebox.Show ("Hallo Welt aus dem Fenster!")   'NEU
   End Sub
End Module
```

Neben der Ausgabezeile soll nun mit dem Messagebox.Show-Befehl ein Text in einem Fenster angezeigt werden. Bei der Übersetzung des Programms erhalten Sie die Meldung, dass der Name `Messagebox` nicht deklariert wurde. `Messagebox` ist ein Bestandteil einer .NET Framework-Bibliothek namens `System.Windows.Forms`, die man explizit ansprechen (*importieren*) muss, wenn man sie verwenden möchte. Fügen Sie vor der Module-Zeile eine neue Zeile hinzu:

Abb. 1.6 *Ausgabe von Test2.vb*

1.4 Übungen: Erste Schritte mit .NET und Visual Studio

```
Imports System.Windows.Forms    'NEU
```

Die Übersetzung klappt dann; der Aufruf des Programms erzeugt, wie in Abb. 1.6 zu sehen, die Ausgabezeile und ein Fenster, in dem der Text und eine OK-Schaltfläche angezeigt werden. Wenn Sie auf OK klicken, beendet sich das Programm.

"Hallo Welt!" mit einer Klasse und mehreren Quelldateien
Kopieren Sie `Test2.vb` nach `Test3.vb` und ändern Sie den Quellcode:

```
'Mein drittes VB .NET-Programm
Module MainMod
  Public Sub Main()
    Console.WriteLine("Hallo Welt!")
    Dim h As New HalloFenster()    'NEU
    h.Zeigen()                     'NEU
  End Sub
End Module
```

Statt der Messagebox-Zeile wird hier eine Variable namens h vereinbart, die ein Objekt der Klasse `HalloFenster` ist. Anschließend wird die Methode `Zeigen` dieses Objekts aufgerufen. Die Klasse wird in einer weiteren Quellprogrammdatei namens `Test3a.vb` angelegt:

```
'Die HalloFenster-Klasse
Imports System.Windows.Forms
Class HalloFenster
  Public Sub Zeigen()
    Messagebox.Show("Hallo Welt aus der Fensterklasse!")
  End Sub
End Class
```

Diese beiden Dateien müssen nun zusammen übersetzt werden. Man kann in einem Aufruf des Compilers mehrere Quelldateien angeben:

```
vbc Test3.vb Test3a.vb
```

Das ausführbare Programm heißt dann `Test3.exe` – nach der ersten Quelldatei. Rufen Sie es auf.

Die Visual Studio-Entwicklungsumgebung
Die bisherigen Übungen sollten Ihnen zeigen, dass man im Prinzip mit dem .NET Framework allein auskommen kann; Visual Basic .NET-Programme kann man vollständig von Hand erstellen und mit dem Compiler übersetzen. Trotzdem ist es aus vielen Gründen schön und komfortabel, eine Entwicklungsumgebung zu haben, die dem Programmierer Arbeit

abnimmt und Fehler zu vermeiden hilft. Eine kurze Tour durch Visual Studio soll diese Punkte beleuchten.

Nach dem Start der Visual Basic 2010 Express Edition, wie der volle Name lautet, erscheint eine Startseite, die u.a. zuletzt geöffnete Projekte (Programme) auflistet und Online-Ressourcen anbietet. Mit dem Menübefehl *Datei > Neues Projekt* erhält man ein Fenster, in dem man unter verschiedenen Projekttypen wählen kann. Wir werden in diesem Buch behandeln:

- *Konsolenanwendungen*, die in einem Eingabeaufforderungs-Fenster ablaufen und zeichen- und zeilenorientierte Ein-/Ausgabe verwenden,
- *Windows Forms-Anwendungen*, die die Windows-Oberfläche benutzen und
- *Klassenbibliotheken*, die Klassen zur Verwendung in anderen Anwendungen zur Verfügung stellen.

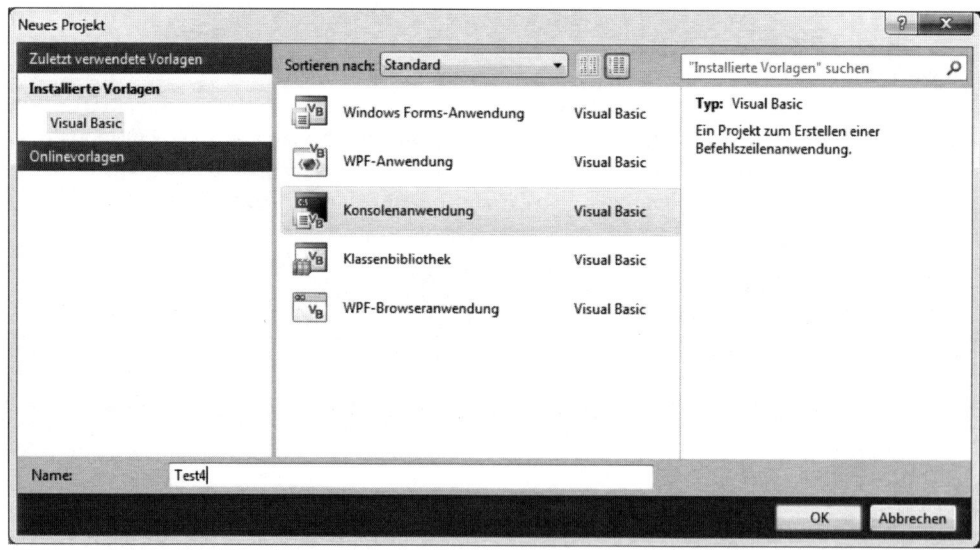

Abb. 1.7   Fenster "Neues Projekt"

In diesen Projektvorlagen sind bereits geeignete Voreinstellungen und Ressourcen enthalten, die man dann nicht mühsam selbst zusammenstellen muss. Erstellen Sie nun eine Konsolenanwendung namens `Test4` und klicken Sie auf *OK*. Das Hauptfenster der Entwicklungsumgebung erscheint; es sollte in etwa so aussehen wie Abb. 1.8.

1.4 Übungen: Erste Schritte mit .NET und Visual Studio

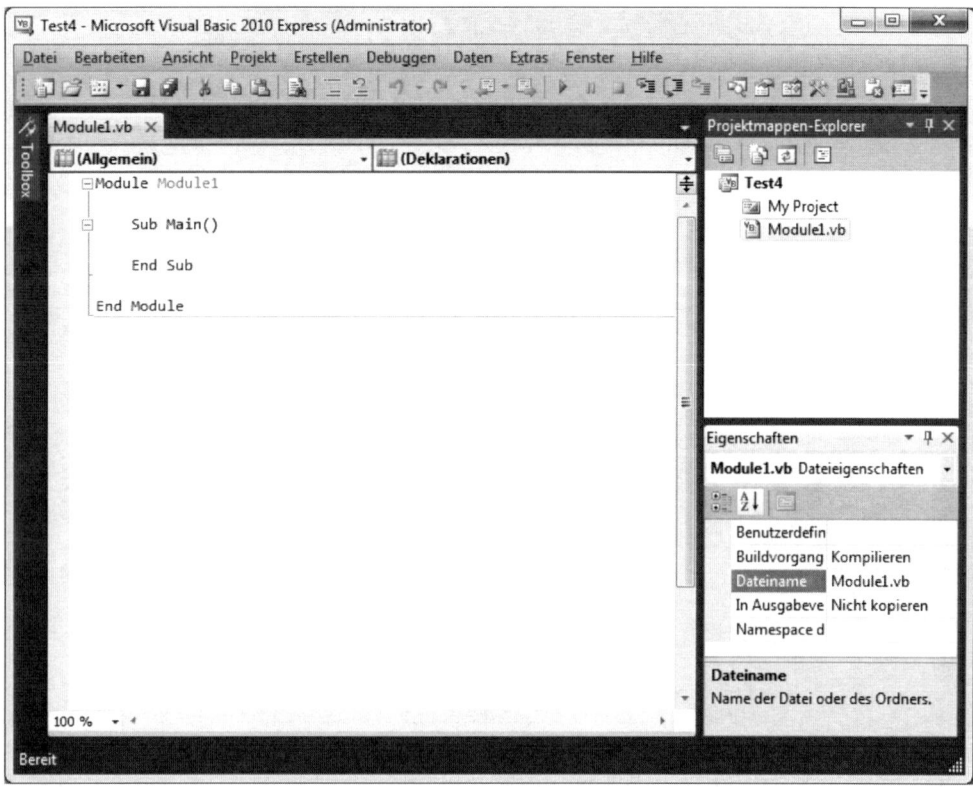

Abb. 1.8 Hauptfenster der Entwicklungsumgebung

Das Hauptfenster ist in mehrere kleinere Fenster unterteilt; daneben enthält es noch eine Menüzeile und eine Symbolleiste, deren Funktionen bei Bedarf erläutert werden. Der Projektmappen-Explorer im oberen rechten Fenster zeigt die Bestandteile Ihres Programms an, die unter dem Projektnamen gruppiert werden; dies entspricht in etwa der Speicherung Ihrer Projektdaten in einem Ordner auf der Festplatte, der nach Ihrem Projekt benannt ist[9]. Das – noch leere – Projekt besteht aus einem Symbol `My Project`, das – vereinfacht gesprochen – für die Eigenschaften und Einstellungen des Projekts steht, und aus dem Quellprogramm, das standardmäßig `Module1.vb` heißt[10]. Im Eigenschaften-Fenster unten rechts werden die Eigenschaften des jeweils ausgewählten Objekts angezeigt. Hier sehen Sie die – nicht sehr interessanten – Eigenschaften von `Module1.vb`; ein Hilfetext dazu findet sich weiter unten. In dem großen Fenster auf der linken Seite kann über die Karteireiter am oberen Rand

---

[9] Wenn Sie alle Dateien sehen wollen, klicken Sie auf das zweite Symbol von links im Projektmappen-Explorer oder wählen Sie *Projekt > Alle Dateien anzeigen*.

[10] Sie können es mit einem Rechtsklick auf das Symbol umbenennen.

etwas zur Anzeige ausgewählt werden; hier sehen Sie den Code-Rahmen für `Module1`, der für Sie generiert worden ist.

Wenn Sie auf `My Project` doppelklicken, öffnet sich links ein Fenster, in dem Sie zahlreiche Einstellungen verändern können. Die meisten sind gut so, wie sie sind; achten Sie aber unter dem Punkt *Kompilieren* darauf, dass Folgendes eingestellt ist (Abb. 1.9):

- `Option Explicit: On`. Das bedeutet, dass alle Variablen vor ihrer Verwendung vereinbart werden müssen. Das ist guter Stil.
- `Option Strict: On`. Diese Einstellung erlaubt nur vom Benutzer ausdrücklich angeforderte Umwandlungen zwischen Datentypen. Hierzu mehr in Abschnitt 2.7.

Abb. 1.9 Einstellungen für die Übersetzung

Kehren Sie zu `Module1` zurück und beginnen Sie mit der Eingabe des Quellprogramms. Wir nehmen noch einmal das zweite "Hallo Welt!"-Beispiel, das aus zwei Anweisungen besteht:

```
Console.WriteLine("Hallo Welt!")
Messagebox.Show("Hallo Welt aus dem Fenster!")
```

Beginnen Sie mit der Eingabe und beachten Sie, dass nach Eingabe des Punkts hinter `Console` ein Fenster mit einer langen Liste aufgeht (Abb. 1.10). Diese Liste enthält die möglichen Fortsetzungen Ihrer Anweisung. Ganz unten finden Sie `WriteLine`; wenn Sie diesen

1.4 Übungen: Erste Schritte mit .NET und Visual Studio

Befehl markieren, erscheint in einem gelben ToolTipp eine kurze Erläuterung. Sie wählen einen Eintrag aus der Liste, indem Sie die Tabulatortaste drücken (dann bleiben Sie in der Zeile) oder die Eingabetaste (dann beenden Sie die Zeile). Wenn Sie nach Auswahl von `WriteLine` die öffnende Klammer eingeben, erhalten Sie wieder einen Tooltipp, der die weiteren Möglichkeiten erläutert[11].

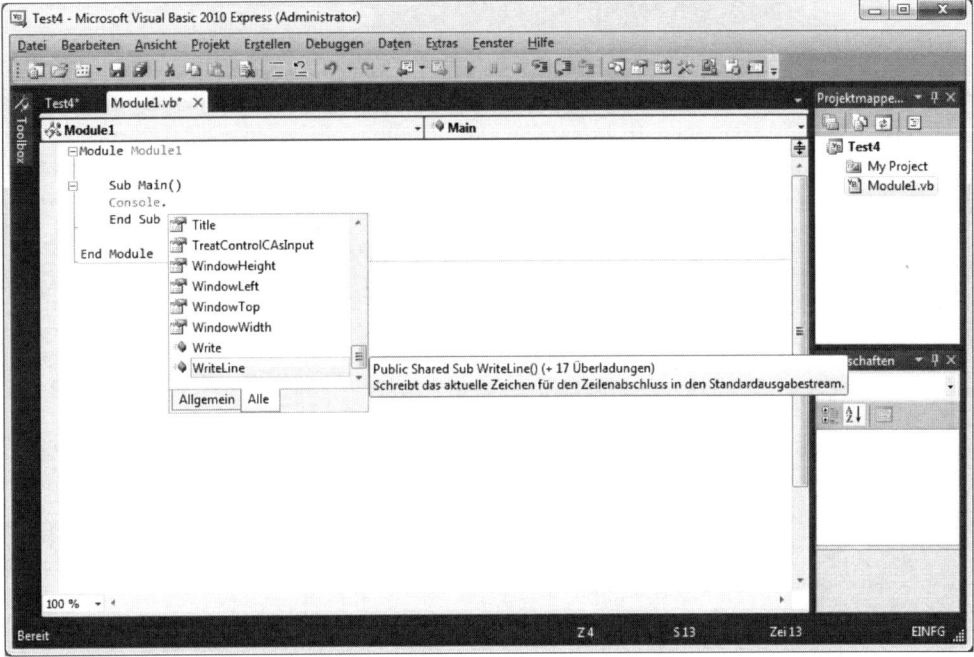

Abb. 1.10 *IntelliSense*

Diese Funktion der Entwicklungsumgebung heißt *Code-Vervollständigung*; Microsoft nennt sie *IntelliSense*. Sie ist äußerst praktisch, weil sie nicht nur Zeit und Schreibarbeit spart, sondern weil sie auch eine Erinnerungs- und Hilfekomponente integriert, die den Benutzer unterstützt, wenn er sich an eine Anweisung, deren exakte Schreibweise oder deren Parameter nicht erinnern kann.

Beachten Sie auch, dass die Entwicklungsumgebung jede Codezeile einrückt, formatiert und prüft, sobald Sie sie verlassen.

IntelliSense ist auch ein Frühwarnsystem für Fehler. Wenn die Code-Vervollständigung an einer Stelle, an der es Hinweise geben sollte, keine Hinweise anzeigt, dann ist wahrscheinlich etwas nicht in Ordnung. Nachdem Sie in der zweiten Zeile das Wort `Messagebox` und

---

[11] Es sind 18 Stück; Nr. 14 ist die gesuchte.

den folgenden Punkt eingegeben haben, erwarten Sie eine Auswahlliste mit dem Show-Befehl. Diese erscheint aber nicht. Sobald Sie die Zeile zu Ende schreiben und sie mit der Eingabetaste beenden, bemerken Sie, dass das Wort `Messagebox` blau unterstrichen ist. Wenn Sie den Cursor einen Moment auf dem Wort ruhen lassen, erscheint ein ToolTipp, der darauf hinweist, dass `Messagebox` nicht definiert ist. Das sehen Sie in Abb. 1.11. Diesen Fehler hatten wir oben auch schon; Sie müssen die Zeile

```
Imports System.Windows.Forms
```

vor der ersten Zeile des Quellcodes einfügen. Achten Sie dabei auf die Code-Vervollständigung, die erstmalig nach dem `I` von `Imports` einsetzt! Nach Eingabe von `System.` wird Ihnen aber `Windows` nicht angeboten. Die .NET-Komponente `System.Windows.Forms` muss dem Projekt zunächst hinzugefügt werden, ehe Sie sich in Ihrem Code auf sie beziehen können:

- Klicken Sie rechts auf den Projektnamen `Test4` im Projektmappen-Explorer.
- Wählen Sie *Verweis hinzufügen* aus dem Kontextmenü.
- Markieren Sie unter dem Karteireiter *.NET* die Komponente `System.Windows.Forms` und klicken Sie auf *OK*.

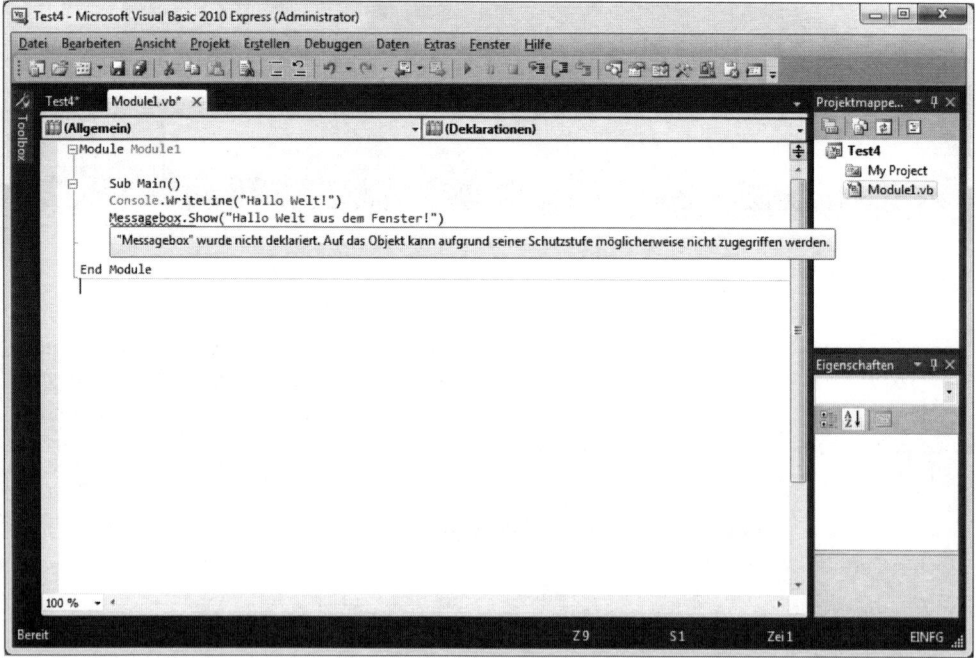

Abb. 1.11   Fehlermeldung als ToolTipp

Nun können Sie in der Imports-Anweisung `Windows` und anschließend `Forms` aus den IntelliSense-Vorschlägen wählen. Damit verschwindet auch die Fehleranzeige bei `Messagebox`.

Sie können Ihr Programm jetzt ausprobieren. Wählen Sie den Menübefehl *Debuggen > Debuggen starten*, drücken Sie die Taste *F5* oder klicken Sie auf den grünen Pfeil in der Symbolleiste. Zwei Fenster erscheinen; sobald Sie im Messagebox-Fenster auf *OK* klicken, wird das Programm beendet und Sie können in der Entwicklungsumgebung weiterarbeiten.

Wenn Sie noch mehr ausprobieren wollen, können Sie das obige "Hallo Welt!"-Beispiel mit der HalloFenster-Klasse in Visual Studio nachvollziehen. Gehen Sie dabei so vor:

- Fügen Sie dem Projekt eine neue Klasse hinzu.
- Geben Sie den Code der Klasse ein.
- Schreiben Sie dann die Anweisungen, die die Klasse benutzen. Achten Sie dabei wieder auf die Code-Vervollständigung, die nicht nur die .NET-Komponenten, sondern auch Ihre selbst geschriebenen Codestücke kennt:
    - Bei der Vereinbarung von h steht die `HalloFenster`-Klasse in der Auswahlliste.
    - Bei der Benutzung von h steht die `Zeigen`-Funktion in der Liste.

Abschließend sollten Sie noch einen Blick auf die umfangreichen Hilfefunktionen der Entwicklungsumgebung werfen:

- Das Hilfe-Menü bietet Möglichkeiten, auf Hilfetexte, Dokumentation und online verfügbare Inhalte (Foren, Beispielcode) zuzugreifen.
- Auf der Startseite (*Ansicht > Startseite*) finden Sie eine Rubrik *Erste Schritte*, deren Einträge speziell auf Visual Basic .NET-Anfänger zugeschnitten sind.

Hilfe ist auch direkt aus Ihrem Code heraus verfügbar. Wenn Sie in Ihrem Programm ein Wort wie z.B. `WriteLine` markieren, können Sie:

- Aus dem Kontextmenü *Gehe zu Definition* wählen. Der Objektkatalog wird geöffnet – siehe Abb. 1.12 – und zeigt Informationen in drei Bereichen:
    - Der Objektbereich links zeigt die hierarchische Einordnung des gewählten Symbols. `WriteLine` gehört zu der Klasse `Console` im Namensraum `System`.
    - Der Mitgliederbereich oben rechts zeigt alle Bestandteile von `Console` an und ist auf `WriteLine` positioniert.
    - Der Beschreibungsbereich unten rechts zeigt Details zu dem markierten Begriff, u.a. eine Kurzbeschreibung.
- Die Taste *F1* drücken. Ihr Standard-Web Browser wird geöffnet, in dem ausführliche Hilfetexte mit Beispielen und Erläuterungen dargestellt werden. Bei Codebeispielen finden Sie rechts in der Kopfzeile eine Schaltfläche zum Kopieren des Codes, den Sie so einfach in Ihr Programm übernehmen können.[12] Die Hilfetexte können von der lokalen

---

[12] Das Kopieren funktioniert mit dem Internet Explorer. Mit anderen Browsern kann es funktionieren, muss aber nicht.

Installation von Visual Studio oder aus dem Internet bezogen werden; im Visual Studio-Menü *Hilfe > Hilfeeinstellungen verwalten* können Sie das Verhalten bestimmen.

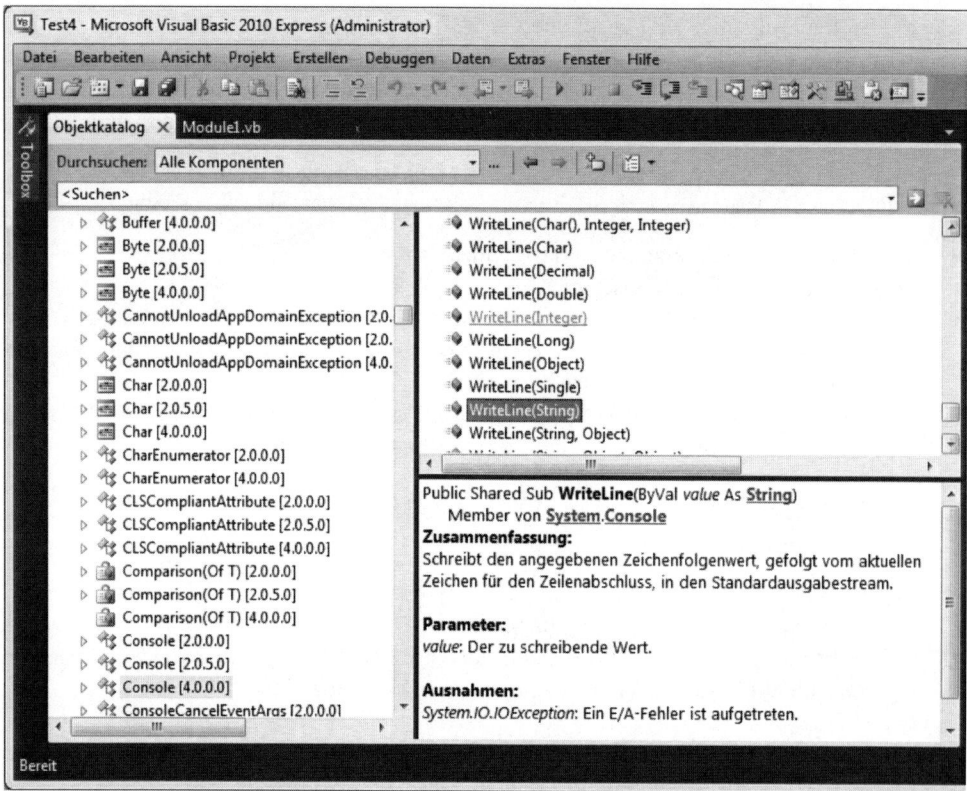

Abb. 1.12   Objektkatalog

Damit endet die kurze Tour durch die Entwicklungsumgebung. Weitere Funktionen und Fähigkeiten werden im Verlauf des Buchs besprochen; vieles werden Sie auch selbst entdecken können.

2 Grundkonzepte und Sprachelemente von Visual Basic .NET

Lernziel
In diesem Kapitel werden einige grundlegende Eigenschaften von Visual Basic .NET vorgestellt. Dazu gehören formale Dinge, auf die man beim Schreiben eines Programms achten muss, und Begriffe wie Variablen, Konstanten und Operatoren. Prozedurale Sprachelemente von Visual Basic .NET, mit denen man den Programmablauf steuern kann, gehören auch dazu; das sind die Kontrollstrukturen sowie die Prozeduren und Funktionen.

2.1 Anweisungen und Kommentare

Ein Visual Basic .NET-Programm besteht aus vielen einzelnen *Anweisungen*. Es gibt kein spezielles Zeichen, um das Ende einer Anweisung zu kennzeichnen; stattdessen dient das Ende einer Programmzeile im Normalfall auch als Anweisungsende. Lange Anweisungen kann man auf mehrere Zeilen verteilen, indem man jede Zeile außer der letzten mit der Zeichenfolge " _" (Leerzeichen + Unterstrich) beendet. Es können auch mehrere Anweisungen in eine Zeile geschrieben werden; dann muss man sie durch ":" (Doppelpunkt) voneinander trennen. Mehr als eine Anweisung in einer Zeile wirkt unübersichtlich und sollte vermieden werden. Die drei nachfolgenden Varianten enthalten also je zwei Anweisungen und sind inhaltlich identisch:

```
Console.WriteLine("Hallo Welt!")
Messagebox.Show("Hallo Welt aus dem Fenster!")

Console.WriteLine _
   ("Hallo Welt!")
Messagebox.Show _
   ("Hallo Welt aus dem Fenster!")
```

```
Console.WriteLine("Hallo Welt!") : Messagebox.Show _
   ("Hallo Welt aus dem Fenster!")
```

Auf das Fortsetzungszeichen kann in einigen Fällen verzichtet werden; z.B. braucht man an den folgenden Stellen keins:[13]

- Nach einem Komma.
- Nach einer öffnenden Klammer.
- Vor einer schließenden Klammer.
- Nach einem zweistelligen Operator; dazu gehören u.a. die arithmetischen Operatoren +, –, * und /.
- Nach einem Punkt, der für den Aufruf von Methoden benutzt wird.[14]

Die obigen Beispielanweisungen können also auch so geschrieben werden:

```
Console.WriteLine(
   "Hallo Welt!")
Messagebox.Show(
   "Hallo Welt aus dem Fenster!")
```

Vor, zwischen und nach Bestandteilen von Anweisungen können beliebig viele Leerzeichen gesetzt werden. Das kann und sollte man dazu verwenden, Anweisungen einzurücken, um ihre Struktur sichtbar zu machen.

Neben Anweisungen, die übersetzt und ausgeführt werden, kann man in ein Programm auch *Kommentare* aufnehmen; das sind freie Texte, die Informationen über das Programm für einen menschlichen Leser enthalten. Kommentare werden weder übersetzt noch ausgeführt. Kommentare beginnen mit einem " ' " (Apostroph) und enden am Zeilenende. Die Anzahl und Länge von Kommentaren in einem Programm ist nicht begrenzt; Sie sollten diese Möglichkeit der Dokumentation nutzen. Beispiele:

```
Console.WriteLine("Hallo Welt!")    ' Ausgabe auf die Konsole
Messagebox.Show("Hallo Welt aus dem Fenster!")    ' Ausgabe
   ' in ein Fenster
```

2.2 Variablen

Eine Variable ist im einfachsten Fall ein Speicherplatz, der im Programmablauf verschiedene Werte aufnehmen kann, verbunden mit einem Namen, über den man auf den Speicherplatz und damit auf den Wert zugreifen kann. Meist hat eine Variable auch noch einen Datentyp,

---

[13] Die vollständige Liste finden Sie in der Visual Basic .NET-Hilfe unter dem Stichwort *Implizite Zeilenfortsetzung*.

[14] Vgl. Abschnitt 3.2 „Objekte erzeugen und Methoden benutzen".

2.2 Variablen

der festlegt, welche Art von Werten (Zeichen, ganze Zahlen, ...) im Speicherplatz abgelegt werden dürfen.

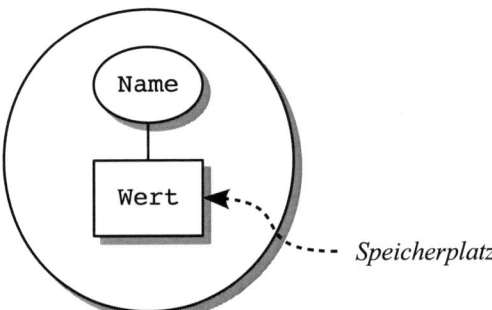

Abb. 2.1 *Einfache Variable*

Neben den einfachen Variablen, die als Werte Zahlen oder Zeichen aufnehmen können, lernen Sie in diesem Kapitel Variablen kennen, die komplexere Werte aufnehmen, wie Felder (Arrays) und Enum-Aufzählungen als Beispiel für benutzerdefinierte Typen. Letztlich gibt es dann noch Variablen, die Objekte repräsentieren; diese werden im nächsten Kapitel eingeführt.

Der Name einer Variablen wird im Programm immer da verwendet, wo man mit dem Wert der Variablen arbeiten möchte. Man sollte möglichst sprechende Namen wählen; die Regeln für die Bildung von Namen sind nicht sehr einengend:

- Das erste Zeichen des Namens muss ein Buchstabe (A ... Z) oder ein "_" (Unterstrich) sein.
- Danach können weitere Buchstaben (A ... Z), Ziffern und Unterstriche folgen.
- Ein Name darf maximal 16383 (!) Zeichen lang sein.
- Groß- und Kleinschreibung werden nicht unterschieden; die Namen Summe, SUMME, summe und sUmMe bezeichnen also ein und dieselbe Variable.
- Namen dürfen nicht mit Visual Basic .NET-Schlüsselwörtern übereinstimmen. Im Verlauf dieses Buchs lernen Sie viele, aber nicht alle Schlüsselwörter kennen, das sind Wörter, mit denen Visual Basic .NET eine bestimmte feste Bedeutung verbindet. Die Entwicklungsumgebung warnt Sie, wenn Sie diese Regel verletzen.

Es macht Sinn, unter Beachtung dieser Regeln engere Namenskonventionen (und weitere Standards) zu entwickeln, um beispielsweise in einem Team von Programmierern zu einheitlichem und damit besser lesbarem Code zu kommen. Dieses Thema kann aber nur kurz an einigen Stellen im Buch gestreift werden.[15]

2.3 Einfache Datentypen

Der Datentyp bestimmt, welche Art von Werten eine Variable aufnehmen kann. Visual Basic .NET stellt eine Reihe von einfachen Datentypen zur Verfügung, die in nummerische und nicht-nummerische Typen zerfallen. Die nummerischen Typen unterteilt man weiter in ganzzahlige und reellwertige Typen.

Ganzzahlige Datentypen
Die verschiedenen ganzzahligen Datentypen decken verschiedene Wertebereiche ab; intern belegen sie unterschiedlich viel Speicherplatz. Da heute Speicherplatz keinen Engpass mehr darstellt, besteht kein Anlass, sich allzu viele Gedanken über sparsame Verwendung des Speichers zu machen.

Tab. 2.1 enthält die ganzzahligen Datentypen mit ihrer Bezeichnung, ihrem Speicherplatz, ihrem Wertebereich und dem Typkennzeichen, dessen Verwendung direkt anschließend erläutert wird.

Tab. 2.1   *Ganzzahlige Datentypen*

Datentyp	Speicherplatz	Wertebereich	Typkennzeichen
Byte	1 Byte	0 ... 255	
Short	2 Bytes	-32.768 ... 32.767	S
Integer	4 Bytes	-2.147.483.648 ... 2.147.483.647	I
Long	8 Bytes	ca. $-9*10^{18}$ ... $9*10^{18}$	L

Wenn man einen Wert wie z.B. 3 oder 3.45 in einem Visual Basic .NET-Programm direkt (als so genanntes *Literal*) hinschreibt, dann erhält dieser Wert auch einen Datentyp. Der Wert 3 ist ganzzahlig; unter den ganzzahligen Datentypen ist Integer der Standardtyp, die 3 würde also als Integer in vier Bytes abgelegt werden. Will man – aus welchen Gründen auch immer – einen Datentyp vorschreiben, dann hängt man ein Typkennzeichen an den Wert an. 3S würde also den Wert 3 als Short speichern.

Reellwertige Datentypen
Zahlen mit Nachkommastellen werden in reellwertigen Datentypen gespeichert. Aufgrund der internen Darstellung unterscheidet man diese Typen nicht nach dem Wertebereich, son-

---

[15] Mehr zu Namenskonventionen finden Sie z.B. in der Wikipedia unter <http://de.wikipedia.org/wiki/Namenskonvention> und <http://de.wikipedia.org/wiki/Ungarische_Notation>.

dern nach der Genauigkeit, mit der sie eine gegebene Zahl abbilden. Zahlen wie 1/3 oder π haben bekanntlich unendlich viele Stellen, ein Rechner als endliches Gebilde kann aber nur endlich viele Stellen speichern. Bei der Speicherung kommt es also zu Rundungsfehlern, die in diesem Buch keine Rolle spielen, die für nummerische Anwendungen aber bedeutsam sind.

Tab. 2.2   Reellwertige Datentypen

Datentyp	Speicherplatz	Genauigkeit	Typkennzeichen
Single	4 Bytes	7 Stellen	F
Double	8 Bytes	15 Stellen	R
Decimal	12 Bytes	28 Stellen	D

Reelle Literale werden mit einem Dezimal*punkt* geschrieben, nicht mit einem Dezimal*komma*, also 3.45! Double ist der Standardtyp; Sie können ein Typkennzeichen anhängen, wenn Sie einen anderen Typ erzwingen wollen, z.B. 3.45F.

Nichtnummerische Datentypen
Nichtnummerische Daten in Visual Basic .NET sind Zeichen und Zeichenketten[16], Datumswerte und Wahrheitswerte.

Tab. 2.3   Nichtnumerische Datentypen

Datentyp	Speicherplatz	Wertebereich	Typkennzeichen
Char	2 Bytes	1 Unicode-Zeichen	C
String	10 + 2*n Bytes	2 Mrd. Unicode-Zeichen	
Date	8 Bytes	1.1.100 ... 31.12.9999 mit Uhrzeit	
Boolean	4 Bytes	true und false	

Zeichen und Zeichenketten werden intern im Unicode[17] dargestellt; dieser ist ein Zwei-Byte-Code, d.h. jedes Zeichen belegt zwei Bytes Speicherplatz. Literale werden in Anführungszeichen eingeschlossen; "z" wird stets als String-Literal verstanden. Ein Char-Literal muss ein Typkennzeichen tragen wie in "z"C. Datumswerte werden als Literal in der Form

```
#m/t/j h:s AM|PM# , also beispielsweise als
#12/24/2010 6:00 PM#  ' Bescherung!
```

geschrieben. Boolesche oder Wahrheitswerte sind die beiden Werte *wahr* und *falsch*, die in Visual Basic .NET true und false heißen.

---

[16]   Zeichenketten sind in Visual Basic .NET nicht als einfacher Datentyp, sondern als Klasse realisiert. Man kann sie aber wie einen einfachen Datentyp benutzen, was wir hier (vorläufig) tun wollen.

[17]   Vgl. z.B. <http://dc.wikipedia.org/wiki/Unicode>.

Datentypen im .NET Framework

Die besprochenen Visual Basic .NET-Datentypen werden (natürlich) vom .NET Framework unterstützt; die meisten von ihnen heißen auch genau so. Lediglich die ganzzahligen Datentype `Short`, `Integer` und `Long` werden im .NET Framework als `Intxx` bezeichnet, wobei `xx` für die Anzahl Bits steht, die die Werte belegen. Tab. 2.4 enthält eine Gegenüberstellung.

Tab. 2.4   *Datentypen in Visual Basic .NET und im .NET Framework*

Visual Basic .NET	.NET Framework
Byte	System.Byte
Boolean	System.Boolean
Single	System.Single
Double	System.Double
Decimal	System.Decimal
Short	System.**Int16**
Integer	System.**Int32**
Long	System.**Int64**

2.4   Vereinbarung von einfachen Variablen

Bei der Vereinbarung einer Variablen nennt man den (selbst gewählten) Namen der Variablen und den Datentyp in der Form

```
Dim variablenname As datentyp
```

Hier (und im Folgenden) deuten kursive, klein geschriebene Wörter in Code-Beispielen an, dass an deren Stelle entsprechende Bezeichner eingesetzt werden müssen, um gültige Anweisungen zu erhalten. Beispiel:

```
Dim Alter As Integer
```

`Dim` und `As` sind Visual Basic .NET-Schlüsselwörter, an denen der Übersetzer erkennt, dass danach ein Variablenname bzw. ein Datentyp angegeben wird. Man kann der Vereinbarung auch gleich einen Anfangswert mitgeben, mit dem die Variable ihr Leben beginnen soll:

```
Dim Alter As Integer = 25
```

Mehrere Variablen eines Datentyps können in einer Dim-Anweisung vereinbart werden, was Schreibaufwand spart:

```
Dim i, j, k As Integer
```

Eine weitere Abkürzungsmöglichkeit nennt sich *Lokaler Typrückschluss (local type inference)*. Dabei schließt der Übersetzer aus dem angegebenen Anfangswert der Variablen auf den Datentyp und weist diesen der Variablen zu. In der Vereinbarung

```
Dim Alter = 25
```

wird die Variable `Alter` automatisch als `Integer` vereinbart. Damit dies funktioniert, muss

- In den Einstellungen für die Übersetzung `Option Infer` den Wert `On` haben – vgl. **Abb. 1.9**.
- Die Vereinbarung in einem Programmteil mit lokalem Gültigkeitsbereich liegen, z.B. in einer Prozedur[18]. Bei Missachtung dieser Einschränkung erhalten Sie eine Fehlermeldung.

2.5 Konstanten

In den vorigen Abschnitten wurden Werte, die direkt im Programm angegeben werden, als Literale bezeichnet. *Konstanten* sind auch feste Werte, die aber mit Namen versehen und über diese Namen angesprochen werden; z.B.

```
Const Mehrwertsteuersatz as Single = 0.19
Const Pi As Double = 3.14159
```

Die Vorteile von Konstanten sind:

- Der Code wird verständlicher, wenn sprechende Namen gewählt werden.
- Bei der späteren Änderung eines Werts (denken Sie an eine Erhöhung des Mehrwertsteuersatzes!) braucht nur die Vereinbarung der Konstante geändert zu werden.

2.6 Zuweisung und Ausdrücke

Wie bekommt man einen Wert in eine Variable hinein? Die Möglichkeit eines Anfangswerts wurde oben bereits behandelt; im Verlauf eines Programms möchte man aber den Wert einer Variablen ändern können. Dafür gibt es die Zuweisung, deren allgemeine Form so lautet:

variable = ausdruck

Dabei kann *ausdruck* ein beliebig komplizierter arithmetischer oder sonstiger Ausdruck sein, um dessen Konstruktionsmöglichkeiten wir uns gleich kümmern werden. Wichtig ist, dass die Zuweisung in zwei nacheinander ablaufenden Schritten ausgeführt wird:

---

[18] Vgl. Abschnitt 2.10 „Prozeduren".

1. Der Ausdruck rechts vom Gleichheitszeichen wird ausgerechnet und ergibt einen Wert.
2. Dieser Wert wird in der Variablen auf der linken Seite abgelegt.

Einige einfache Zuweisungen sind in Tab. 2.5 zu sehen.

Tab. 2.5 Zuweisungen

Zuweisung	Bedeutung
A = 1	A erhält den Wert 1.
A = A + 1	Der alte Wert von A wird um 1 erhöht und als neuer Wert von A gespeichert.
A = B	Der Wert von B wird zum neuen Wert von A.

Ausdrücke können mit Hilfe von *Operatoren* gebildet werden. Arithmetische Operatoren führen Rechenoperationen aus; Visual Basic .NET verwendet dafür die folgenden Zeichen:

Tab. 2.6 Arithmetische Operatoren

Operator	Bedeutung
+	Addition
-	Subtraktion
*	Multiplikation
/	Division
\	Ganzzahlige Division
Mod	Rest der ganzzahligen Division
^	Potenzierung

Die vier Grundrechenarten bedürfen wohl keiner Erläuterung; zu beachten ist, dass das Ergebnis einer Division immer den Datentyp `Double` erhält. Die ganzzahlige Division hat zum Ergebnis, wie oft der Divisor ganz im Dividend enthalten ist:

    6 \ 4 ergibt 1.

Der Rest der ganzzahligen Division ist das, was nach Ausführung der ganzzahligen Division vom Dividend übrig bleibt, also

    6 Mod 4 ergibt 2.

Für Zeichenketten gibt es nur einen Operator, den Verkettungsoperator `&`. Mit ihm fügt man zwei Zeichenketten zusammen:

    "Hallo " & "Welt!" ergibt "Hallo Welt!".

Bestimmte häufig vorkommende Ausdrücke können durch Abkürzungen vereinfacht werden. Die folgende Tab. 2.7 zeigt die Möglichkeiten.

2.6 Zuweisung und Ausdrücke

Tab. 2.7 *Abgekürzte Ausdrücke*

Ausdruck	Abkürzung
A = A + B	A += B
A = A - B	A -= B
A = A * B	A *= B
A = A / B	A /= B
A = A \ B	A \= B
A = A ^ B	A ^= B
S1 = S1 & S2	S1 &= S2

Längere Ausdrücke mit mehreren Operatoren werden in einer bestimmten Reihenfolge ausgerechnet, die sich an bekannten Prinzipien ("Punktrechnung vor Strichrechnung") orientiert. Operatoren sind in der Rangfolge von Tab. 2.8 angeordnet, wobei höherrangige Operatoren zuerst angewendet werden. Bei mehreren Operatoren des gleichen Rangs wird von links nach rechts vorgegangen.

Tab. 2.8 *Rangfolge der Operatoren*

Rang	Operator(en)	Bedeutung
1	^	Potenzierung
2	-	Negatives Vorzeichen
3	*, /	Multiplikation, Division
4	\	Ganzzahlige Division
5	Mod	Rest der ganzzahligen Division
6	+, -	Addition, Subtraktion

Durch Klammersetzung kann jede beliebige gewünschte Reihenfolge der Abarbeitung eines Ausdrucks hergestellt werden. Klammern werden immer von innen nach außen aufgelöst. Überflüssige Klammern schaden nicht.

Über die Operatoren hinaus stellt das .NET Framework zahlreiche vorgefertigte Funktionen und Konstanten bereit, von denen hier nur einige wenige genannt werden können. Die Klasse `Math` z.B. enthält mathematische Funktionen wie `Abs`, `Exp`, `Log`, `Max`, `Min`, `Round`, `Sin`, `Sqrt` und Konstanten wie `E` oder `PI`, die man – unter Nennung des Klassennamens – direkt benutzen kann[19], z.B.

```
A = Math.Sqrt(2) * Math.PI
```

multipliziert die Wurzel aus 2 mit der Zahl π.

Auch zur Manipulation von Zeichenketten gibt es Funktionen, die beispielsweise eine Zeichenkette in Großbuchstaben oder in Kleinbuchstaben umwandeln oder ihre Länge ermitteln.

---

[19] Weil sie Klassenmethoden bzw. –konstanten sind; hierzu im nächsten Kapitel mehr.

Weil der Datentyp `String` eigentlich eine Klasse ist, werden diese Funktionen etwas anders aufgerufen:

```
Dim s As String = "Rhein"
Dim s1, s2 As String
Dim i As Integer
s1 = s.ToUpper ()    'ergibt "RHEIN"
s2 = s.ToLower ()    'ergibt "rhein"
i = s.Length ()      'ergibt 5
```

2.7 Umwandlung zwischen Datentypen

Wenn in mathematischen Ausdrücken Variablen verschiedener Datentypen vorkommen, muss man sich möglicherweise über den Datentyp des Ergebnisses des Ausdrucks und seine Umwandlung in den Datentyp der Variablen auf der linken Seite der Zuweisung Gedanken machen. Allgemein gibt es zwei Möglichkeiten der Umwandlung:

- Eine Erweiterung von einem *kleineren* in einen *größeren* Datentyp ist verlustfrei möglich.
- Die umgehrte Konvertierung kann – je nach Wert – zu Verlusten führen.

Die Begriffe *kleiner* und *größer* sind so zu verstehen, dass der Wertebereich des kleineren ganz im Wertebereich des größeren Datentyps enthalten ist[20]. Aus Tab. 2.1 entnehmen Sie z.B., dass `Byte` eine echte Teilmenge von `Short` ist; der Wertebereich von `Char` ist in `String` enthalten. Erweiterungen werden ohne weiteres vorgenommen:

```
Dim b As Byte = 62
Dim i As Integer
Dim d As Double
i = b  'ok
d = b  'ok
```

Eingrenzungen, d.h. Umwandlungen von einem größeren in einen kleineren Datentyp, werden von Visual Basic .NET nicht automatisch vorgenommen, weil sie zu Verlusten führen können. Es gibt aber Funktionen, die solche Umwandlungen vornehmen und dabei eventuell runden; ihre Namen sind Abkürzungen von `Convert to` *Datentyp*:

```
CBool (ausdruck)    'Convert to Boolean
CByte (ausdruck)    'Convert to Byte
CChar (ausdruck)    'Convert to Char
CDate (ausdruck)    'Convert to Date
CDbl  (ausdruck)    'Convert to Double
```

---

[20] Vgl. Tab. 2.1 und Tab. 2.2.

```
CDec (ausdruck)     'Convert to Decimal
CInt (ausdruck)     'Convert to Integer
CLng (ausdruck)     'Convert to Long
CShort (ausdruck)   'Convert to Short
CSng (ausdruck)     'Convert to Single
CStr (ausdruck)     'Convert to String
```

Zu den Details der Umwandlung wird auf die Hilfe verwiesen; hier soll ein Beispiel genügen, das die automatische Rundung bei nummerischen Datentypen zeigt.

```
Dim d1, d2 As Double
Dim l1, l2 As Long
d1 = 25427.45
d2 = 25427.55
l1 = CLng(d1)   'ergibt 25427 (abgerundet)
l2 = CLng(d2)   'ergibt 25428 (aufgerundet)
```

Neben diesen speziellen Umwandlungsfunktionen gibt es auch eine allgemeine Konvertierungsfunktion namens `CType`, die wie folgt aussieht:

```
CType (ausdruck, typ)
```

ausdruck ist ein beliebiger Ausdruck, *typ* ist ein Datentyp wie `Integer` oder `Single`. Auch Klassen sind Typen in diesem Sinn, so dass `CType` in späteren Kapiteln häufiger verwendet wird.

2.8 Komplexe Variablen

Die bis jetzt behandelten einfachen Variablen haben je einen Wert; die zugehörigen Datentypen sind in Visual Basic .NET vordefiniert. Komplexe Variablen sind solche, die mehr als einen Wert repräsentieren und/oder deren Datentypen vom Benutzer selbst definiert werden können. Es gibt in Visual Basic .NET:

- Felder (Arrays),
- Aufzählungstypen (Enums) und
- Strukturen.

Strukturen werden in diesem Buch nicht behandelt; sie sind – grob gesprochen – so ähnlich, aber etwas "weniger mächtig" als Klassen. Statt einer Struktur kann man immer eine Klasse verwenden, und es gibt praktisch keine Fälle, in denen Strukturen den Klassen überlegen sind.

2.8.1 Felder (Arrays)

In einem Feld oder Array werden mehrere Werte zusammengefasst, die alle vom selben Datentyp sind. Jeder einzelne Wert verhält sich wie eine einfache Variable. Felder können ein- oder mehrdimensional sein:

- Ein eindimensionales Feld, das man auch als Vektor bezeichnet, ist also eine Aneinanderreihung von Werten in einer Richtung.
- Ein zweidimensionales Feld, auch Tabelle genannt, hat eine Zeilen- und eine Spaltendimension.
- Ein dreidimensionales Feld kann man sich im Raum vorstellen.
- Bei mehr als drei Dimensionen ist eine bildliche Vorstellung schwierig.

Jede Dimension eines Arrays wird durch eine Unter- und eine Obergrenze gekennzeichnet; die Untergrenze ist immer 0, die Obergrenze eine Ganzzahl größer als 0. Ein eindimensionales Feld mit Obergrenze 5 hat also sechs (!) Elemente. Ein zweidimensionales Array mit den Obergrenzen 4 bzw. 7 hat 5 * 8 = 40 Elemente.

Um ein bestimmtes Element eines Felds anzusprechen, benötigt man einen Index bzw. so viele Indizes, wie das Array Dimensionen hat. Jeder Index muss im Wertebereich [0, Obergrenze] seiner Dimension liegen.

Bei der Vereinbarung eines Arrays gibt man meist die Obergrenze(n) direkt mit an:

```
Dim wertfeld(3) As Integer  '4 Werte
```

Man kann auch ein *Arrayliteral*, das ist eine Liste von Anfangswerten für die Feldelemente (in geschweiften Klammern) formulieren; Visual Basic .NET zählt die Werte und dimensioniert das Array entsprechend. Die Klammern hinter dem Array-Namen dürfen nicht fehlen!

```
Dim wochenende() As String = {"Samstag", "Sonntag"}
'2 Werte, Obergrenze 1
```

Der in Abschnitt 2.4 eingeführte lokale Typrückschluss funktioniert auch mit Arrays. Aus der Vereinbarung

```
Dim arbeitstage = {"Montag", "Dienstag", "Mittwoch",
   "Donnerstag", "Freitag"}
```

schließt der Übersetzer, dass `arbeitstage` ein Array von 5 Zeichenketten ist.

Um auf ein Array-Element zuzugreifen, nennt man den Index oder die Indizes, z.B.

```
wertfeld(1) = 17
```

Ein solches Feldelement verhält sich wie eine einfache Variable.

Arrays können dynamisch, d.h. während das Programm läuft, vergrößert und verkleinert werden. Das ist bei solchen Problemen nützlich, bei denen man zur Entwurfszeit nicht weiß,

2.8 Komplexe Variablen

wie viele Elemente zur Laufzeit vom Programm verarbeitet werden müssen. Die Vereinbarung eines Felds ohne Obergrenze und ohne Anfangswerte ist völlig in Ordnung:

```
Dim x() As Single 'ein Array mit einer Dimension
```

Im Verlauf des Programms kann man die Obergrenze mit der ReDim-Anweisung festlegen:

```
ReDim x(20) '21 Werte
```

Dies kann man beliebig oft wiederholen und damit das Array dynamisch anpassen:

```
ReDim x(25)
```

Allerdings vergisst die einfache ReDim-Anweisung alle Inhalte des Arrays – nach der Vergrößerung auf 26 Werte sind die alten 21 Werte verloren. Will man die alten Inhalte retten, benutzt man den Preserve-Zusatz:

```
ReDim Preserve x(50)
```

Es versteht sich, dass dieser Zusatz nur bei einer Vergrößerung eines Arrays funktioniert, nicht bei einer Verkleinerung.

Um ein Array mit mehr als einer Dimension zu vereinbaren, gibt man mehrere Obergrenzen, durch Kommata getrennt, hinter dem Array-Namen an:

```
UmsatznachRegionundMonat(3,11) As Decimal '48 Elemente
```

wäre also für ein Unternehmen mit vier Regionen passend. Um ein Element anzusprechen, muss man zwei Indizes angeben:

```
UmsatznachRegionundMonat(1,2) = 100000.00
```

setzt den Wert für Region 2 im März. Will man ein Feld ohne Obergrenzen und ohne Anfangswerte vereinbaren, gibt man nur die Kommata an:

```
VieleWertein3D(,,) As Integer '3 Dimensionen
```

`ReDim` und `ReDim Preserve` können auch auf mehrdimensionale Felder angewendet werden; dabei kann mit `ReDim` jede Dimension vergrößert und verkleinert werden. `ReDim Preserve` kann nur die letzte Dimension bearbeiten. Die Anzahl der Dimensionen kann nicht verändert werden!

Letztlich sei auch hier – wie bei Zeichenketten – die Information vorweg genommen, dass Array-Variablen "in Wirklichkeit" Objekte einer Klasse **Array** sind. Genaueres wird später noch klar werden; die Klasse hat aber eine Reihe nützlicher Methoden, mit denen man gängige Aufgaben mit Feldern lösen kann. Das Sortieren eines Felds beispielsweise wird von der Sort-Methode erledigt:

```
Dim zahlen() As Integer = {9,7,5,4,2,1,-37,6}
Array.Sort(zahlen)
```

2.8.2 Enum-Aufzählungen

Mit dem Enum-Sprachelement kann man neue Datentypen erzeugen, deren erlaubte Werte einfach genannt (aufgezählt) werden. Die sprechende Benennung der Werte führt zu besser lesbaren und selbstdokumentierenden Programmen.

```
Enum meineFarben As Integer
    Rot
    Gruen
    Blau
    Gelb
End Enum
```

Hiermit wird ein neuer Datentyp namens `meineFarben` erzeugt. So wie eine Variable vom Typ `Integer` als Wertebereich eine wohldefinierte Teilmenge der ganzen Zahlen hat, hat eine Variable vom Type `meineFarben` als Wertebereich die Menge der Konstanten `Rot`, `Gruen`, `Blau` und `Gelb`. Eine Variable wird mittels `Dim` erzeugt:

```
Dim f As meineFarben
```

Eine Wertzuweisung an `f` sieht dann z.B. so aus:

```
f = meineFarben.Rot
```

Intern werden die zulässigen Werte entsprechend dem Basis-Datentyp, hier `Integer`, auf ganze Zahlen abgebildet. Im obigen Beispiel wird `Rot` durch die Zahl 0 dargestellt, `Gruen` durch 1, usw. Möglich ist auch, für einen oder mehrere der Konstanten die gewünschten internen Darstellungen anzugeben. Visual Basic .NET zählt dabei stets vom letzten Internwert aus weiter, wie in:

```
Enum Benzinsorte As Integer
    Diesel
    Normal
    Super = 10
    SuperPlus
End Enum
```

Hier werden die internen Werte so zugewiesen:

- `Diesel` – 0,
- `Normal` – 1,
- `Super` – 10,
- `SuperPlus` – 11.

Eine direkte Verwendung der internen Darstellungen statt der Konstanten, z.B. in Zuweisungen, ist nicht erlaubt.

Der Wert einer Enum-Variablen kann sichtbar gemacht werden, indem man die ToString-Methode verwendet:

```
Dim f As meineFarben
Dim s As String
f = meineFarben.Rot
s = f.ToString() 'ergibt "Rot"
```

2.9 Kontrollstrukturen

Um den Ablauf eines Programms zu steuern, benötigt man so genannte *Kontrollstrukturen*, das sind Visual Basic .NET-Anweisungen, die zwischen alternativen Programmteilen wählen oder Anweisungsblöcke mehrfach durchlaufen. Bei der Frage, wie man mit möglichst wenigen Konstrukten auskommen kann, hilft die Strukturierte Programmierung, die es seit etwa 1968 gibt und die nachgewiesen hat, dass drei ablaufsteuernde Konstrukte reichen:

- *Sequenz* (Folge),
- *Auswahl* (Entscheidung, Selektion), und
- *Wiederholung* (Iteration).

Dabei ist eine Sequenz einfach eine Folge von Anweisungen, die nacheinander ausgeführt werden. Dies wird in Visual Basic .NET wie in den meisten anderen Programmiersprachen dadurch erreicht, dass die Anweisungen einfach hinter- bzw. untereinander geschrieben werden. Eine besondere Anweisung, die eine Sequenz erzeugt, gibt es also nicht.

2.9.1 Auswahl

Um zur Laufzeit eines Programms eine Entscheidung zu treffen, welcher von mehreren möglichen Programmzweigen durchlaufen werden soll, stellt Visual Basic .NET zwei Anweisungen zur Verfügung, von denen die If-Anweisung allgemein verwendbar ist, während die Select Case-Anweisung einen gelegentlich vorkommenden Spezialfall abdeckt.

If

Der Normalfall der If-Anweisung prüft zur Laufzeit eine Bedingung. Je nachdem, ob die Bedingung wahr oder falsch ist, wird der eine oder der andere Programmzweig ausgeführt. Die Syntax von If sieht so aus:

```
If bedingung Then
    anweisung1
    ...
```

```
Else
    anweisung2
    ...
End If
```

In diesen Syntaxdarstellungen sind die nicht-kursiv gesetzten Teile Visual Basic .NET-Schlüsselwörter, die genau so und an diesen Stellen erscheinen müssen, damit Visual Basic .NET sie richtig versteht. Die *kursiven* Wörter sind dagegen sprechend benannte Platzhalter, die Sie ersetzen müssen. Die Punkte (...) stehen für beliebige Wiederholungen. Aus obiger Darstellung könnte man also beispielsweise folgende konkrete If-Anweisung ableiten:

```
If Alter > 50 Then
    Alterszulage = 200
Else
    Alterszulage = 0
End If
```

Zur Laufzeit des Programms würde dann der Wert der Variablen `Alter` mit dem Literal `50` verglichen. Ist er größer, wird die Alterszulage von `200` gewährt. Im anderen Fall, wenn der Wert von `Alter` kleiner oder gleich `50` ist, wird keine Alterszulage gewährt.

Von diesem If-Normalfall gibt es einige Abwandlungen und Schreibvereinfachungen. So kann man den ganzen Else-Zweig weglassen, wenn die Entscheidung nur darin besteht, den Then-Zweig auszuführen oder nicht. Das Beispiel mit der Alterszulage könnte man auch so formulieren:

```
Alterszulage = 0
If Alter > 50 Then
    Alterszulage = 200
End If
```

Hier wird zunächst – unbedingt – der Wert `0` in `Alterszulage` abgelegt. Nur wenn das Alter über 50 ist, wird der Wert durch `200` überschrieben.

Wenn die If-Anweisung nur einen Then- und keinen Else-Zweig hat und wenn im Then-Zweig nur eine Anweisung steht, dann kann man eine noch kompaktere Form wählen, bei der die ganze If-Anweisung in einer Zeile stehen muss:

```
If Alter > 50 Then Alterszulage = 200    '1 Zeile!
```

Muss man mehr als zwei Fälle unterscheiden, kommt es zu Bedingungskaskaden, d.h. man prüft zunächst die erste Bedingung, im negativen Fall dann die zweite, dann die dritte usw. Sobald eine Bedingung zutrifft, führt man die entsprechende Anweisung aus. Visual Basic .NET stellt hierfür das Schlüsselwort `ElseIf` zur Verfügung, das es ermöglicht, im Else-Zweig einer Bedingung gleich wieder eine Bedingung zu prüfen:

```
If bedingung1 Then
```

```
    anweisung1 …
ElseIf bedingung2 Then
    anweisung2 …
ElseIf bedingung3 Then
    anweisung3 …
…
Else
    anweisungn …
End If
```

Der abschließende Else-Zweig kommt zum Zug, wenn keine der Bedingungen zutrifft. Beispiel:

```
If Alter > 60 Then
    Alterszulage = 300
ElseIf Alter > 55 Then
    Alterszulage = 250
ElseIf Alter > 50 Then
    Alterszulage = 200
Else
    Alterszulage = 0
End If
```

Select Case

`Select Case` eignet sich für Fallunterscheidungen, die anhand des Werts einer ganzzahligen oder Zeichenketten-Variablen vorgenommen werden. Für diese Probleme kann man auch `If` mit `ElseIf` verwenden, `Select Case` ist aber – vor allem wenn es viele Fälle sind – klarer. Die Syntax ist:

```
Select Case variable
    Case ausdruck1
        anweisung1 …
    Case ausdruck2
        anweisung2 …
    … …
    Case Else
        anweisungn …
End Select
```

Im Programmablauf wird der Wert der Variablen nacheinander mit den Ausdrücken verglichen. Trifft ein Ausdruck zu, werden seine zugehörigen Anweisungen ausgeführt; danach ist die Select Case-Anweisung beendet. Trifft keiner der Ausdrücke zu, werden die Anweisungen des Else-Falls ausgeführt. Es wird also immer nur ein Zweig ausgeführt (oder keiner, wenn der Else-Fall fehlt). Bei der Formulierung der Ausdrücke hat man mehrere komfortable Möglichkeiten:

- Ein Ausdruck kann ein einzelner Wert sein, z.B. 5.
- Er kann eine Liste von Werten sein, z.B. `6, 9, 14`. Der Ausdruck trifft zu, wenn die Variable einen der Werte enthält.
- Er kann ein Bereich von Werten sein, z.B. `1 To 4`. Der Ausdruck trifft zu, wenn die Variable einen der Werte im Bereich enthält. (`To` ist ein Schlüsselwort.)
- Er kann einen Vergleich beinhalten, z.B. `Is > 17`. Der Ausdruck trifft zu, wenn die Variable größer als 17 ist. (`Is` ist ein Schlüsselwort.)

Das `ElseIf`-Beispiel von oben kann man also auch so formulieren:

```
Select Case Alter
   Case Is > 60
      Alterszulage = 300
   Case Is > 55
      Alterszulage = 250
   Case Is > 50
      Alterszulage = 200
   Case Else
      Alterszulage = 0
End Select
```

2.9.2 Bedingungen

In If-Anweisungen kommen direkte Bedingungen vor, bei `Select Case` sind sie indirekter. In den Beispielen der letzten Abschnitte sind konkrete Bedingungen schon genannt worden; hier soll nun nachgetragen werden, wie Bedingungen in Visual Basic .NET allgemein konstruiert werden.

Bedingungen sind Ausdrücke, die einen Wahrheitswert, also einen der beiden Werte *wahr* oder *falsch*, ergeben. Die Vergleichsbedingung `x > 5` z.B. ist wahr, wenn in der Variablen `x` der Wert 17 enthalten ist, und falsch, wenn `x` den Wert 2 hat.

Vergleichsbedingungen vergleichen also zwei Operanden miteinander; die Vergleichsoperatoren sind in Tab. 2.9 zusammengestellt.

Tab. 2.9 *Vergleichsoperatoren*

Vergleichsoperator	Bedeutung
=	Gleich
<>	Ungleich
<	Kleiner
<=	Kleiner oder gleich
>	Größer
>=	Größer oder gleich
Like	Mustervergleich

2.9 Kontrollstrukturen

Die Operatoren benötigen keine Erläuterung – bis auf den Like-Operator. Mit ihm wird eine Zeichenfolge mit einem Muster verglichen; passt die Zeichenfolge zum Muster, ist das Ergebnis wahr, sonst falsch. Die Syntax ist also:

```
zeichenfolge Like muster
```

Das Muster kann einfache Zeichen enthalten, die in der Zeichenfolge an der entsprechenden Stelle stehen müssen; daneben kann man im Muster spezielle Zeichen mit den folgenden Bedeutungen einsetzen:

Tab. 2.10 Spezialzeichen in Like-Mustern

Zeichen im Muster	Passt zu ... in der Zeichenfolge
?	Ein beliebiges Zeichen
*	0 ... n beliebige Zeichen
#	Eine beliebige Ziffer
[liste]	Ein beliebiges Zeichen aus der Liste
[!liste]	Ein beliebiges Zeichen, das **nicht** in der Liste ist

Die folgenden Vergleiche sind alle wahr:

```
"Maier" Like "M???r"
"Maier" Like "M*r"
"Maier" Like "M[ae][iy]er"
```

Vergleiche von zwei Zahlen sind unproblematisch: jeder weiß, was *kleiner*, *größer*, *gleich* in Bezug auf Zahlen bedeutet. Bei Zeichenketten ist das nicht ganz so einfach. Die Regeln für den Vergleich zweier Zeichenketten lauten:

- Zeichenketten werden zeichenweise von links nach rechts verglichen.
- Sind alle Zeichen gleich, sind auch die Zeichenketten gleich.
- Sonst endet der Vergleich beim ersten Unterschied, und die Zeichenketten sind ungleich.
- Die Entscheidung, ob ein Zeichen größer oder kleiner als ein anderes Zeichen ist, kann in Visual Basic .NET auf zwei Arten getroffen werden:
  - Anhand der rechnerinternen Zeichencodes. Jedes Zeichen hat eine eindeutige interne Verschlüsselung; die Ordnung der Zeichen ist dann die nummerische Reihenfolge der Interncodes. Dabei sind die Zeichen auf ungewohnte Weise angeordnet, z.B. gilt:

    A < B < ... < Z < a < ... < z < Ä < Ö < Ü < ß < ä < ö < ü

    Diese Rangfolge ist der Visual Basic .NET-Standard, der durch die Projekt-Eigenschaft `Option Compare Binary`[21] ausgedrückt wird.

---

[21] Diese Einstellung finden Sie in *My Project*, vgl. Abb. 1.9.

– Alternativ kann man die Projekt-Eigenschaft `Option Compare Text` angeben, die zum einen Groß- und Kleinbuchstaben als gleich ansieht und zum anderen das Windows-Gebietsschema[22] berücksichtigt. Dann werden z.B. "ä" und "Ä" als gleich angesehen und hinter "A" und vor "B" einsortiert. Wenn Sie Telefonbücher oder Bibliothekskataloge erstellen wollen, müssen Sie sich über die Sortierung der Einträge natürlich Gedanken machen!

Mit Vergleichsbedingungen können zwei Werte miteinander verglichen werden. Kompliziertere Sachverhalte können durch Verknüpfung mehrerer Vergleiche ausgedrückt werden; dazu stellt Visual Basic .NET logische Operatoren wie `And`, `Or`, `Xor` und `Not` zur Verfügung. Wenn b1 und b2 einfache Bedingungen sind, dann gilt:

- `b1 And b2` ist dann und nur dann wahr, wenn `b1` wahr ist und `b2` wahr ist
- `b1 Or b2` ist wahr, wenn `b1` wahr ist oder wenn `b2` wahr ist oder wenn `b1` und `b2` wahr sind.
- `b1 Xor b2` ist nur dann wahr, wenn `b1` wahr ist oder wenn `b2` wahr ist; sind beide wahr (oder beide falsch), liefert `Xor` das Ergebnis falsch (eXclusive Or – ausschließendes Oder).
- `Not b1` ist wie ein Vorzeichen; ist `b1` wahr, dann ist `Not b1` falsch, und umgekehrt.

Mit Hilfe von Klammern kann man – wie bei arithmetischen Ausdrücken – komplizierte Bedingungen in jeder gewünschten Reihenfolge auswerten lassen.

2.9.3 Wiederholung

Do
Die Do-Schleife führt eine Reihe von Anweisungen mehrfach aus; wie oft, wird durch eine Bedingung gesteuert, die vor oder nach jedem Schleifendurchlauf erneut ausgewertet wird und die für einen weiteren Durchlauf oder für den Abbruch der Schleife sorgt. Mehrere Varianten der Do-Schleife geben komfortable und problemadäquate Formulierungsmöglichkeiten. Für einen häufig vorkommenden Fall von Schleifenkonstruktionen steht die For-Schleife zur Verfügung; eine Variante davon ist die For Each-Schleife, die in späteren Kapiteln oft benutzt werden wird.

Kopfgesteuerte Do-Schleife
Bei der kopfgesteuerten Do-Schleife wird die Bedingung, die die Anzahl der Schleifendurchläufe regelt, vor dem Schleifenrumpf platziert (also im Kopf der Schleife):

---

[22] Das Windows-Gebietsschema ist eine Zusammenfassung landesspezifischer Einstellungen, z.B. für Deutschland. Es wird in den Systemeinstellungen festgelegt.

2.9 Kontrollstrukturen

```
Do While | Until bedingung
   anweisungen
Loop
```

Die Schlüsselwörter `While` und `Until` sind hier alternativ zu verstehen – das wird durch das Zeichen " | " ausgedrückt; nur eins davon darf angegeben werden. Bei Verwendung von `While` ist der dynamische Ablauf so:

1. Die Bedingung wird geprüft.
2. Ist sie wahr, werden die Anweisungen des Schleifenrumpfs ausgeführt. Anschließend wird bei 1. fortgefahren.
3. Ist sie falsch, wird der Programmablauf hinter der Loop-Anweisung fortgesetzt.

Bei Verwendung von `Until` sind die Wahrheitswerte in obigem Ablauf umgekehrt, entsprechend der Wortbedeutung (While – solange, Until – bis).

Da die Bedingung vor dem ersten Durchlauf geprüft wird, kann es vorkommen, dass der Schleifenrumpf überhaupt nicht ausgeführt wird.

Fußgesteuerte Do-Schleife
Hier wird die Bedingung hinter dem Schleifenrumpf, also im Fuß der Schleife, eingesetzt:

```
Do
   anweisungen
Loop While | Until bedingung
```

Bei Verwendung von `Until` läuft diese Schleife so ab:

1. Die Anweisungen des Schleifenrumpfs werden ausgeführt.
2. Die Bedingung wird geprüft. Ist sie falsch, wird mit 1. fortgefahren.
3. Ist sie wahr, wird der Programmablauf hinter der Loop-Anweisung fortgesetzt.

Für `While` gilt sinngemäß das oben Gesagte.

Da die Bedingung erstmals nach dem ersten Schleifendurchlauf geprüft wird, ergibt sich mindestens ein Durchlauf des Rumpfs. Diese Konstruktion ist also nicht symmetrisch zu der kopfgesteuerten Schleife!

For
Ein häufiger Spezialfall einer Iteration besteht darin, dass eine Teilmenge der ganzen Zahlen durchlaufen wird. Denken Sie beispielsweise an die Aufgabe, alle Elemente eines Arrays mit 1000 Elementen aufzusummieren. Im Schleifenrumpf muss das i-te Element zu einer laufenden Summe addiert werden; weiter muss dafür gesorgt werden, dass der Index i bei 0 beginnt und in jedem Durchlauf um 1 erhöht wird. Nach Erreichen der Obergrenze muss die Schleife beendet werden. Das geht mit einer Do-Schleife; die For-Schleife ist aber komfortabler, weil sie alle Einzelheiten der Bearbeitung der so genannten Laufvariablen an einer Stelle bündelt:

```
For laufvariable = startwert To endwert [Step schrittweite]
    anweisungen
Next
```

Die Laufvariable nimmt nacheinander alle Werte vom Startwert bis zum Endwert (beide eingeschlossen) an. Für jeden Wert wird der Schleifenrumpf einmal durchlaufen. Die Angabe einer Schrittweite ist wahlfrei; sie sagt, um wie viel die Laufvariable jeweils erhöht wird – der Standardwert ist 1. Die Schrittweite kann auch negativ sein; dann sollte der Startwert größer als der Endwert sein.

For Each
Bei dem gerade skizzierten Array-Beispiel für eine For-Schleife muss man wissen, wie viele Elemente das Array hat, um den Endwert entsprechend zu setzen. Das ist meistens kein Problem; noch einfacher ist es aber, wenn man die Anzahl der Elemente gar nicht zu kennen braucht. Das ist bei der For Each-Schleife der Fall:

```
For Each variable In arrayname
    anweisungen …
    [Exit For 'wenn nötig]
    anweisungen …
Next
```

Hier nimmt die Variable, die vom Datentyp der Array-Elemente sein muss, nacheinander die Werte aller Array-Elemente an. Je nach Problemstellung kann es nötig sein, die Schleife vorzeitig abzubrechen (z.B. wenn man ein gesuchtes Element gefunden hat und die weiteren, überflüssigen Schleifendurchläufe sparen will); dazu ist die Exit For-Anweisung geeignet.

An diesem Punkt im Buch kennen wir nur Arrays, auf die wir die For Each-Schleife anwenden können. Allgemein ist sie aber auf viele Dinge, die mehrere Elemente enthalten, anwendbar. In den kommenden Kapiteln werden Sie mehrere *Collections* dieser Art kennen lernen und dabei die For Each-Schleife immer wieder anwenden.[23]

2.10 Prozeduren

Eine Prozedur ist ein benannter Block von Visual Basic .NET-Anweisungen, der über seinen Namen aufgerufen wird. Der Sinn einer Prozedur ist, eine bestimmte Leistung in abgeschlossener Form zur Verfügung zu stellen. Motivation zum Schreiben einer Prozedur könnte z.B. sein, einen Algorithmus, der an vielen Stellen eines Programmsystems benötigt wird, nur einmal zu schreiben und dann von all diesen Stellen aus aufrufen zu können. In größeren Programmierprojekten, an denen mehrere Personen arbeiten, sind Prozeduren ein geeignetes

---

[23] Siehe vor allem in Abschnitt 3.12.2 den Unterabschnitt „Collections, ForEach und IEnumerable".

2.10 Prozeduren

Mittel der Aufteilung der Arbeit: man einigt sich darauf, wer welche Algorithmen schreibt und wie sie aufzurufen sind; ich brauche dann nicht zu wissen, wie das Programm meiner Kollegin im Inneren aussieht, sondern nur, wie ich es benutzen kann.

Visual Basic .NET kennt zwei Arten von Prozeduren:

- Die *Function*-Prozedur tut etwas und gibt ein Ergebnis zurück.
- Die *Sub*-Prozedur tut etwas, gibt aber nichts zurück (Sub – Subroutine).

Ein Beispiel für eine Function ist eine komplizierte Berechnung, die zu einem Ergebnis führt. Der Aufrufer der Function ist an dem Ergebnis interessiert und möchte es erhalten und weiter verwenden. Demgegenüber könnte in einer Sub-Prozedur eine Seite auf einen Drucker ausgegeben werden; diese Seite soll (natürlich) nicht an den Aufrufer zurückgegeben werden.

Gute Prozeduren sind allgemein gehalten und müssen mit den konkreten Werten versorgt werden, die sie bearbeiten sollen. Die Platzhalter in den Prozeduren heißen *Parameter*; die konkreten Werte, die beim Aufruf mitgegeben werden, nennt man *Argumente*.

Function
Eine Function-Prozedur hat folgenden Aufbau:

```
Function fname(parameterliste) As ergebnistyp
   anweisungen
   Return ergebniswert
End Function
```

Die Function erhält einen Namen, über den man sie aufrufen kann. Der Ergebnistyp ist der Datentyp des Ergebniswerts, z.B. `Integer`. Die Parameterliste ist eine durch Kommata getrennte Liste der Form:

```
param1 As typ1, param2 As typ2, ...
```

Innerhalb des Function-Rumpfs können beliebige Visual Basic .NET-Anweisungen stehen. Die Return-Anweisung beendet die Ausführung der Function und gibt die Kontrolle an den Aufrufer zurück; dabei wird der Ergebniswert dem Aufrufer zur Verfügung gestellt.

Eine Function wird aufgerufen, indem innerhalb eines beliebigen Ausdrucks der Name der Function, zusammen mit den nötigen Argumenten, genannt wird, z.B.:

```
V = 1 + MeineFunktion(A,B)
```

Der Ergebniswert, den die Function liefert, wird im aufrufenden Programm an der Stelle des Function-Aufrufs eingesetzt; wenn in obigem Beispiel 17 das Ergebnis wäre, würde der rechts vom Gleichheitszeichen stehende Ausdruck zu 18 ausgerechnet und so der Variablen V zugewiesen.

Sub

Eine Sub-Prozedur hat demgegenüber folgendes Aussehen:

```
Sub sname(parameterliste)
   anweisungen
End Sub
```

Die Sub erhält also einen Namen, über den man sie aufrufen kann, dazu eine Parameterliste, die die Platzhalter aufführt. Im Sub-Rumpf können beliebige Anweisungen stehen. Die Sub endet, wenn der Kontrollfluss die End Sub-Anweisung erreicht.

Der Aufruf einer Sub geschieht – im Gegensatz zur Function – immer durch eine eigene Anweisung, entweder

```
Call sname(argumentliste)
```

oder einfach

```
sname(argumentliste)
```

Eine Sub bewirkt nichts im aufrufenden Programm; nach dem Ende der Prozedur wird der Ablauf hinter der Call-Anweisung fortgesetzt.

Ein kurzes und triviales Beispiel soll die Konstruktion und Verwendung einer Prozedur erläutern: Der bekannte Satz des Pythagoras erlaubt für ein rechtwinkliges Dreieck die Berechnung der Länge der Hypotenuse aus den gegebenen Längen der beiden Katheten. Folgende Überlegungen sind anzustellen:

- Function oder Sub? Da ein Ergebnis, nämlich die Länge der Hypotenuse, errechnet wird, ist eine Function sinnvoll.
- Welche Parameter? Eine Prozedur sollte immer so allgemein wie möglich gehalten werden. Wir schreiben die Function also nicht für zwei konkrete Katheten-Längen, sondern für beliebige Werte, die wir a und b nennen; das sind die Parameter. Wir entscheiden uns für Double als Datentyp von a und b.
- Was geschieht in der Prozedur? Die Länge der Hypotenuse c errechnet sich als Wurzel aus der Summe von a^2 und b^2. Da a und b Double sind, legen wir auch für c den Datentyp Double fest.
- Was wird als Ergebnis zurückgegeben? Der Wert c.

Wir erhalten also folgende Prozedur:

```
Function pyth(a As Double, b As Double) As Double
   Dim c As Double
   c = Math.Sqrt(a ^ 2 + b ^ 2)
   Return c
End Function
```

2.10 Prozeduren

c ist eine lokale Hilfsvariable, die nur innerhalb der Function lebt und gebraucht wird. Da man in der Return-Anweisung auch einen Ausdruck angeben kann (der dann zu einem Ergebnis ausgerechnet wird), kann man die Prozedur verkürzen zu:

```
Function pyth(a As Double, b As Double) As Double
    Return Math.Sqrt(a ^ 2 + b ^ 2)
End Function
```

Diese Function kann man nun benutzen, indem man sie mit konkreten Werten für a und b aufruft, z.B.

```
Console.WriteLine(pyth(3,4))
Console.WriteLine(pyth(x,y))
```

Im zweiten Beispiel werden die Werte der Variablen x und y übergeben.

2.10.1 Argumente und Parameter

Argumente werden dem Aufruf einer Prozedur mitgegeben und für die Parameter eingesetzt. Im obigen Beispiel werden also der Parameter a durch das Argument 3 und der Parameter b durch das Argument 4 ersetzt. Die Argumente müssen also den Parametern hinsichtlich Anzahl und Datentypen entsprechen. Für die Ersetzung der Parameter durch die Argumente gibt es zwei Möglichkeiten, deren Vor- und Nachteile man kennen sollte.

Wertübergabe
Bei der Wertübergabe erhält die Prozedur *Kopien der Werte* der Argumente aus dem aufrufenden Programm. Im Moment des Aufrufs werden die aktuellen Werte der Argumente bestimmt und an die Prozedur übergeben. Abb. 2.2 verdeutlicht den Sachverhalt.

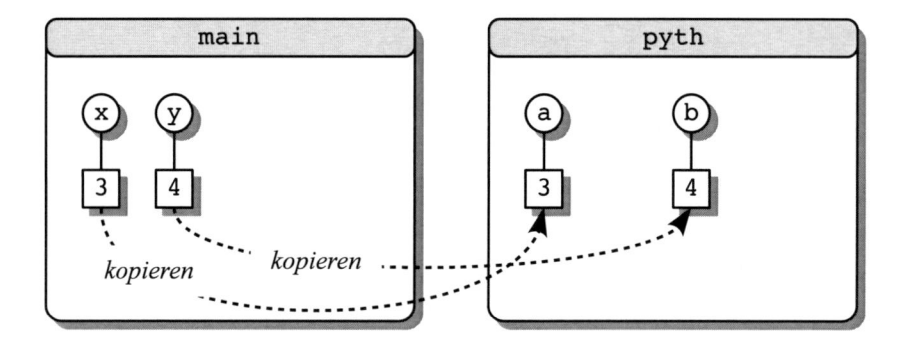

Abb. 2.2 *Wertübergabe*

Der große Vorteil der Wertübergabe liegt darin, dass das aufrufende Programm vor der Prozedur geschützt ist. Die Prozedur kann mit den übergebenen Werten machen, was sie will; nichts davon berührt das aufrufende Programm, weil die Prozedur nur mit Kopien arbeitet. Lediglich das wohl definierte Ergebnis – im Fall einer Function – wird zum Aufrufer zurücktransportiert.

Die Wertübergabe ist der Standard in Visual Basic .NET. Wenn Sie eine der obigen Functions in der Entwicklungsumgebung ausprobieren, werden Sie feststellen, dass Visual Studio automatisch bei jedem Parameter das Schlüsselwort ByVal (By Value – als Wert) voranstellt, so dass der Prozedurkopf dann so aussieht:

```
Function pyth(ByVal a As Double,
              ByVal b As Double) As Double
```

Adressübergabe
Wertübergabe ist gut, sicher und in den meisten Fällen in Verbindung mit der Möglichkeit, ein Function-Ergebnis zurückzugeben, völlig ausreichend. Selten kommt es vor, dass man sich wünscht, mehr als ein Ergebnis ins aufrufende Programm zu transportieren. Für solche Fälle gibt es die Adress- oder Referenzübergabe, bei der das aufrufende Programm an die Prozedur die *Adressen der Speicherplätze* der Argumente übergibt. Die Prozedur entnimmt die Werte der Argumente dann direkt aus ihren Speicherplätzen und kann sie dort natürlich auch ändern; vgl. Abb. 2.3.

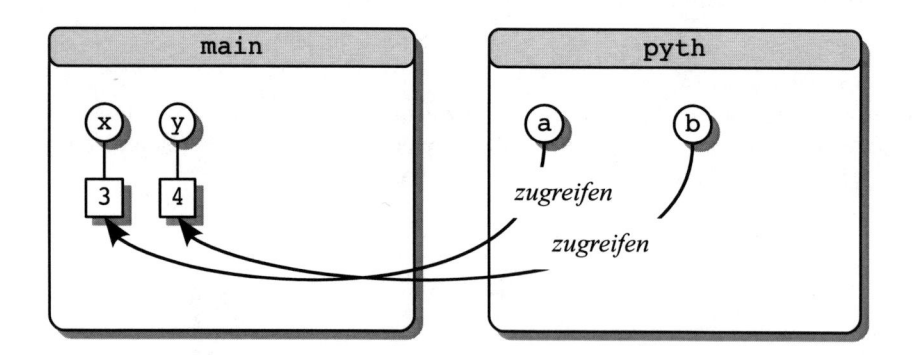

Abb. 2.3   Adressübergabe

Adressübergabe muss in der Vereinbarung jedes Parameters explizit mit dem Schlüsselwort ByRef (By Reference – als Referenz) angefordert werden.

Als (wiederum triviales) Beispiel nehmen wir an, dass wir die Pythagoras-Prozedur nicht als Function, sondern als Sub schreiben wollen oder müssen. Die automatische Rückgabe des Ergebnisses steht uns dann nicht zur Verfügung, so dass wir das Ergebnis mit einem ByRef-Parameter im aufrufenden Programm ablegen müssen.

2.10 Prozeduren

```
Sub pyth2(a As Double, b As Double, ByRef c As Double)
    c = Math.Sqrt(a ^ 2 + b ^ 2)
End Sub
```

Die Zuweisung an c bewirkt, dass der Ergebniswert im aufrufenden Programm ankommt. Die Sub `pyth2` wird dann z.B. aufgerufen mit der Anweisung:

```
pyth2(x, y, z)
```

und das rufende Programm findet das Ergebnis in z.

2.10.2 Generate From Usage

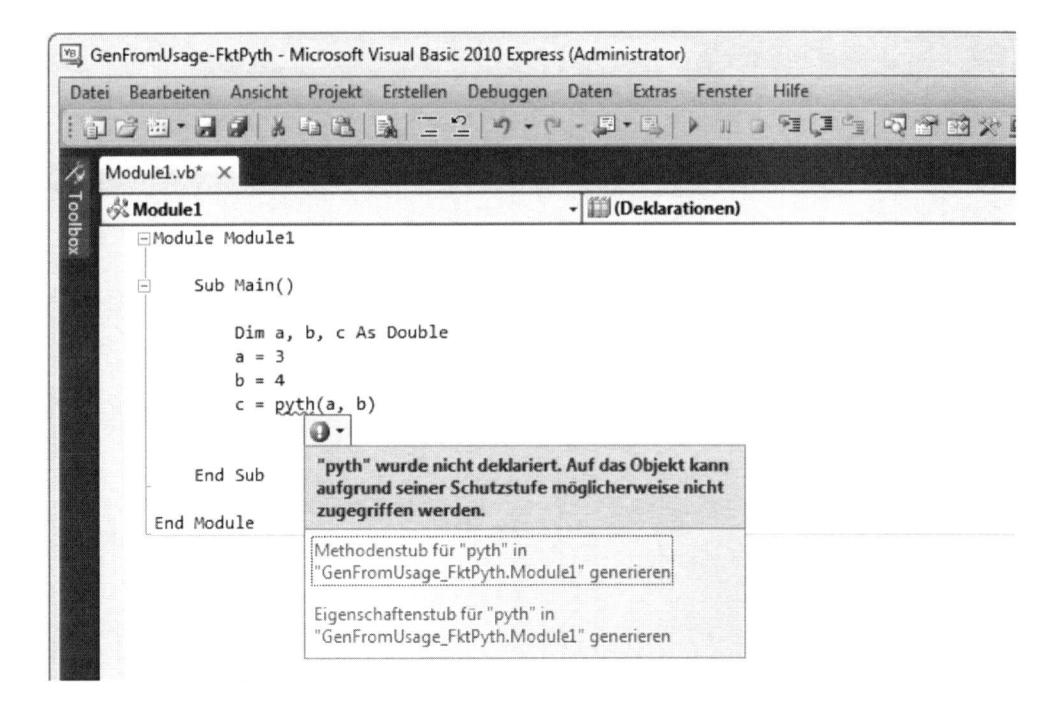

Abb. 2.4 Generate From Usage – Optionen

Im Normalfall wird man Prozeduren und Funktionen zuerst definieren und dann benutzen. Aber auch der umgekehrte Fall ist denkbar; man schreibt ein Stück Code, in dem eine neue, noch nicht definierte Routine benötigt wird, deren Aufruf man sich schon gut vorstellen kann. Hier bietet Visual Studio an, aus dem Aufruf der neuen Prozedur automatisch einen Prozedurrumpf (*Stub*) zu generieren, den man dann später vervollständigen kann. Im obigen Beispiel der Pythagoras-Funktion schreibt man also zuerst den Funktionsaufruf im Hauptprogramm. Wie erwartet wird der Bezeichner `pyth` durch einen Unterstrich als fehlerhaft markiert. Nach einem Klick auf das rote Ausrufezeichen erscheinen eine Fehlermeldung und Optionen zur Fehlerbehebung, wie in **Abb. 2.4** zu sehen.

Der erste Teil der Fehlermeldung trifft hier zu, der zweite nicht. Der Bezeichner `pyth` könnte auf zwei unterschiedliche Arten definiert werden: als Methode oder als Eigenschaft. Dies ist die Terminologie der Objektorientierung, die im nächsten Kapitel besprochen wird; Funktionen und Prozeduren sind in diesem Sinn Methoden. Wenn Sie die Option *Methodenstub ... generieren* wählen, wird ein Funktionsrumpf erzeugt; das Ergebnis sehen Sie in **Abb. 2.5**. Aus dem Aufruf sind der Name der Funktion, die Anzahl und die Datentypen der Parameter sowie der Datentyp des Rückgabewerts entnommen worden. In der Funktion wird standardmäßig ein Fehler vom Typ `NotImplementedException` ausgelöst; mehr zur Fehlerbehandlung erfahren Sie in Kap. 5. Sie ersetzen diese Zeile natürlich durch den eigentlich vorgesehenen Funktionsinhalt.

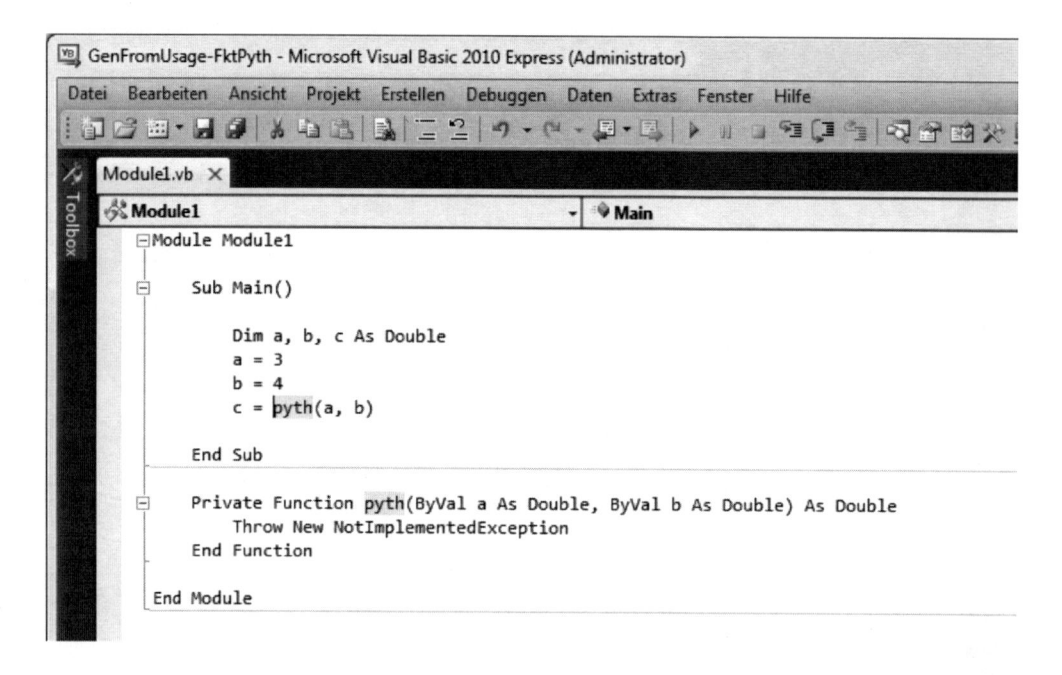

Abb. 2.5 *Generate From Usage – Generierter Funktionsrumpf*

Eine Sub-Prozedur kann ähnlich generiert werden; **Abb. 2.6** zeigt das bereits früher angeführte Beispiel `pyth2`. Hier wird deutlich, dass die Entwicklungsumgebung nicht hellsehen kann – sie kann aus dem Aufruf von `pyth2` nicht entnehmen, dass der dritte Parameter nicht als Wert, sondern als Adresse übergeben werden soll. Sie müssen also `ByVal` vor dem dritten Parameter von Hand durch `ByRef` ersetzen.

2.10 Prozeduren

Auch der (völlig korrekte) Funktionsaufruf

```
Console.WriteLine(pyth(3,4))
```

eignet sich nicht für die Generierung: die Entwicklungsumgebung schließt aus den Literalen 3 und 4 darauf, dass beide Parameter den Datentyp Integer haben; weiter kann der Datentyp des Rückgabewerts der Funktion aus der WriteLine-Anweisung nicht ermittelt werden – hier würde der allgemeinste Datentyp Object[24] angenommen werden.

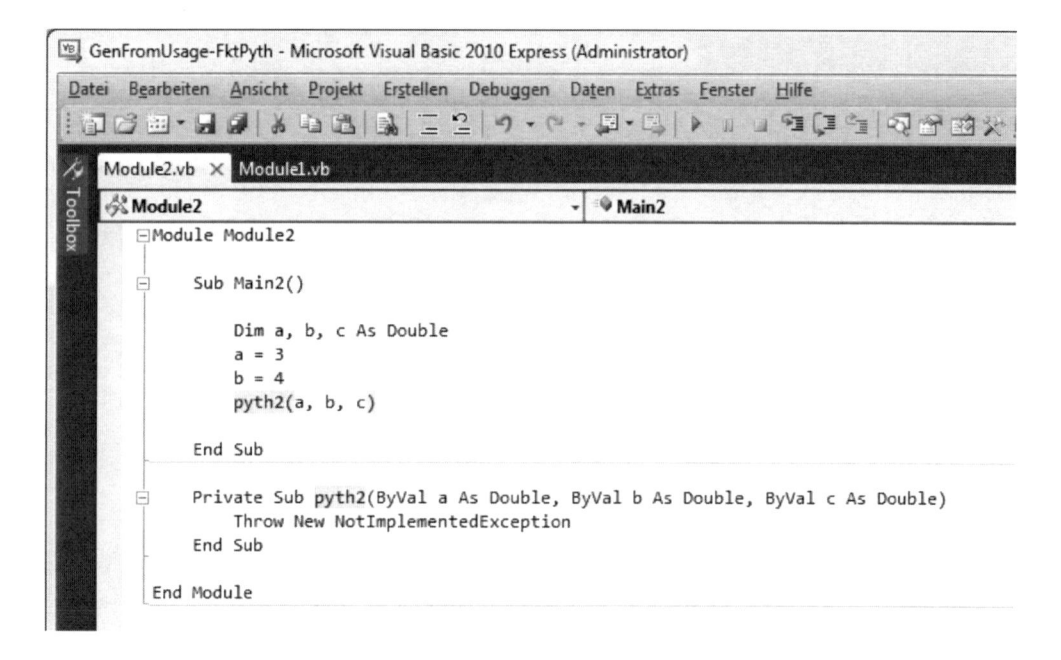

Abb. 2.6 *Generate From Usage – Generierter Funktionsrumpf*

2.10.3 Rekursion

Die Möglichkeit, Prozeduren aufzurufen, ist nicht auf eine Tiefe von 1 beschränkt; vielmehr kann man aus Prozeduren heraus weitere Prozeduren aufrufen, die ihrerseits andere Prozeduren aufrufen usw. Ein interessanter Sonderfall ist der, bei dem eine Prozedur *sich selbst* aufruft. Als Beispiel für ein solches *rekursives* Problem sei kurz die Berechnung der Fakultät einer natürlichen Zahl erläutert. Es gilt bekanntlich

---

[24] Mehr zu der Klasse Object finden Sie in Abschnitt 3.4 "Objektvariablen".

```
n! = 1 * 2 * 3 * ... * (n-1) * n  sowie
0! = 1
```

Die Formel für n! lässt sich offensichtlich umschreiben zu

```
n! = (n-1)! * n
```

Damit liegt schon eine rekursive Problemformulierung vor. Eine Function `fak`, die zu einem ganzzahligen Eingabewert n dessen Fakultät als Ergebnis liefert, könnte also wie folgt ablaufen:

1. Ist der Eingabewert 0 oder 1, ist das Ergebnis 1.
2. Ist n größer als 1, dann ist das Ergebnis n multipliziert mit `fak(n-1)`.

In Schritt 2 ruft die Prozedur sich selbst auf. Zur Laufzeit werden nacheinander mehrere Exemplare von `fak` mit immer kleineren Eingabewerten aufgerufen, bis schließlich beim Eingabewert 1 die Rekursion endet; dann werden die Ergebnisse in umgekehrter Reihenfolge nach oben weitergereicht. Die Prozedur sieht so aus:

```
Function fak(n As Integer) As Long
    If n <= 1 Then
        Return 1
    Else
        Return n * fak(n - 1)
    End If
End Function
```

Die Ergebnisse wachsen mit steigenden n sehr schnell an; deshalb wird n als `Integer`, das Ergebnis aber als `Long` vereinbart. Trotzdem kann es beim Testen leicht passieren, dass ein zu großer Eingabewert zu einem Ergebnis führt, das den Wertebereich von `Long` sprengt. Dann bricht das Programm mit einer Fehlermeldung ab. In Kapitel 5 "Fehlerbehandlung" lernen Sie, wie man mit solchen Problemen umgehen kann.

2.11 Zusammenfassung

In diesem Kapitel wurden relativ kurz einige grundlegende Visual Basic .NET-Elemente vorgestellt. Variablen, Konstanten und Kontrollstrukturen werden in den nächsten Kapiteln als Basis benutzt, um darauf Klassen und Objekte aufzubauen. Verstehen Sie die folgenden Übungen als "Fingerübungen", mit denen Sie die behandelten Sprachelemente anwenden und vertiefen können. Inhaltlich stellen diese Übungen keine besonderen Ansprüche.

2.12 Übungen

Test-Hauptprogramme
Schreiben Sie Hauptprogramme, mit denen Sie die in diesem Kapitel vorgestellten Prozeduren testen können. Diese Test-Hauptprogramme sollen:

- Dem Benutzer erlauben, zur Laufzeit die nötigen Eingabewerte anzugeben.
- Die Prozedur mit diesen Werten aufrufen.
- Dem Benutzer das Ergebnis anzeigen.

Celsius-Fahrenheit-Umrechnung
Erstellen Sie eine Konsolenanwendung, die Celsius-Grade in Fahrenheit-Grade umrechnet. Ihr Programm soll den Benutzer zur Eingabe eines Celsius-Werts auffordern, ihn umrechnen und den Fahrenheit-Wert mit einem erläuternden Text ausgeben.

Die Formel lautet: `F = 9 / 5 * C + 32`

Vereinbaren Sie die Variablen als `Decimal`. Stellen Sie unter *Projekt > Eigenschaften > Kompilieren* unbedingt ein:

```
Option Explicit : On
Option Strict : On
```

Celsius-Fahrenheit-Umrechnung mit Wiederholung
Aufgabe wie oben, plus: Nach jeder durchgeführten Berechnung soll das Programm den Benutzer fragen, ob er eine weitere Berechnung wünscht, und sich entsprechend verhalten.

Anzahl Tage eines Monats
Schreiben Sie ein Programm, das dem Benutzer die Eingabe einer Jahreszahl und einer Monatsnummer (1 – Januar, ..., 12 – Dezember) ermöglicht und daraus die Anzahl der Tage dieses Monats berechnet und anzeigt.

Der Februar hat 28 Tage, außer in Schaltjahren, in denen er 29 Tage hat. Ein Jahr ist ein Schaltjahr, wenn es ohne Rest durch 4 teilbar ist; von den durch 100 teilbaren Jahren sind jedoch nur die auch durch 400 teilbaren Jahre Schaltjahre.

Benutzen Sie die `Select Case`-Anweisung!

Das kleine Einmaleins
Schreiben Sie drei Programme, die eine Tabelle mit dem kleinen Einmaleins ausgeben; das sind alle Multiplikationsergebnisse von 1 * 1 bis 10 * 10, angeordnet in zehn Zeilen mit je zehn Spalten. Verwenden Sie in jedem Programm eine andere Schleifenkonstruktion:

```
Do While bedingung ... Loop
Do ... Loop Until bedingung
For ... Next
```

Schleifen können ineinander geschachtelt werden!

Umkehrung einer Zeichenkette
Schreiben Sie ein Programm, das eine vom Benutzer eingegebene Zeichenkette rückwärts wieder ausgibt. Tipp: Rekursion!

Arrays
Schreiben Sie ein Programm, das dem Benutzer die Eingabe von beliebig vielen Werten eines Datentyps ermöglicht. Die Werte sollen in einem Array abgespeichert werden.

Geben Sie die Werte in der Reihenfolge der Eingabe aus. Sortieren Sie dann das Array und geben Sie die Werte in der sortierten Reihenfolge aus.

Vereinbaren Sie ein zweites Array vom gleichen Datentyp wie das erste Array. Weisen Sie das erste Array dem zweiten zu, z.B. `a2 = a1`.

Ändern Sie dann einen Wert des zweiten Arrays und geben Sie die Werte des ersten und des zweiten Arrays aus. Was fällt Ihnen auf?

3 Klassen und Objekte, Vererbung und Schnittstellen

Lernziel
Die wichtigsten Ideen und Begriffe der objektorientierten Programmierung *(Klasse, Objekt, Vererbung, Schnittstelle, ...)* werden theoretisch sowie anhand von Beispielen und Übungen eingeführt.

3.1 Überblick

Die Programme aus dem vorigen Kapitel sind *prozedurale* Programme, d.h. sie enthalten eine Folge von Anweisungen, die vom Programmstart zum Programmende führt und dabei ein Problem löst. Demgegenüber stellt man sich bei der objektorientierten Programmierung ein Programm als eine Menge von miteinander agierenden *Objekten* vor. Jedes Objekt ist dabei ein Exemplar (eine *Instanz*) eines generellen Schemas (einer *Klasse*). Ein Objekt ist gekennzeichnet durch:

- *Eigenschaften*, deren Werte etwas über den Zustand des Objekts aussagen. Änderungen der Eigenschaften sind dann Zustandsänderungen des Objekts.
- *Operationen (Methoden)*, die es ausführen kann. Die von außen sicht- und zugreifbaren Operationen des Objekts stellen seine öffentliche Schnittstelle dar, über die das Objekt dazu gebracht werden kann, etwas zu tun. Daneben kann es auch private Methoden geben.

Ein Vorteil dieser Betrachtungsweise ist, dass man zur Benutzung eines Objekts nur seine öffentliche Schnittstelle kennen muss. *Wie* ein Objekt seine Operationen ausführt, braucht den Benutzer nicht zu interessieren. Ein anderer Vorteil ist darin zu sehen, dass die objektorientierte Denkweise näher an der Wirklichkeit liegt als die prozedurale. Ein Beispiel soll dies verdeutlichen:

In einem Unternehmen gibt es Mitarbeiter, die durch eine Reihe von Eigenschaften gekennzeichnet sind: Mitarbeiternummer, Name, Gehalt, ... Ein einzelner Mitarbeiter ist dann durch die Werte dieser Eigenschaften gekennzeichnet, z.B. (Mitarbeiternummer = 101, Name = "Meier", Gehalt = 4500,00). Einfache Operationen, die bei einem Mitarbeiter auftreten, wären beispielsweise eine Namensänderung (durch Heirat!) oder eine Neuberechnung des

Gehalts aufgrund einer Gehaltserhöhung. In diesem Beispiel ist *Mitarbeiter* die *Klasse*; sie enthält Aussagen darüber, was wir über einen Mitarbeiter wissen wollen und was wir mit ihm tun können. Der konkrete Mitarbeiter Meier ist ein *Objekt* oder eine *Instanz* der Mitarbeiter-Klasse; die konkreten Werte seiner Eigenschaften sagen uns etwas über seinen Zustand. Dieser Mitarbeiter kann, wie alle anderen konkreten Mitarbeiter auch, seinen Namen ändern und sein Gehalt anpassen.

Fassen wir die neuen Begriffe zusammen:

- Eine *Klasse* ist ein Schema oder ein Bauplan, nach dem Objekte erzeugt werden.
- Ein *Objekt* ist ein Exemplar (Instanz) einer Klasse.
- *Mitglieder* ist der Oberbegriff für alle Bestandteile einer Klasse, also Eigenschaften, Operationen, …

Wenn nun Herr Müller, der Vorgesetzte von Herrn Meier, diesem eine Gehaltserhöhung bewilligt, dann spricht – in unserer neuen Terminologie – eine Instanz der Klasse Manager eine Operation einer Instanz der Klasse Mitarbeiter an. Damit haben wir ein Beispiel für die oben erwähnte Vorstellung, ein Programm als eine Menge von Objekten zu sehen, die miteinander kommunizieren. Generell, d.h. auf der Klassenebene, sind die folgenden Beziehungen zwischen Klassen möglich, die im Verlauf dieses Kapitels näher beschrieben werden:

- *Benutzung*: Klasse A benutzt eine Operation der Klasse B.
- *Enthaltensein* oder *Aggregation*: Klasse A enthält Objekte von Klasse B.
- *Vererbung*: Klasse B ist eine spezielle Form von Klasse A.
- *Unterstützung*: Klasse B unterstützt Klasse A, d.h. sie implementiert die Schnittstelle von Klasse A.

Aus einer anderen Sicht kann man der objektorientierten Programmierung über vier Begriffe näher kommen, die als ihre Hauptkennzeichen angesehen werden:

- Abstraktion,
- Kapselung,
- Vererbung und
- Polymorphie.

Unter *Abstraktion* versteht man die Modellbildung unter Betonung wichtiger und Weglassung unwichtiger Dinge; man betrachtet also die aus Sicht der Problemstellung relevanten Eigenschaften und Funktionen der Objekte und blendet die irrelevanten aus. Aus der Sicht der Personaldatenverarbeitung eines Unternehmens sind wichtige Eigenschaften eines Mitarbeiters sein Name, seine Personalnummer, sein Gehalt, …; unwichtig ist z.B. seine Schuhgröße. Diese Abstraktion führt zur Entwicklung der Mitarbeiter-Klasse.

Kapselung bedeutet, dass alle für ein Objekt wichtigen Eigenschaften und Operationen in diesem Objekt enthalten sind und vor unkontrollierten Zugriffen von außen geschützt werden. Die Werte der Eigenschaften, die ja zusammengenommen den Zustand eines Objekts bestimmen, "gehören" dem Objekt; das Objekt stellt anderen Objekten nur Operationen zur

3.1 Überblick

Verfügung, die diese Werte kontrolliert ändern. Ebenso ist die Ausführung von Funktionen Sache des Objekts; nur der Anstoß für die Abarbeitung einer Operation kommt von außen.

Mit dem Begriff *Vererbung* ist die Vorstellung verbunden, dass es Sinn macht, Klassen hierarchisch in generelle und spezielle Klassen anzuordnen. Eine generelle Klasse könnte beispielsweise *Kraftfahrzeug* heißen; spezielle Klassen wären dann *Pkw, Lkw, Motorrad,* ... Jedes Objekt der Klasse *Pkw* ist auch ein Objekt der Klasse *Kraftfahrzeug*, aber nicht jedes Objekt der Klasse *Kraftfahrzeug* ist auch ein Objekt der Klasse *Pkw*[25]. In der Kraftfahrzeug-Klasse werden alle Eigenschaften und Funktionen zusammengefasst, die allen Kraftfahrzeugen gemeinsam sind; die Motorrad-Klasse erbt dies alles von Kraftfahrzeug und fügt erweiterte Mitglieder hinzu, die nur auf Motorräder zutreffen.

Polymorphie heißt wörtlich "Vielgestaltigkeit" und bedeutet, dass jedes Objekt selbst weiß, zu welcher Klasse es gehört und welche Operationen es benutzen muss. Angenommen, in einem Grafikprogramm gäbe es eine generelle Klasse *Figur*, von der spezielle Klassen *Rechteck, Kreis, Dreieck, Linie,* ... durch Vererbung abgeleitet werden. *Figur* hat eine (unspezifische) Methode *Zeigen*, die die Figur auf dem Bildschirm darstellt; die abgeleiteten Klassen haben ihre eigenen spezifischen Zeigen-Methoden. Nimmt man weiter an, dass in diesem Grafikprogramm viele Objekte der abgeleiteten Klassen gleichzeitig existieren können, dann muss man diese Objekte beispielsweise in einem Array verwalten. Um alle möglichen Objekte aufnehmen zu können, muss das Array vom Typ *Figur* sein, da alle Rechtecke, Kreise, ... Figuren sind, aber nicht umgekehrt. Sollen nun alle Objekte gezeigt werden, möchte man im Programm gern sinngemäß sagen:

```
Für alle f im Figur-Array
    f.Zeigen()
Ende Für
```

Und das funktioniert auch! f nimmt nacheinander alle Werte des Array an; ist also mal ein Rechteck, mal ein Kreis. Wenn f ein Rechteck ist, dann weiß f das und führt beim Aufruf der Zeigen-Methode die des Rechtecks aus; ist f ein Kreis, wird ein Kreis gezeichnet, usw. Diese äußerst praktische Eigenschaft vereinfacht die Programmierung ungemein. Stellen Sie sich vor, wie es ohne sie wäre: Dann müsste man im Rumpf der obigen Schleife eine Fallunterscheidung mit so vielen Fällen einfügen, wie es von Figur abgeleitete Klassen gibt; schlimmer noch, wenn eine neue Figur hinzugefügt wird, muss man diese Schleife (und alle anderen) um einen Fall erweitern – das wäre sehr mühsam und fehleranfällig.

Die Vorgehensweise bei der objektorientierten Programmentwicklung sieht also so aus, dass man zunächst aus Modellen oder Schemata Klassen bildet. Anschließend sucht man Eigenschaften und Methoden und ordnet jede der Klasse zu, die für sie verantwortlich sein soll. Dies ist in manchen Fällen einfach, in anderen schwierig. Als Kandidaten für Klassen kann man die Hauptwörter betrachten, die in der Problemstellung vorkommen; Eigenschaftswör-

---

[25] Das klingt sehr umständlich, deshalb verkürzt man solche Aussagen häufig zu: "Jeder *Pkw* ist auch ein *Kraftfahrzeug*, aber nicht jedes *Kraftfahrzeug* ist auch ein *Pkw*."

ter, die die Hauptwörter näher beschreiben, sind dann Kandidaten für Eigenschaften, Methoden kann man aus Tätigkeiten herleiten, die die Hauptwörter betreffen.

In größeren Software-Entwicklungsprojekten stellt man solche Vorüberlegungen in einer der Implementierung vorgelagerten Entwurfsaktivität an; den Entwurf kann man durch textliche oder grafische Beschreibungen unterstützen. Eine beliebte und standardisierte Notation ist die *UML* (*Unified Modeling Language*[26]), deren Anwendung man durch leistungsfähige Software-Werkzeuge[27] unterstützen kann – aber das ist ein anderes Buch!

3.2 Objekte erzeugen und Methoden benutzen

Visual Basic .NET enthält eine vorgefertigte Klasse namens `Random`, deren Objekte Zufallszahlen sind. Will man eine Variable erzeugen, die eine Zufallszahl enthält, dann geschieht dies in zwei Schritten:

```
Dim Zufallszahl1 As Random 'Deklaration
Zufallszahl1 = New Random 'Instanziierung
```

In der ersten Zeile wird eine Variable vom Typ `Random` vereinbart (deklariert). Die zweite Zeile kreiert das Zufallszahl-Objekt durch Aufruf der New-Methode der Random-Klasse. Diese New-Methode heißt *Konstruktor*; alle Klassen in Visual Basic .NET haben einen (oder mehrere) solcher Konstruktoren.

Diese etwas umständlich anmutende zweistufige Vorgehensweise kann man in einer Zeile zusammenfassen:

```
Dim Zufallszahl1 As Random = New Random
```

Diese Schreibweise erinnert an die Anfangswertzuweisung im vorigen Kapitel. Wer sich daran stört, dass man zweimal `Random` hinschreiben muss, der kann noch kürzer sagen:

```
Dim Zufallszahl1 As New Random
```

Egal welche Art man wählt, der Effekt ist immer der gleiche und intern werden die beiden Schritte *Deklaration* und *Instanziierung* stets durchlaufen.

Ihnen könnte auffallen, dass Variablen, die die im vorigen Kapitel eingeführten einfachen Datentypen nutzen, nur deklariert werden und dann "einsatzbereit" sind:

```
Dim i As Integer
```

---

[26] Vgl. z.B. <http://de.wikipedia.org/wiki/Unified_Modeling_Language>.

[27] Vgl. z.B. <http://de.wikipedia.org/wiki/UML-Werkzeug>.

3.2 Objekte erzeugen und Methoden benutzen

während Variablen, die Objekte sind, auch noch instanziiert werden müssen. Dies kann man als unschön bezeichnen. Warum das so ist, wird in Abschnitt 3.9 erläutert.

Will man Methoden von Objekten benutzen, dann verwendet man die so genannte Punkt-Notation

```
objekt.methode(argumentliste)
```

Die `argumentliste` enthält ein oder mehrere, durch Kommata getrennte einzelne Argument:

```
argument1, argument2, argument3, …
```

Die Random-Klasse hat beispielsweise eine Methode namens `Next`, die eine weitere Zufallszahl liefert. Wenn also die Variable `Zufallszahl1` deklariert und instanziiert ist, dann kann man mittels:

```
Console.WriteLine(Zufallszahl1.Next())
```

eine Zufallszahl ausgeben. Hier ist `Zufallszahl1` das Objekt, `Next` die Methode und die Argumentliste ist leer. `Next` kann aber auch Argumente verarbeiten; wenn Sie Lottozahlen "vorhersagen" oder das Würfeln mit einem Würfel simulieren wollen, können Sie schreiben:

```
Console.WriteLine(Zufallszahl1.Next(1,49))
Console.WriteLine(Zufallszahl1.Next(1,6))
```

und damit den Zahlenbereich eingrenzen, aus dem die Zufallszahl genommen wird.

Objektmethoden setzen also die Existenz eines Objekts voraus. Es gibt aber auch *Klassenmethoden*; das sind Methoden, die man verwenden kann, ohne erst ein Objekt zu erzeugen. Im bisherigen Verlauf des Buchs haben Sie schon die Klassenmethoden `Math.Sqrt` (Wurzel ziehen) und `Array.Sort` (Array sortieren) kennen gelernt.

Die IntelliSense-Funktion der Entwicklungsumgebung ist beim Schreiben von Methodenaufrufen wieder sehr hilfreich. Sobald Sie den Punkt hinter dem Objektnamen eingegeben haben, öffnet sich eine Auswahlliste mit den verfügbaren Methoden dieses Objekts. Wählen Sie eine Methode, erhalten Sie Aufrufvarianten angezeigt, wie Sie in Abb. 3.1 erkennen. Diese beiden Möglichkeiten können Sie in den Visual Studio-Optionen einzeln an- oder abschalten. Wählen Sie *Extras > Optionen* und dann in der linken Liste *Text-Editor > Basic > Allgemein*. Die Liste der Methoden heißt dort *Member automatisch auflisten*, die Aufrufvarianten laufen unter der Bezeichnung *Parameterinformationen*.

Die Next-Methode einer Zufallszahl kann also auf drei verschiedene Arten aufgerufen werden. Dies nennt man *Methodenüberladung*: Es existieren mehrere Methoden gleichen Namens, die sich unterscheiden:

- In der Anzahl der Parameter und/oder
- Im Datentyp eines oder mehrerer Parameter.

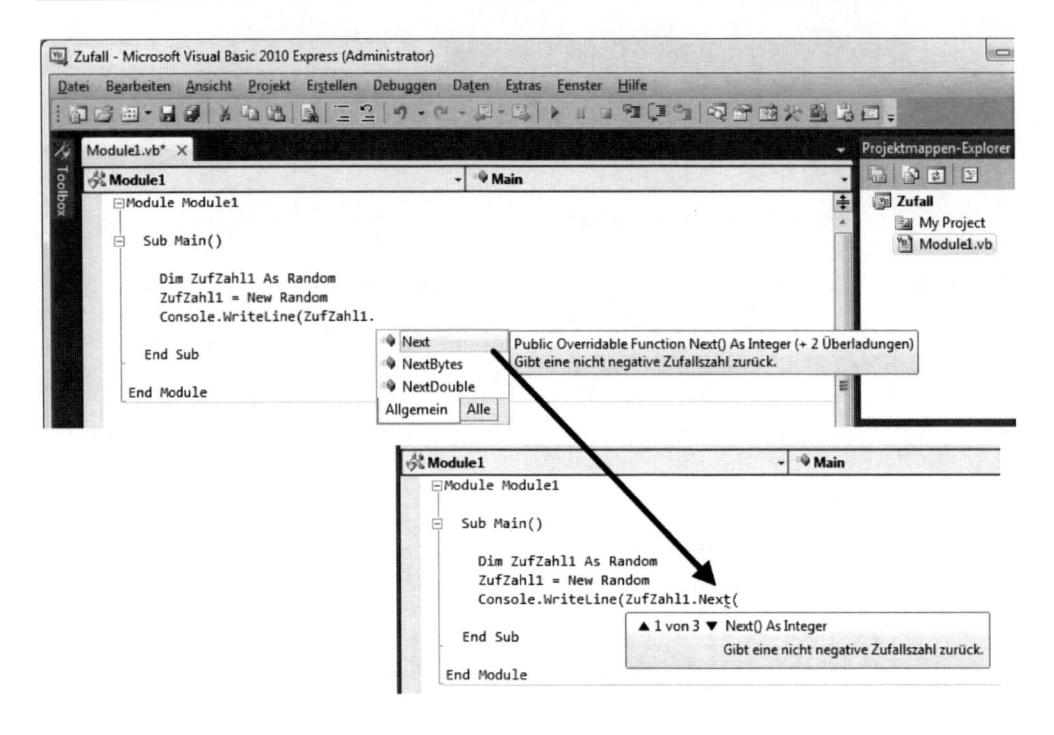

Abb. 3.1 *IntelliSense: Methodenaufruf*

Diese Überladung ermöglicht es, mit wenigen verschiedenen Methodennamen auszukommen. Die Next-Methoden der Random-Klasse tun alle in etwa das Gleiche, nämlich eine nächste Zufallszahl erzeugen – deswegen sollen sie auch alle gleich heißen. Sie unterscheiden sich lediglich in den Randbedingungen, die für die neue Zufallszahl gesetzt werden (oder nicht).

Ein anderes Beispiel für Überladung ist `Console.WriteLine`, von dem es 18 Varianten gibt. In Abb. 3.2 sehen Sie eine davon.

Bei einer langen Liste von Methoden kann es mühsam sein, sie von oben nach unten nach der gewünschten Methode zu durchsuchen. Mit folgenden Eingaben kann man die Liste eingrenzen:

- Eingabe eines oder mehrerer Anfangsbuchstaben; so führt `Console.Wr` auf die Auswahlen `Console.Write` und `Console.WriteLine`.
- Eingabe eines oder mehrerer Großbuchstaben aus dem Methodennamen; `Console.WL` gibt die Auswahlen `Console.WindowLeft` und `Console.WriteLine` vor.[28]
- Eingabe eines beliebigen Teils des Methodennamens; `Console.lin` führt zu den Auswahlen `Console.ReadLine` und `Console.WriteLine`.

---

[28] Bezeichner mit gemischter Groß- und Kleinschreibung wie WriteLine werden auch als *CamelCase* bezeichnet.

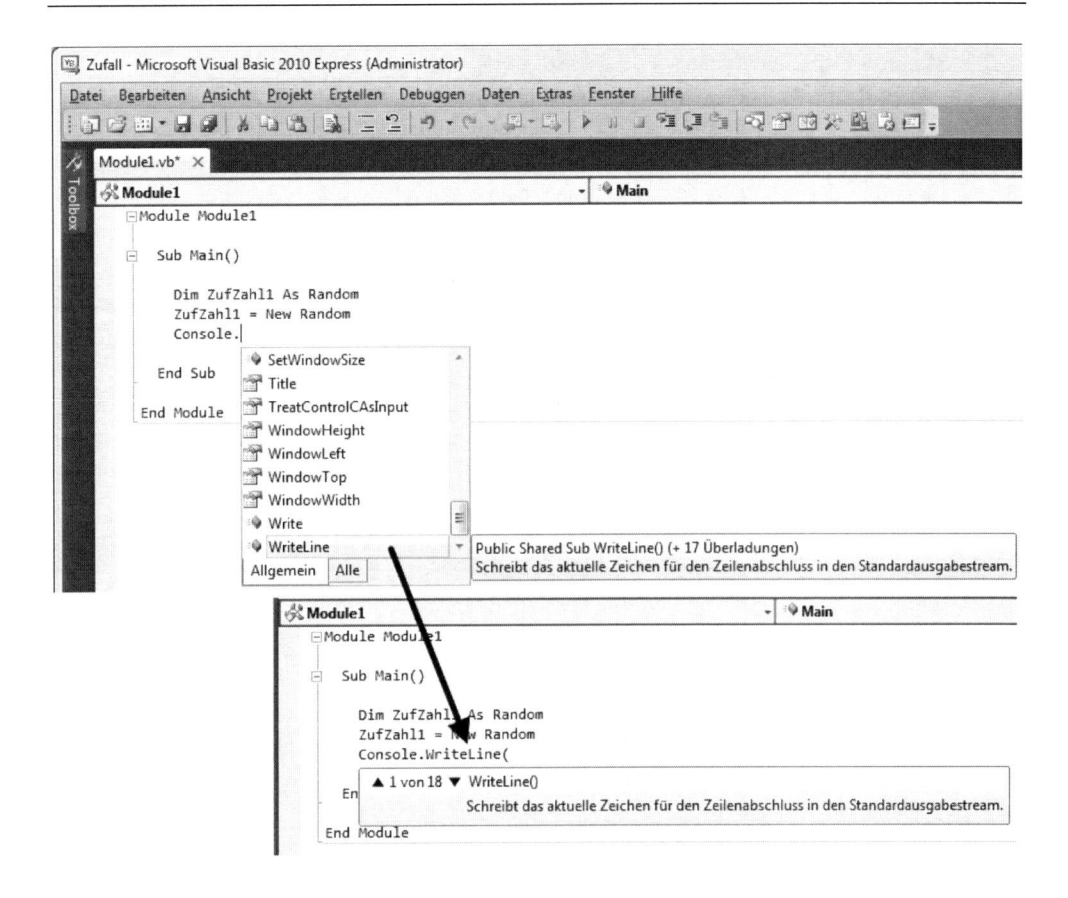

Abb. 3.2 *Methodenüberladung*

3.3 Konstruktoren

Wie bereits erwähnt, hat jede Klasse eine (oder mehrere) Methode(n) mit dem besonderen Namen New. Die New-Methode heißt Konstruktor. Ihr Aufruf instanziiert ein Objekt, d.h. sie gibt ein Objekt der jeweiligen Klasse zurück. Die Anweisung

```
Zufallszahl1 = New Random
```

kann man also auch so lesen, dass der Variablen Zufallszahl1 ein neues Objekt der Random-Klasse zugewiesen wird.

Wenn Sie eine Klasse anlegen, dann stellt Visual Basic .NET automatisch einen parameterlosen Konstruktor, den so genannten *Standardkonstruktor*, zur Verfügung. Dieser erscheint nicht im Code, kann aber ohne weiteres benutzt werden. Er erzeugt ein Objekt, tut aber sonst nichts. Wenn Sie bei der Instanziierung eines Objekts zusätzliche Arbeitsschritte ausführen wollen, wie z.B. die Vergabe von Anfangswerten für Eigenschaften, dann können Sie beliebig viele Konstruktoren mit Parametern selbst schreiben. Mehrere Konstruktoren mit Parametern sind dann ein Beispiel für die schon erwähnte Überladung, d.h. sie müssen sich in der Anzahl und/oder den Datentypen der Parameter unterscheiden. Sobald Sie einen Konstruktor selbst entwickeln, steht Ihnen der Standardkonstruktor nicht mehr zur Verfügung; wenn Sie ihn benötigen, müssen Sie ihn selbst schreiben.

Anhand der StringBuilder-Klasse werfen wir einen Blick auf einige Konstruktor-Varianten. Der Datentyp `String` (der eigentlich auch eine Klasse ist) wurde bereits vorgestellt; er ist zur Speicherung von Zeichenketten brauchbar. Zur Bearbeitung von Zeichenketten ist er weniger geeignet, weil String-Objekte bei jeder Änderung neu angelegt werden. Objekte der StringBuilder-Klasse können dagegen dynamisch wachsen und schrumpfen, verursachen also weniger Verwaltungsaufwand. Tab. 3.1 enthält die Konstruktoren und ihre Bedeutung.

Tab. 3.1 *Konstruktoren der StringBuilder-Klasse*

Konstruktor	Erzeugt ein ...
`New()`	Leeres Objekt
`New(value As String)`	Objekt mit diesem Anfangswert
`New(capacity As Integer)`	Leeres Objekt mit Platz für so viele Zeichen
`New(capacity As Integer, maxcapacity As Integer)`	Leeres Objekt mit Platz für `capacity` Zeichen, maximale Länge ist `maxcapacity`
`New(value As String, capacity As Integer)`	Objekt mit Anfangswert und anfänglicher Länge
`New(value As String, startIndex As Integer, length As Integer, capacity As Integer)`	Objekt mit Anfangswert und anfänglicher Länge. Der Anfangswert ist die Teilzeichenkette von `value`, die bei `startIndex` beginnt und `length` Zeichen lang ist.

Exkurs: Um den kurzen Überblick über die StringBuilder-Klasse abzuschließen, seien einige ihrer Eigenschaften und Methoden aufgezählt:

- Eigenschaften
  - `Chars(i)` – das i-te Zeichen der Zeichenkette
  - `Length` – die Länge
- Methoden
  - `Append(objekt)` – an die Zeichenkette anfügen
  - `Insert(index, objekt)` – an Position `index` in die Zeichenkette einfügen
  - `Remove(ab, länge)` – `länge` Zeichen ab Position `ab` entfernen
  - `Replace(alt, neu)` – Zeichenkette `alt` durch Zeichenkette `neu` ersetzen

In manchen objektorientierten Programmiersprachen gibt es neben Konstruktoren auch *Destruktoren*, mit denen man Objekte, die man nicht mehr braucht, vernichten kann. Visual Basic .NET kennt keine Destruktoren. Stattdessen gibt es eine automatische Müllabfuhr (*Garbage Collection*). Sie entdeckt Objekte, die nicht mehr benötigt werden, und beseitigt sie; dabei hat man keine Kontrolle darüber, wann genau die Müllabfuhr kommt. In den allermeisten Fällen braucht man sich allerdings keine Gedanken darüber zu machen, wie man abgearbeitete Objekte loswird.[29]

3.4 Objektvariablen

In Visual Basic .NET gibt es eine oberste Klasse namens `Object`, mit der alle anderen Klassen direkt oder indirekt, explizit oder implizit durch eine Vererbungsbeziehung verbunden sind. Wenn Sie eine Klasse anlegen und keine Oberklasse angeben, von der die neue Klasse erbt, dann verwendet Visual Basic .NET automatisch die Klasse `Object` als Oberklasse. Geben Sie eine Oberklasse an, dann erbt die Oberklasse letztlich von `Object` – und damit auch Ihre Klasse.

Das bedeutet, dass folgende Anweisungen korrekt sind:

```
Dim o As Object
Dim Zufallszahl1 As New Random
o = Zufallszahl1
```

`Zufallszahl1` ist also nicht nur ein Objekt der Klasse `Random`, sondern auch ein Objekt der Klasse `Object`; letztlich sind alle Objekte in Visual Basic .NET Objekte der Klasse `Object`. Hingegen:

```
Dim o As New Object
Dim Zufallszahl1 As Random
Zufallszahl1 = o 'geht nicht!
```

Die letzte Anweisung ist falsch, weil nicht jedes Objekt der Klasse `Object` auch ein Objekt der Klasse `Random` ist.

Objektvariablen zeigen nach der Instanziierung mittels `New` auf einen Speicherbereich, der für das Objekt reserviert ist. Abb. 2.1, die eine Vorstellung vom Wesen einer Variablen vermitteln sollte, gilt also nur für einfache Variablen; für Objektvariablen trifft Abb. 3.3 den Sachverhalt. Während bei einer einfachen Variablen der Variablenname also auf den Speicherplatz mit dem Wert zeigt, verweist der Name einer Objektvariablen auf einen Speicherplatz, dessen Inhalt die Adresse des Speicherbereichs ist, in dem das Objekt abgelegt ist.

---

[29] Sollten Sie doch einmal ein Objekt kontrolliert und direkt entsorgen wollen, schauen Sie sich die Methode `Finalize` der Klasse `Object` in der Hilfe an. Auch das Hilfethema "Implementieren einer Dispose-Methode" kann in diesem Zusammenhang interessant sein.

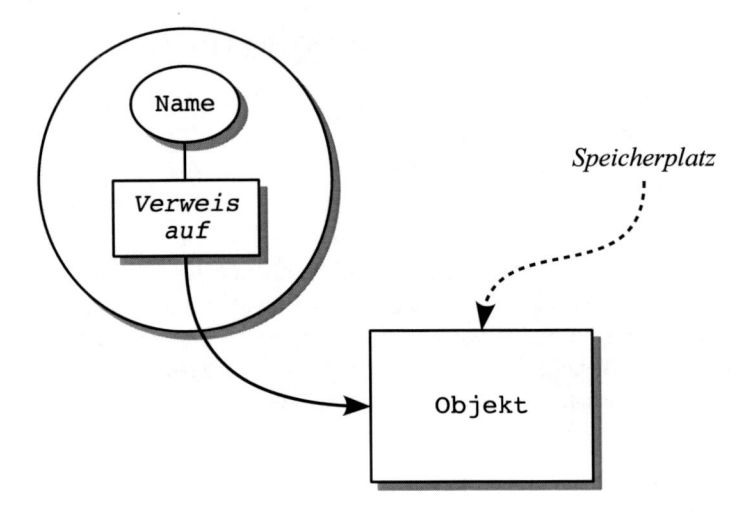

Abb. 3.3 Objektvariable

Für die obige Zuweisung

```
o = Zufallszahl1
```

bedeutet das, dass bei der Ausführung dieser Anweisung nicht *Objektinhalte* bewegt werden, sondern lediglich *Verweise* auf Objekte: Nach der Zuweisung zeigt o auf dasselbe Objekt wie Zufallszahl1.[30]

Für den Vergleich zweier Objektvariablen gelten folgende Regeln:

- Das Gleichheitszeichen "=" darf nicht verwendet werden.
- Stattdessen prüft der Vergleichsoperator Is, ob zwei Objektvariablen auf ein und dasselbe Objekt zeigen, und ergibt true oder false.

Wenn eine Objektvariable auf *kein* Objekt zeigt, dann hat sie in Visual Basic .NET den speziellen Wert Nothing. Dieser Wert kann in Bedingungen verwendet werden, z.B.:

```
If o Is Nothing Then ...
```

und er kann in Zuweisungen verwendet werden, wie etwa:

```
o = Nothing
```

Die Zuweisung von Nothing an eine Objektvariable ist eine Möglichkeit, ein Objekt zu löschen. Wenn o vorher auf ein Objekt zeigte, wird diese Verbindung durch die Zuweisung von

---

[30] Diese Begründung ist dann auch die Antwort auf die Frage, die in der Übung zu Arrays am Ende des vorigen Kapitels gestellt wurde: Arrayvariablen sind auch Objektvariablen, deshalb bewirkt eine Zuweisung einer Arrayvariablen an eine andere, dass beide danach auf ein und dasselbe Arrayobjekt zeigen.

3.4 Objektvariablen 73

`Nothing` getrennt. Die automatische Garbage Collection prüft periodisch, ob Objekte vorhanden sind, auf die keine Objektvariablen mehr zeigen; diese können dann entsorgt werden.

Hat man eine Objektvariable o und möchte wissen, zu welcher Klasse das Objekt gehört, auf das sie zeigt, dann gibt es mehrere Möglichkeiten:

- Die Funktion `TypeName(o)` liefert den Namen der Klasse als Zeichenkette.
- Der Methodenaufruf `o.GetType.ToString` tut Ähnliches.[31]
- Der Vergleichsoperator `TypeOf ... Is` erlaubt den Vergleich mit einem Klassennamen, z.B.

  `If TypeOf o Is Random Then ...`

Abschließend muss noch eine Warnung im Hinblick auf Objektvariablen als Parameter von Prozeduren ausgesprochen werden. In Abschnitt 2.10.1 "Argumente und Parameter" wurde der Unterschied zwischen Wert- und Adressübergabe erläutert und die Sicherheit der Wertübergabe betont, bei der ja in Prozeduren nur mit Kopien der Werte gearbeitet wird. Diese Sicherheit gibt es *nicht*, wenn Objektvariablen mittels Wertübergabe an Prozeduren übergeben werden! Die Begründung ergibt sich unmittelbar aus der Natur von Objektvariablen: Der Wert einer Objektvariablen ist der Verweis auf den Speicherplatz des Objekts; wenn dieser Wert bei der Argumentübergabe kopiert wird, dann wird nur der *Verweis* kopiert, nicht das *Objekt* (vgl. Abb. 3.4). Das bedeutet, dass die aufgerufene Prozedur vollen Zugriff auf das Objekt hat (sofern er nicht mit anderen Mitteln eingeschränkt ist).

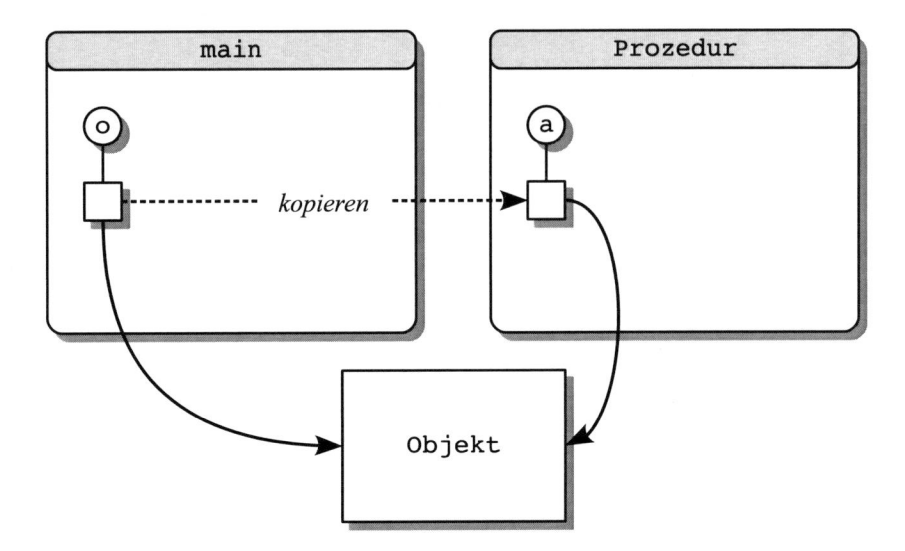

Abb. 3.4 Wertübergabe von Objektvariablen

---

[31] Mit `GetType` allein erhält man ausführlichere Informationen, deren Inhalt und Auswertung über den Rahmen dieses Buchs hinausgehen.

3.5 Klassen entwickeln

Wenn man eine neue Klasse entwickelt, dann fasst man unter einem Klassennamen alle benötigten Mitglieder der Klasse zusammen. Das können sein:

- Private Variablen, deren Werte den Zustand der Objekte bestimmen.
- Von außen aufrufbare Zugriffsprozeduren für die Variablen, mit denen die Werte gelesen oder geändert werden können; in Visual Basic .NET heißen diese Prozeduren *Eigenschaften* (*Properties*).
- Methoden, die die Objekte der Klasse ausführen können; diese können privat oder öffentlich sein.
- Ein oder mehrere Konstruktoren, das sind spezielle Methoden, die ein Objekt ins Leben rufen und mit Anfangswerten versehen (vgl. Abschnitt 3.3).

Der Rahmen einer Klasse sieht ganz einfach so aus:

```
[Public | Private | …] Class klassenname
   …
End Class
```

Hinter dem Schlüsselwort `Class` wird der Name der Klasse angegeben. Eine weitere Festlegung betrifft die Frage, wer auf diese Klasse zugreifen und Objekte erzeugen darf. Der so genannte *Zugriffsmodifizierer* `Public` erlaubt jedem den Zugriff; mehr dazu später in diesem Kapitel.

Eine Variable, die innerhalb der Klasse lebt und von außen weder sicht- noch zugreifbar sein soll, wird mit dem Schlüsselwort `Private` (statt `Dim`) vereinbart:

```
Private variablenname As typ
```

Namenskonventionen[32] helfen, die Übersicht zu behalten. Eine Konvention, an die wir uns hier halten, ist, die Namen privater Variablen stets mit dem Präfix "_" beginnen zu lassen.

Eine Eigenschaft (Property) ist in Visual Basic .NET eine Prozedur, mit der auf eine private Variable zugegriffen wird. Die Struktur einer einfachen Property sieht so aus:

```
Public Property propertyname() As typ
   Get
      Return privatevariable
   End Get
   Set (value As typ)
      privatevariable = value
```

---

[32] Eine ausführliche Diskussion geht über den Rahmen dieses Buchs hinaus; vgl. z.B. <http://de.wikipedia.org/wiki/Namenskonvention_(Datenverarbeitung)> oder <http://runtime-basic.net/Visual-Basic:Namenskonvention>.

3.5 Klassen entwickeln

```
    End Set
End Property
```

Eine Eigenschaft besteht also aus zwei Teilen. Der Get-Teil liefert den Wert einer privaten Variablen als Ergebnis zurück; er ist mit einer parameterlosen Function (vgl. Abschnitt 2.10) vergleichbar und muss wie diese eine Return-Anweisung enthalten. Der Set-Teil gibt der privaten Variablen einen neuen Wert; dieser wird unter dem Standardnamen `value` als Parameter übergeben. Der Set-Teil ähnelt also einer Sub-Prozedur mit einem Parameter (vgl. Abschnitt 2.10). Der Datentyp der Property und des Parameters müssen mit dem Datentyp der privaten Variablen übereinstimmen. Ein Beispiel zeigt die Verwendung:

```
Private _Gehalt As Decimal    ' Vereinbarung
Public Property Gehalt() As Decimal
   Get
      Return _Gehalt '1
   End Get
   Set(value As Decimal)
      _Gehalt = value '2
   End Set
End Property
```

Die private Variable heißt hier `_Gehalt` und ist vom Datentyp `Decimal`. Die Zugriffsfunktion heißt `Gehalt` und ist vom gleichen Typ. Aus dieser Art der Benennung (`_Gehalt` und `Gehalt`) kann man wieder eine Konvention machen, die zu besserer Verständlichkeit führt. Die Zugriffsfunktion gibt in ihrem Get-Teil einfach den Wert von `_Gehalt` zurück. In ihrem Set-Teil wird der übergebene Wert als neuer Wert von `_Gehalt` gespeichert.

Ein außen stehender Benutzer der Zugriffsfunktion kann den Namen `Gehalt` sowohl zum Lesen als auch zum Schreiben verwenden. Angenommen, `_Gehalt` und `Gehalt` wären Mitglieder eines Objekts o, dann könnte aus einem anderen Objekt oder einem Modul heraus `Gehalt` so benutzt werden:

```
Console.WriteLine(o.Gehalt)
g = o.Gehalt
o.Gehalt = 1500
```

In den ersten beiden Zeilen wird (implizit und automatisch) die Get-Function benutzt, in der dritten Zeile die Set-Prozedur.

Die Entwicklungsumgebung bietet verschiedene Kurzschreibweisen, um eine private Variable und die zugehörige Zugriffsfunktion zu erzeugen.

1. Automatisch implementierte Eigenschaften (*Auto implemented properties*)
   Das folgende Codestück vereinbart die private Variable `_Gehalt` und die zugehörige Zugriffsfunktion `Gehalt`.

```
Private _Gehalt As Decimal
Public Property Gehalt() As Decimal
  Get
    Return _Gehalt
  End Get
  Set(value As Decimal)
    _Gehalt = value
  End Set
End Property
```

Folgende Zeile hat dieselbe Wirkung:

```
Property Gehalt As Decimal
```

Aus dieser Zeile wird automatisch eine private Variable `_Gehalt` und eine öffentliche Zugriffsfunktion `Gehalt` erstellt. Weder die Vereinbarung der privaten Variable noch die Get- und Set-Routinen werden angezeigt. Die private Variable erscheint auch nicht in IntelliSense-Vorschlägen. Sie können jedoch – wenn nötig – direkt auf die private Variable zugreifen, z.B. in einer Zuweisung.

Auch ein Anfangswert kann bei der Vereinbarung mitgegeben werden. Er wird dann intern über die erzeugte Set-Routine an die private Variable weitergegeben, wie in

```
Property Gehalt As Decimal = 1000.00
```

2. Automatisches Einfügen eines Property-Abschnitts
   Visual Studio kann einen kompletten Code-Abschnitt vorlegen, den Sie dann anpassen. Schreiben Sie einen Teil des Worts `Property`, dann wird Ihnen – wie in **Abb. 3.5** zu sehen – die Vervollständigung durch Drücken der Tabulatortaste angeboten. Der erste Druck auf die Tabulatortaste vervollständigt das Wort `Property`, der zweite erzeugt den Code-Abschnitt.

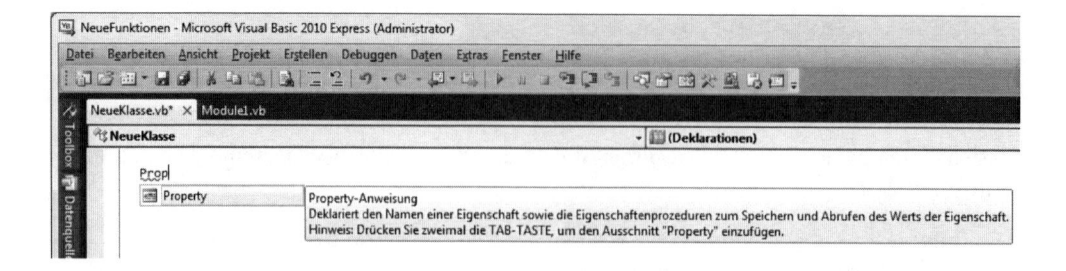

Abb. 3.5   *Automatisches Einfügen eines Property-Abschnitts*

3.5 Klassen entwickeln

Der erzeugte Code-Abschnitt sieht so aus:

```
Private newPropertyValue As String
Public Property NewProperty() As String
   Get
      Return newPropertyValue
   End Get
   Set(ByVal value As String)
      newPropertyValue = value
   End Set
End Property
```

Die Platzhalter `newPropertyValue`, `NewProperty` und `String` (für den Datentyp der Variablen) müssen dann noch von Hand angepasst werden. Man braucht jeden Platzhalter nur einmal zu ändern; Visual Studio nimmt dann die anderen Änderungen vor.

Gelegentlich kommt es vor, dass man den Zugriff auf eine private Variable auf das Lesen beschränken will; das Ändern soll verhindert werden. Selten findet man das Gegenteil: eine private Variable darf nur geschrieben, nicht aber gelesen werden. Beide Fälle werden von Visual Studio unterstützt; beginnen Sie Ihre Zugriffsfunktion mit:

```
Public Readonly Property …
```

oder mit:

```
Public Writeonly Property …
```

In diesen Fällen ist keine der oben erläuterten Kurzschreibweisen anwendbar. Stattdessen gibt es eine dritte Möglichkeit. Visual Studio generiert den Rahmen einer Property, sobald Sie nach Eingabe der ersten Zeile die Eingabetaste betätigen. Sie würden also z.B.:

```
Public ReadOnly Property RO As Decimal ↵
```

eingeben; Visual Studio erzeugt dann den Rahmen einer Get-Funktion und das Ende der Property. Sie brauchen dann nur noch die private Variable zu vereinbaren und den Inhalt der Get-Funktion zu schreiben.

Methoden als Klassenmitglieder sind die bereits bekannten Functions und Subs (vgl. Abschnitt 2.10). Jeder Methode wird ein Zugriffsmodifizierer vorangestellt, der regelt, wer die Methode benutzen darf:

```
[Public | Private | …] Sub sname (parameterliste)
   …
End Sub
```

und:

```
[Public | Private | …] Function fname (parameterliste) _
```

```
    As ergebnistyp
    ...
End Function
```

Zugriffsmodifizierer regeln also sowohl auf der Klassenebene als auch für Klassenmitglieder, wer zugreifen darf. In Tab. 3.2 werden die Möglichkeiten aufgelistet. Im Zusammenspiel der Zugriffsmodifizierer einer Klasse und ihrer Mitglieder können differenzierte Zugriffsstrategien realisiert werden, die in größeren Projekten und in der Zusammenarbeit zwischen Auftraggebern und Software-Entwicklern von Bedeutung sind. In diesem einführenden Text kommen wir mit den beiden Zugriffsmodifizierern `Public` und `Private` aus.

Tab. 3.2 *Zugriffsmodifizierer*

Schlüsselwort	Klasse	Klassenmitglied
`Public`	Öffentlich, keine Beschränkung	Öffentlich, keine Beschränkung (Standard)
`Friend`	In der eigenen Anwendung bekannt; andere Anwendungen können keine Objekte erzeugen (Standard)	In der eigenen Anwendung bekannt
`Protected`	-	Nur in der eigenen Klasse bekannt, wird aber an Subklassen vererbt
`Protected Friend`	-	Wie `Protected` plus `Friend`
`Private`	Im eigenen Codemodul sichtbar	Nur in der eigenen Klasse sichtbar

Konstruktoren sind Sub-Prozeduren, die den speziellen Namen New tragen. Ihr Aufbau ist also:

```
[Public | Private | ...] Sub New (parameterliste)
    ...
End Sub
```

In diesem Zusammenhang sind die folgenden Schlüsselwörter nützlich, mit denen kontextabhängig auf Objekte und Klassen zugegriffen werden kann:

- `Me` – bezeichnet das Objekt, in dem `Me` steht ("Ich");
- `MyClass` – bezeichnet die Klasse, zu der `Me` gehört;
- `MyBase` – bezeichnet die Klasse, von der `MyClass` erbt.

Der Begriff des Überladens von Methoden wurde schon in Abschnitt 3.2 "Objekte erzeugen und Methoden benutzen" eingeführt. Überladene Methoden sind Methoden mit dem gleichen Namen, aber unterschiedlichen Parameterlisten. Sie werden erzeugt, indem man das Schlüsselwort `Overloads` in der Kopfzeile *jeder* Methode angibt; etwa so:

```
Public Overloads Sub TuWas (P1 As Integer)
    ...
End Sub
```

```
Public Overloads Sub TuWas (P1 As Double, P2 As Double)
   ...
End Sub
```

Die beiden Methoden unterscheiden sich sowohl in der Anzahl als auch im Datentyp der Parameter. Wenn `i` ein `Integer` und `d1` und `d2` `Double` sind, dann führt ein Aufruf wie:

```
TuWas(i)
```

zur ersten Methode, während:

```
TuWas(d1, d2)
```

die zweite Methode anspricht.[33]

3.6 Generate From Usage

In Abschnitt 2.10.2 wurde bereits erläutert, dass man Sub- und Function-Prozeduren auch dadurch anlegen kann, dass man sie aufruft; Visual Studio analysiert den Aufruf und generiert daraus den Rahmen der Prozedur. Ähnliches gilt für Klassen und deren Eigenschaften und Methoden. Die Vorgehensweise ist die gleiche wie vorher, so dass einige Beispiele genügen dürften.

Vereinbart und instanziiert man ein Objekt einer noch nicht definierten Klasse, dann bietet Visual Studio an, den Rumpf der Klasse und gegebenenfalls den Rumpf des Konstruktors zu generieren. Beispiel:

```
Dim neuesObjekt As New NeueKlasse
```

Hier bietet Visual Studio an, den Rahmen einer neuen Klasse namens `NeueKlasse` zu generieren, der in einer neuen Datei namens `NeueKlasse.vb` abgelegt wird, die ihrerseits dem Projekt hinzugefügt wird. Da der Aufruf des Konstruktors keine Parameter enthält, wird der Standardkonstruktor verwendet, für den nichts generiert werden muss. Ein anderes Beispiel:

```
Dim neuesObjekt As New NeueKlasse("Test")
```

Visual Studio generiert nun nicht nur den Rumpf der Klasse, sondern auch den Rumpf eines Konstruktors mit einem Parameter vom Typ `String` nebst einer privaten Variablen, die den Wert aufnimmt:

```
Class NeueKlasse
```

---

[33] Andere Methodenaufrufe wie etwa `TuWas(i, d2)` führen zu Fehlern bei der Übersetzung.

```
        Private _p1 As String
        Sub New(ByVal p1 As String)
            ' TODO: Complete member initialization
            _p1 = p1
        End Sub
    End Class
```

Der TODO-Kommentar weist darauf hin, dass der Konstruktor evtl. noch ergänzt werden muss.

Eigenschaften und Methoden kann man auf ähnliche Weise generieren lassen, wie die folgenden Zeilen zeigen.

```
neuesObjekt.neueProperty = 42
neuesObjekt.neueSubMethode(17, "Sonntag")
Dim erg As Single = neuesObjekt.neueFktMethode(3.14F)
```

Aus diesen Zeilen werden in der Klasse `NeueKlasse` die folgenden Code-Stücke generiert:

```
Property neueProperty As Integer

Sub neueSubMethode(ByVal p1 As Integer, ByVal p2 As String)
    Throw New NotImplementedException
End Sub

Function neueFktMethode(ByVal p1 As Single) As Single
    Throw New NotImplementedException
End Function
```

Die Property ist unmittelbar benutzbar, während der Inhalt der beiden Methoden natürlich noch ausgearbeitet werden muss. Vergisst man das, erhält man beim Test des Programms eine Fehlermeldung vom Typ `NotImplementedException`, sobald man eine der Methoden aufruft.[34]

3.7 Klassenvariablen und –methoden

Klassenvariablen und –methoden existieren auf der Klassenebene, unabhängig von den Objekten dieser Klasse. Während es von Variablen in Objekten so viele Exemplare gibt, wie Objekte instanziiert wurden, gibt es eine Klassenvariable nur einmal. Alle Objekte der Klasse können auf die Klassenvariable zugreifen; wenn sie als `Private` deklariert ist, kann man von außerhalb nur über eine Zugriffsfunktion zugreifen.

---

[34] Zur Fehlerbehandlung und der Throw-Anweisung vgl. Kap. 5 "Fehlerbehandlung".

Klassenvariablen kommen z.B. dann zum Einsatz, wenn man Informationen, die alle Objekte der Klasse betreffen, an einer zentralen Stelle verwalten möchte. In einem Mitarbeiter-Informationssystem könnte das beispielsweise eine Liste aller derzeit existierenden Objekte der Mitarbeiter-Klasse sein, mit deren Hilfe man Suchfunktionen implementieren kann, oder die letzte vergebene Personalnummer, damit der nächste neu eingestellte Mitarbeiter die nächste freie Nummer bekommt.

Klassenvariablen und –methoden werden mit dem Schlüsselwort `Shared` gekennzeichnet; die letzte vergebene Personalnummer könnte also so vereinbart werden:

```
Private Shared s_PersNr As Integer = 0
```

Das Präfix "s_" ist eine Konvention, die es erlaubt, Klassenvariablen schon am Namen zu erkennen.

Eine Klassenmethode im Kontext eines Auftragsbearbeitungssystems könnte so aussehen:

```
Public Const MWSTSATZ = 0.19D
Public Shared Function s_BerMwSt (Netto As Decimal) As Decimal
    … 'Berechnung der Mehrwertsteuer zu Netto
End Function
```

(Konstanten groß zu schreiben ist eine weitere Namenskonvention!) Eine Klassenmethode kann ohne ein Objekt durch Nennung des Klassennamens aufgerufen werden, aber auch im Kontext eines Objektnamens.

Wenn nötig, kann es auch einen *Klassenkonstruktor* geben, mit dem man nur Klassenvariablen bearbeiten kann. Er wird automatisch ausgeführt, wenn das erste Objekt der Klasse instanziiert wird, vor allen anderen Konstruktoren. Der Klassenkonstruktor hat keine Zugriffsmodifizierer und keine Parameter, sieht also so aus:

```
Shared Sub New
    …
End Sub
```

3.8 Ein komplettes Beispiel: Mitarbeiter 1

Um zu zeigen, wie dies alles zusammenpasst, soll einmal ein ganzes Beispiel vorgestellt werden. Das Thema "Mitarbeiter" wird Ihnen in zahlreichen weiteren Übungen im ganzen Buch wieder begegnen.

Aufgabenstellung Mitarbeiter 1
Ein Mitarbeiter ist gekennzeichnet durch seine Personalnummer (ganze Zahl), seinen Namen (Zeichenkette) und sein Gehalt (Dezimalzahl). Die Personalnummer muss eindeutig sein und darf nach der Vergabe nicht mehr geändert werden können. Name und Gehalt können beim

Anlegen eines Mitarbeiters angegeben werden, aber auch später noch nachgetragen bzw. geändert werden. Für einen fehlenden Namen wird „N.N.", für ein fehlendes Gehalt −1 eingesetzt.

Schreiben Sie eine öffentliche Klasse `Mitarbeiter`, die obige Funktionalität implementiert und zusätzlich eine Methode zur Ausgabe der Werte realisiert.

Schreiben Sie weiter ein Hauptprogramm, das die Klasse durch Anlegen und Bearbeiten mehrerer Mitarbeiter-Objekte testet:

- Aufruf aller Konstruktoren,
- Ändern von Namen und Gehältern,
- Protokollierung durch Ausgabe der Werte.

Vorüberlegungen und Lösungsideen
Da wir eine Klasse `Mitarbeiter` entwickeln sollen, ergibt sich der Rahmen der Klasse wie folgt:

```
Public Class Mitarbeiter
   ...
End Class
```

In der Aufgabenstellung werden die privaten Variablen, deren Werte einen Mitarbeiter beschreiben, bereits genannt: `Personalnummer`, `Name` und `Gehalt`. Auch die Datentypen lassen sich aus der Aufgabe entnehmen: `Integer`, `String` und `Decimal`. Damit haben wir bereits die Vereinbarungen:

```
Private _PersNr As Integer
Private _Name As String
Private _Gehalt As Decimal
```

Um von außen auf die Werte der privaten Variablen zugreifen zu können, werden Zugriffsfunktionen benötigt. `Name` und `Gehalt` sollen nicht nur gelesen, sondern auch geändert werden können, die Personalnummer jedoch nicht. Für sie nehmen wir also eine Nur-Lese-Zugriffsfunktion:

```
Public ReadOnly Property PersNr As Integer
```

Für die anderen beiden Variablen nehmen wir normale Properties, die wir `Name` und `Gehalt` nennen. Hier verwenden wir die in Abschnitt 3.5 eingeführten automatisch implementierten Properties, so dass die expliziten Vereinbarungen von `_Name` und `_Gehalt` entfallen.

Die Personalnummer soll eindeutig sein, d.h. wir müssen dafür sorgen, dass jede Nummer nur einmal vergeben wird. Dazu eignet sich eine Klassenvariable, die ja nur einmal in der Klasse vorkommt und deshalb die letzte vergebene Personalnummer aufnehmen kann. Also:

```
Private Shared s_PersNr As Integer = 0
```

3.8 Ein komplettes Beispiel: Mitarbeiter 1

Der Anfangswert 0 ist wichtig, damit der erste Mitarbeiter die Personalnummer 1 erhält.

Aus der Aufgabe entnehmen wir weiter, dass ein neuer Mitarbeiter auf vier Arten angelegt werden kann:

- mit Namen und Gehalt,
- nur mit seinem Namen,
- nur mit seinem Gehalt,
- ohne Werte für Namen und Gehalt.

Wir benötigen also vier Konstruktoren mit jeweils unterschiedlichen Parameterlisten.[35] Der erste lautet:

```
Public Sub New(n As String, g As Decimal)
   s_PersNr += 1
   _PersNr = s_PersNr
   Name = n
   Gehalt = g
End Sub
```

Die Klassenvariable `s_PersNr` wird um eins erhöht, um eine neue, noch nicht vergebene Personalnummer zu erzeugen; dann wird diese Nummer in die private Variable `_PersNr` des Objekts kopiert.

Man könnte nun die anderen drei Konstruktoren analog schreiben. Ein wichtiger Aspekt rationeller Programmentwicklung ist aber, stets auf Möglichkeiten der Wiederverwendung von einmal entwickeltem Code zu achten. In diesem Fall können Sie den ersten Konstruktor aus dem zweiten Konstruktor heraus etwa so aufrufen:

```
Public Sub New(n As String)
   Me.New(n, -1D)
End Sub
```

Für das fehlende Gehalt wird hier der Wert -1 eingesetzt, wie in der Aufgabenstellung verlangt.

Die Methode `Gibaus`, die die Werte der lokalen Variablen ausgibt, besteht nur aus einer WriteLine-Anweisung:

```
Console.WriteLine("PersNr= " & PersNr & ", Name= " &
                  Name & ", Gehalt= " & Gehalt)
```

---

[35] Dies ist auch ein Beispiel für das Überladen von Methoden, obwohl bei Konstruktoren das Schlüsselwort `Overloads` nicht angegeben wird.

An das Hauptprogramm werden keine besonderen Anforderungen gestellt; es soll lediglich als Testüberbau für die Klasse dienen und die Klassenmitglieder ausprobieren. Entsprechend der Aufgabenstellung werden:

- Vier neue Mitarbeiter erzeugt und damit alle vier Konstruktoren getestet.
- Danach werden die Namen und die Gehälter aller Mitarbeiter geändert.
- Nach jedem Test werden alle Objekte mit den Werten ihrer privaten Variablen ausgegeben.

Die ganze Lösung

Die Klasse Mitarbeiter:

```
Public Class Mitarbeiter

  'Private Variablen
  '----------------
  Private Shared s_PersNr As Integer = 0   'Klassenvariable
  Private _PersNr As Integer

  'Zugriffsfunktionen
  '------------------
  ReadOnly Property PersNr As Integer
    Get
      PersNr = _PersNr
    End Get
  End Property
  Property Name As String 'Public ist Standard
  Property Gehalt As Decimal

  'Konstruktoren
  '-------------
  Public Sub New(ByVal n As String, ByVal g As Decimal)
    s_PersNr += 1
    _PersNr = s_PersNr
    Name = n
    Gehalt = g
  End Sub
  Public Sub New(ByVal n As String)
    Me.New(n, -1D)
  End Sub
  Public Sub New(ByVal g As Decimal)
    Me.New("N.N.", g)
  End Sub
```

3.8 Ein komplettes Beispiel: Mitarbeiter 1

```
  Public Sub New()
    Me.New("N.N.", -1D)
  End Sub

  'Methode: Ausgabe der Werte
  '--------------------------
  Public Sub Gibaus()
    Console.WriteLine("PersNr= " & PersNr & ", Name= " &
                      Name & ", Gehalt= " & Gehalt)
  End Sub

End Class
```

Das Hauptprogramm:

```
Module Module1

  Sub Main()

    '4 Mitarbeiter anlegen
    '---------------------
    Dim m1 As New Mitarbeiter
    Dim m2 As New Mitarbeiter("Meier")
    Dim m3 As New Mitarbeiter(2500D)
    Dim m4 As New Mitarbeiter("Müller", 3000D)

    'Ausgeben
    '--------
    Console.WriteLine("Mitarbeiter 1")
    Console.WriteLine("-------------")
    Console.WriteLine()
    Console.WriteLine("Neue Mitarbeiter")
    m1.Gibaus()
    m2.Gibaus()
    m3.Gibaus()
    m4.Gibaus()

    'Namen ändern und ausgeben
    '-------------------------
    Console.WriteLine()
    Console.WriteLine("Alle Namen geändert")
    m1.Name = "M1"
    m2.Name = "M2"
    m3.Name = "M3"
    m4.Name = "M4"
```

```
        m1.Gibaus()
        m2.Gibaus()
        m3.Gibaus()
        m4.Gibaus()

        'Gehälter ändern und ausgeben
        '----------------------------
        Console.WriteLine()
        Console.WriteLine("Alle Gehälter geändert")
        m1.Gehalt = 1000D
        m2.Gehalt = 1000D
        m3.Gehalt = 1000D
        m4.Gehalt = 1000D
        m1.Gibaus()
        m2.Gibaus()
        m3.Gibaus()
        m4.Gibaus()

        'Auf Benutzer warten
        '-------------------
        Console.ReadLine()

    End Sub

End Module
```

Wenn Sie dieses Programm laufen lassen, erhalten Sie die in **Abb. 3.6** gezeigte Ausgabe.

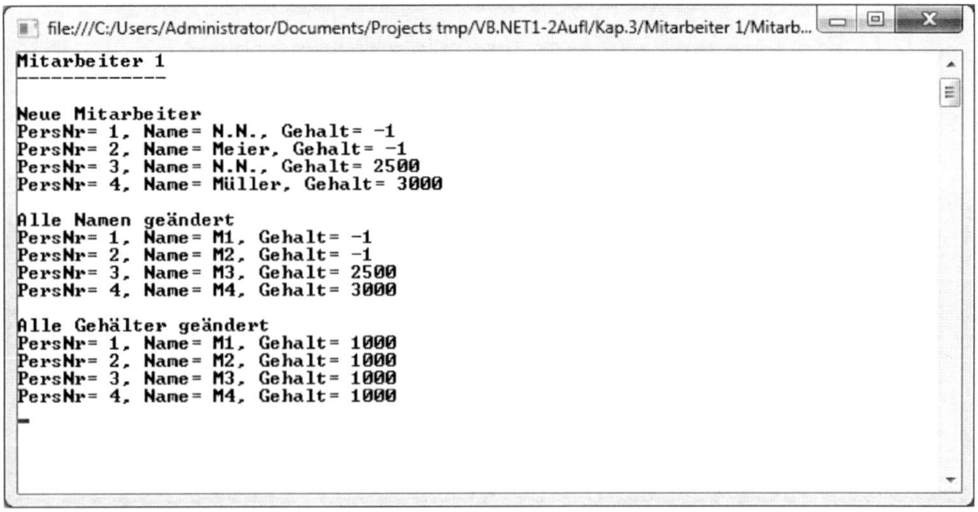
file:///C:/Users/Administrator/Documents/Projects tmp/VB.NET1-2Aufl/Kap.3/Mitarbeiter 1/Mitarb...
Mitarbeiter 1

Neue Mitarbeiter
PersNr= 1, Name= N.N., Gehalt= -1
PersNr= 2, Name= Meier, Gehalt= -1
PersNr= 3, Name= N.N., Gehalt= 2500
PersNr= 4, Name= Müller, Gehalt= 3000
Alle Namen geändert
PersNr= 1, Name= M1, Gehalt= -1
PersNr= 2, Name= M2, Gehalt= -1
PersNr= 3, Name= M3, Gehalt= 2500
PersNr= 4, Name= M4, Gehalt= 3000
Alle Gehälter geändert
PersNr= 1, Name= M1, Gehalt= 1000
PersNr= 2, Name= M2, Gehalt= 1000
PersNr= 3, Name= M3, Gehalt= 1000
PersNr= 4, Name= M4, Gehalt= 1000

Abb. 3.6 *Ausgabe von Mitarbeiter 1*

3.9 Referenz- und Wertetypen

Weiter oben (in Abschnitt 3.2) wurde bereits festgestellt, dass eine Integer-Variable etwas anders vereinbart wird als eine Random-Variable; erstere ist nach der Vereinbarung mit `Dim` direkt benutzbar, während letztere zusätzlich noch durch Aufruf des Konstruktors `New` instanziiert werden muss. Die einfachen, in Abschnitt 2.3 behandelten Datentypen `Integer`, `Long`, … sowie die Strukturen (die in diesem Buch nicht vorkommen) und die Enum-Aufzählungen werden *Wertetypen* genannt; alle Klassen, aber auch die Arrays und der Datentyp `String` werden *Referenztypen* genannt. Eine Variable von einem Wertetyp enthält direkt einen Wert, während eine Variable von einem Referenztyp, also (im Wesentlichen) ein Objekt, einen Verweis (Referenz) auf einen Speicherbereich enthält, in dem das Objekt angelegt ist.

Vom Standpunkt des Benutzers aus kann man sich den Unterschied an den folgenden Beispielen verdeutlichen. Ein erstes Programmfragment sieht so aus:

```
Dim i As Integer = 5
Dim j As Integer
j = i
Console.WriteLine("i = " & i) '1
Console.WriteLine("j = " & j) '1
i = 6
Console.WriteLine("i = " & i) '2
Console.WriteLine("j = " & j) '2
```

Was wird an den mit 1 und 2 markierten Stellen ausgegeben? Da `i` mit dem Anfangswert 5 beginnt und `j` der Wert von `i` zugewiesen wird, wird bei 1 für `i` und `j` der Wert 5 ausgegeben. Dann wird `i` verändert; das betrifft aber `j` nicht, deshalb wird bei 2 für `i` der Wert 6, für `j` aber wieder der Wert 5 angezeigt.

Das zweite Programmfragment setzt eine `KlasseA` voraus, die eine interne Integer-Variable `i` hat:

```
Public Class KlasseA
    Public i As Integer
End Class

Dim o1 As New KlasseA
Dim o2 As KlasseA
o1.i = 5
o2 = o1
Console.WriteLine("o1.i = " & o1.i)  '1
Console.WriteLine("o2.i = " & o2.i)  '1
o1.i = 6
Console.WriteLine("o1.i = " & o1.i)  '2
Console.WriteLine("o2.i = " & o2.i)  '2
```

Hier geschieht Ähnliches wie vorher, nur mit Objekten statt mit einfachen Variablen. Das Ergebnis ist aber verschieden: Die Zuweisung `o2 = o1` führt dazu, dass sowohl `o1` als auch `o2` auf ein und dasselbe Objekt zeigen. Die Integer-Variable `i`, die mit `o1.i = 6` verändert wird, ist also identisch mit `o2.i`; daher wird an der Stelle 2 für beide Variablen der Wert 6 angezeigt!

Also: Die Zuweisung zweier einfacher Variablen führt dazu, dass zwei gleiche Werte in zwei verschiedenen Speicherplätzen abgelegt werden. Die Zuweisung zweier Objektvariablen bewirkt, dass zwei Referenzen auf dasselbe Objekt entstehen.

Mit den Begriffen *Boxing* und *Unboxing* bezeichnet man die Umwandlung einer einfachen Variablen in ein Objekt bzw. die umgekehrte Konvertierung. Während Boxing automatisch geschieht, muss man Unboxing explizit anfordern (und wissen, was man tut). Ein Beispiel für Boxing:[36]

```
Dim i As Integer = 100
Dim o As Object
o = i 'Boxing
i = 4711
Console.WriteLine("Inhalt von i: " & i)  '1
```

---

[36] Um dieses Programm in Visual Studio ausführen zu können, müssen Sie ausnahmsweise in den Projekteigenschaften `Option Strict Off` setzen, da in der mit 2 markierten Zeile `o` kein `String` ist. Mit `Option Strict Off` wird `o` automatisch in eine Zeichenkette umgewandelt.

```
Console.WriteLine("Inhalt von o: " & o) '2
```

Bei der Ausführung der Zuweisung `o = i` wird der Wert von `i` in ein Objekt eingepackt und ein Verweis darauf in `o` abgelegt. Mit der folgenden Zuweisung `i = 4711` wird `i` verändert, aber nicht die in `o` verpackte Ganzzahl. Bei 1 wird also 4711 ausgegeben, bei 2 aber 100.

Unboxing geschieht nicht automatisch, sondern muss durch Verwendung einer der Datenumwandlungsfunktionen aus Abschnitt 2.7 angefordert werden. Ein kurzes Fragment soll hier genügen:

```
Dim i As Integer = 100
Dim o As Object = i 'Boxing
o = 15
i = CInt(o) 'Unboxing
```

3.10 Vererbung

Vererbung wurde zu Beginn dieses Kapitels erläutert als die Beziehung einer oder mehrerer spezieller Klassen (z.B. Pkw, Lkw, ...) zu einer generellen Klasse (z.B. Kraftfahrzeug). In Abschnitt 3.4 wurde dargestellt, dass in Visual Basic .NET eine vordefinierte Hierarchie von Klassen existiert, an deren Spitze die Klasse `Object` steht; mit dieser Klasse ist jede andere Klasse direkt oder indirekt durch eine Vererbungsbeziehung verbunden. Grafisch stellt man eine Vererbungsbeziehung in der UML durch einen Pfeil mit einer offenen Spitze dar, wie in Abb. 3.7 zu sehen ist – hier ist Klasse B die generelle oder *Oberklasse*, A die spezielle oder *Unterklasse*.

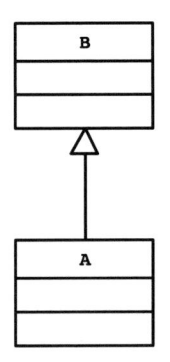

Abb. 3.7 *Vererbung*

Nehmen wir an, ausgehend von dem in Abschnitt 3.8 skizzierten Mitarbeiter-Beispiel, es gäbe normale Mitarbeiter und Programmierer. Programmierer sind auch Mitarbeiter, die sich aber durch verschiedene Merkmale von den normalen Mitarbeitern unterscheiden. Das (völlig fiktive) Merkmal, das hier interessiert, sei, dass sie bei Gehaltserhöhungen immer besser gestellt werden als die normalen Mitarbeiter. Wenn die normalen Mitarbeiter 5 % mehr Gehalt bekommen, erhalten die Programmierer 6 %, also das 1,2-fache.

Das Mitarbeiter-Programm muss also wie folgt erweitert werden:

- Eine Klasse `Programmierer`, die von `Mitarbeiter` erbt, kommt hinzu.
- In dieser neuen Klasse muss eine Methode `erhoeheGehalt` anders arbeiten als in der Oberklasse.

Abb. 3.8 zeigt den Entwurf. In UML-Klassendiagrammen ist ein Klassensymbol in drei Teile unterteilt; der erste enthält den Klassennamen, der zweite die Attribute (zu denen wir auch die Zugriffsfunktionen rechnen) und der dritte die Methoden. Ein Minuszeichen vor einem Mitglied bedeutet "privat", ein Pluszeichen "öffentlich".

Die Klasse, von der die neue Klasse erbt, wird nach dem Schlüsselwort `Inherits` angegeben:

```
Public Class Programmierer
    Inherits Mitarbeiter
    ...
End Class
```

Mitarbeiter
-_Gehalt
+Gehalt
+erhoeheGehalt()

△

Programmierer
+erhoeheGehalt()

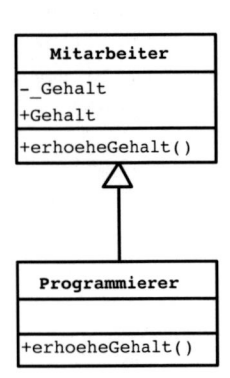

Abb. 3.8   Mitarbeiter und Programmierer

Die Instanziierung eines neuen Programmierers ist nicht anders als die eines neuen Mitarbeiters; deshalb können wir im Konstruktor von `Programmierer` einfach den Konstruktor von `Mitarbeiter` aufrufen, z.B. so:

```
Public Sub New (n As String, g As Decimal)
    MyBase.New(n, g)
End Sub
```

Die Methode `erhoeheGehalt` von `Programmierer` muss im Endeffekt die Variable `_Gehalt` verändern, die `Programmierer` von `Mitarbeiter` erbt. Da `_Gehalt` aber eine private Variable ist, gibt es in `Programmierer` keinen direkten Zugriff darauf; stattdessen muss die Zugriffsfunktion `Gehalt` verwendet werden.

Die Möglichkeit, in einer Klasse eine Methode neu zu formulieren, die bereits in der Oberklasse angelegt ist, nennt man *Überschreiben*[37]. Beide Methoden müssen entsprechend gekennzeichnet sein: Die Methode der Oberklasse als *überschreibbar* (`Overridable`), die der Unterklasse als *überschreibend* (`Overrides`). Also:

```
'Mitarbeiter
Public Overridable Sub erhoeheGehalt(bruchteil As Decimal)
...
End Sub
```

und:

```
'Programmierer
Public Overrides Sub erhoeheGehalt(bruchteil As Decimal)
...
End Sub
```

Für eine Methode einer Oberklasse gibt es neben dem Schlüsselwort `Overridable` noch zwei weitere Möglichkeiten:

- Das Schlüsselwort `NotOverridable` macht das Überschreiben dieser Methode in einer Unterklasse unmöglich.
- Im Gegensatz dazu verlangt das Schlüsselwort `MustOverride`, dass die Methode in jeder Unterklasse überschrieben wird. Nur diese überschriebenen Methoden können benutzt werden. Eine Methode mit dem MustOverride-Zusatz besteht dann folglich nur aus der Kopfzeile, z.B.:

```
Public MustOverride Sub TuWas
```

Mit solchen so genannten *abstrakten* oder *virtuellen Methoden* wird ein Entwickler, der von dieser Klasse neue Klassen ableitet, gezwungen, bestimmte Methoden zu implementieren. Ein Beispiel dafür findet sich in der Einleitung zu diesem Kapitel, in dem unter dem Stichwort *Polymorphie* ein Grafikprogramm skizziert wurde, das eine generelle Klasse `Figur` und davon abgeleitete Klassen mit speziellen Formen wie Rechteck, Kreis, usw. enthält. Die Zeigen-Methode in `Figur` ist eine solche abstrakte Methode, die selbst nichts tut, sondern nur erzwingt, dass alle Unterklassen formal einheitliche Zeigen-Methoden implementieren.

---

[37] Verwechseln Sie *Überschreiben* bitte nicht mit *Überladen*; vgl. S. 92!

Neben abstrakten Methoden gibt es auch *abstrakte Klassen*, von denen man keine Objekte erzeugen kann. Solche Klassen können nur durch Vererbung wirken; die erwähnte Klasse `Figur` wäre auch hierfür ein Beispiel, da es keine Figur an sich gibt, sondern nur Rechtecke, Kreise, usw.

Der Vollständigkeit halber sei erwähnt, dass die Ableitung von Unterklassen auch verhindert werden kann. Das Schlüsselwort `NotInheritable` in einer Klassendefinition sagt, dass diese Klasse nicht zur Vererbung zur Verfügung steht.

Überschreiben (`Overrides`) und Überladen (`Overloads`) lassen sich aufgrund des ähnlichen Klangs leicht verwechseln. Hier noch einmal der Unterschied:

- `Overrides` überschreibt die *gleichnamige* Methode der Oberklasse mit der *gleichen* Parameterliste.
- `Overloads` fügt eine *gleichnamige* Methode mit einer *anderen* Parameterliste hinzu.

`Overloads` funktioniert auch über Klassengrenzen hinweg, d.h. eine Methode einer Unterklasse kann eine Methode der Oberklasse überladen. Nehmen wir an, die Bevorzugung der Programmierer beim Gehalt sähe so aus, dass sie – statt einer prozentual größeren Erhöhung – zur normalen Gehaltserhöhung noch eine feste "Programmiererzulage" dazu bekommen. Dann würden wir in `Mitarbeiter` die normale Prozedur `erhoeheGehalt` mit einem Parameter `bruchteil` haben; für `Programmierer` müssten wir eine Prozedur mit zwei Parametern `bruchteil` und `zulage` entwickeln, die die Prozedur in `Mitarbeiter` überlädt:

```
'Mitarbeiter
Public Overloads Sub erhoeheGehalt(bruchteil As Decimal)
   ...
End Sub

'Programmierer
Public Overloads Sub erhoeheGehalt(bruchteil As Decimal,
   zulage As Decimal)
   ...
End Sub
```

Abschließend folgt eine Zusammenstellung der neuen Schlüsselwörter, die im Zusammenhang mit Vererbung stehen:

Tab. 3.3 Schlüsselwörter zur Vererbung

Betrifft	Schlüsselwort	Bedeutung
Klasse	`Inherits`	Erbt von
Klasse	`MustInherit`	Muss beerbt werden
Klasse	`NotInheritable`	Kann nicht beerbt werden
Klassenmitglied	`Overridable`	Ist überschreibbar
Klassenmitglied	`Overrides`	Überschreibt
Klassenmitglied	`MustOverride`	Muss überschrieben werden
Klassenmitglied	`NotOverridable`	Kann nicht überschrieben werden
Klassenmitglied	`Overloads`	Ist überladbar/überlädt

> ➔ Übung **Mitarbeiter 2** am Ende des Kapitels.

3.11 Mitglieder der Klasse Object

Da alle Referenztypen, also auch alle Klassen, die Sie entwickeln, direkt oder indirekt von der höchsten Oberklasse in Visual Basic .NET, nämlich `Object`, abstammen und erben, sind die Mitglieder von `Object` von Interesse. Außerdem kann man jedes Objekt als eine Instanz von `Object` betrachten und behandeln; dies wurde schon mehrfach betont.

Anschaulicher wird der Sachverhalt, wenn Sie eine selbst entwickelte Klasse wie z.B. `Mitarbeiter 1` im Objektkatalog von Visual Studio betrachten. Den Objektkatalog können Sie über *Ansicht > Objektkatalog* öffnen; wählen Sie in den Einstellungen (letztes Symbol in der Symbolleiste) *Container anzeigen* und alle weiteren Anzeigemöglichkeiten. Wenn Sie den Container `Mitarbeiter 1`, der Ihre Projektmappe repräsentiert, erweitern, sehen Sie u.a. den Namensraum (Namespace) `Mitarbeiter_1`, erkennbar an den geschweiften Klammern. Darin wiederum befinden sich die Klasse `Mitarbeiter` und der Modul `Module1`. Abb. 3.9 zeigt, was Sie nun sehen. Im linken Teilfenster des Objektkatalogs ist die Klasse `Mitarbeiter` markiert; im Teilfenster rechts unten sehen Sie die Signatur von `Mitarbeiter` mit der Information, dass `Object` seine direkte Oberklasse ist. Rechts oben werden die Mitglieder von `Mitarbeiter` aufgelistet; hier entdecken Sie neben den Mitgliedern, die in `Mitarbeiter` angelegt werden, noch weitere wie `Equals`, `GetType` und `ToString`. Diese hat Mitarbeiter von `Object` geerbt.

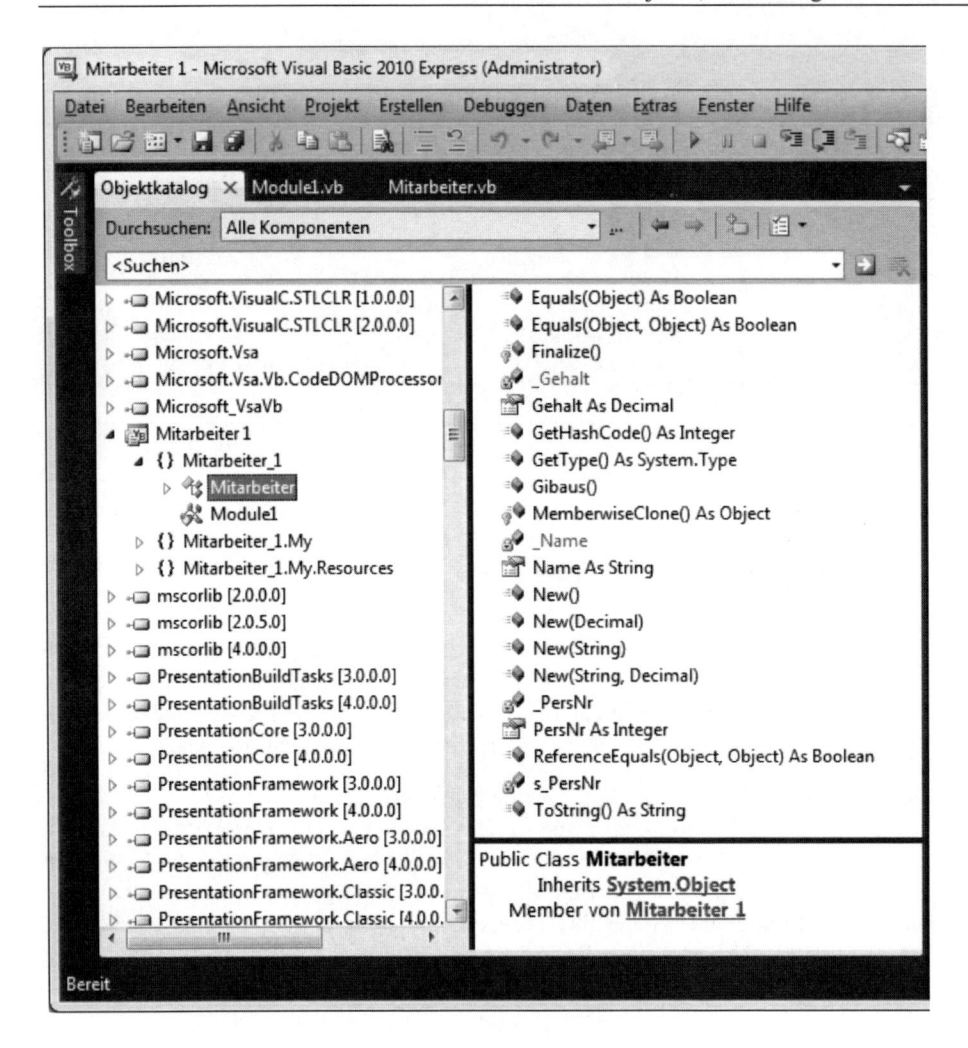

Abb. 3.9   Objektkatalog

Bereits früher erwähnt wurden `Finalize` (am Ende von Abschnitt 3.3) und `GetType` (in Abschnitt 3.4). Andere geerbte Methoden sind:

- Drei – in Nuancen unterschiedliche – Methoden zur Feststellung, ob zwei Objekte gleich sind:
    - Die *Objekt*methode `Equals` (mit einem Parameter) hat die Signatur:

        ```
        Public Overridable Function Equals(o As Object) _
           As Boolean
        ```

        Sie ist also überschreibbar, d.h. was immer in einem konkreten Problem "Objektgleichheit" bedeuten mag, kann hier formuliert werden.

3.11 Mitglieder der Klasse Object

- Die *Klassen*methode `Equals` (mit zwei Parametern) hat die Signatur:

  ```
  Public Shared Function Equals(o1 As Object,
      o2 As Object) As Boolean
  ```

  Sie ergibt wahr, wenn:
  - o1 und o2 auf dasselbe Objekt zeigen.
  - o1 und o2 beide `Nothing` sind.
  - Die Objektmethode `o1.Equals(o2)` wahr ergibt.

- Die *Klassen*methode `ReferenceEquals` hat die Signatur:

  ```
  Public Shared Function ReferenceEquals (o1 As Object,
      o2 As Object) As Boolean
  ```

  und liefert das gleiche Ergebnis wie der Vergleichsoperator `Is` aus Abschnitt 3.4.

- `ToString` ist als:

  ```
  Public Overridable Function ToString() As String
  ```

  definiert und gibt den Klassennamen des Objekts zurück, in dessen Kontext sie aufgerufen wird. `ToString` ist überschreibbar und man sollte sie auch überschreiben, um sinnvollere Informationen auszugeben.

- `MemberwiseClone` erzeugt einen Klon eines Objekts. Ein Klon, also ein Doppelgänger, beginnt sein Leben als identische Kopie des Ausgangsobjekts, ist aber nicht an dieses gebunden; er kann sich also unabhängig weiterentwickeln. `MemberwiseClone` legt eine so genannte "flache" Kopie (shallow copy) des Ausgangsobjekts an, d.h. der Klon enthält Kopien der Mitglieder des Objekts. Für Mitglieder, die Wertetypen sind, ist das völlig in Ordnung; enthält ein Objekt aber weitere Objekte, dann werden diese Objektvariablen auch nur kopiert – die Objekte selbst werden also nicht geklont, sondern nur die Verweise auf die Objekte![38] Auf die Frage, wie man eine "tiefe" Kopie erzeugt, wird im Abschnitt "ICloneable" in Kapitel 3.12.2 eingegangen. `MemberwiseClone` ist definiert als:

  ```
  Protected Function MemberwiseClone() As Object
  ```

> ➔ Übung **Mitarbeiter 3b** am Ende des Kapitels.

---

[38] Vgl. hierzu Abschnitt 3.9.

3.12 Schnittstellen

3.12.1 Definition und Benutzung von Schnittstellen

Formal gesehen ist eine Schnittstelle (*Interface*) eine abstrakte Klasse, die nur abstrakte Methoden und Zugriffsfunktionen hat. Die Definition einer Schnittstelle besteht also darin, eine beliebige Anzahl von Methoden- und Property-Köpfen unter einem Namen zusammenzufassen. Die Benutzung einer Schnittstelle in einer Klasse sagt aus, dass diese Klasse – unter anderem – die Methoden und Zugriffsfunktionen der Schnittstelle aufweist. Diese Mitglieder werden dann in der Klasse mit beliebigem Code ausgefüllt.

Ein Beispiel soll den Sachverhalt verdeutlichen. Neben den Mitarbeitern und den Programmierern gibt es in unserem Unternehmen auch Mitarbeiter mit *Leitungsfunktionen*. Diese leitenden Mitarbeiter (im Folgenden kurz *Leiter* genannt) zeichnen sich durch folgende Eigenschaften aus:

- Sie haben eine Anzahl von Untergebenen (das Team).
- Sie geben den Team-Mitgliedern Bewertungen (im Rahmen von Mitarbeitergesprächen, die dann z.B. über Gehaltserhöhungen entscheiden).
- Ihnen steht für ihr Team ein Budget zur Verfügung.
- Aus diesem Budget können sie Ausgaben tätigen.

Nun kann es in allen Bereichen des Unternehmens Leiter geben: Verkaufsleiter, Entwicklungsleiter, ..., und eben auch leitende Programmierer. Ein leitender Programmierer ist ein Programmierer mit Leitungsfunktionen, also ein spezieller Programmierer. In der Klassenhierarchie entsteht er demnach durch Vererbung von der Programmierer-Klasse, die ihrerseits von der Mitarbeiter-Klasse erbt. Man könnte sich nun wünschen, dass der leitende Programmierer zusätzlich auch von einer Klasse Leiter erben soll – das wäre *Mehrfachvererbung*. Mehrfachvererbung hat neben Vorteilen auch Nachteile[39] und wird von Visual Basic .NET nicht unterstützt. Stattdessen gibt es in Visual Basic .NET die Möglichkeit, dass eine Klasse von *einer* anderen Klasse erbt und *zusätzlich* eine oder mehrere Schnittstellen implementiert. Dieses Schnittstellenkonzept beinhaltet viele Elemente der Vererbung und vermeidet die Probleme der Mehrfachvererbung.

Die Eigenschaften eines Leiters werden also als Schnittstelle definiert. Die obige Liste wird wie folgt in abstrakte Mitglieder umgesetzt:

- Das Team wird als Zugriffsfunktion auf ein Array von Mitarbeiter formuliert.
- Die Bewertung ist eine Function, die als Parameter ein Mitarbeiter-Objekt nimmt und einen Bewertungstext (als Zeichenkette) zurückgibt.
- Das Budget kann als Zugriffsfunktion auf eine Variable vom Typ `Decimal` verstanden werden.

---

[39] Vgl. z.B. <http://de.wikipedia.org/wiki/Vererbung_%28Programmierung%29#Mehrfachvererbung>.

3.12 Schnittstellen

- Geld aus dem Budget auszugeben ist ein Sub mit einem Parameter, der den auszugebenden Betrag enthält.

Eine Schnittstelle wird in Visual Basic .NET mit dem Schlüsselwort `Interface` (statt `Class`) gekennzeichnet. Der Name einer Schnittstelle beginnt – so will es die Namenskonvention – mit einem `I` (wie Interface). Setzen wir alles zusammen, erhalten wir:

```
Public Interface ILeiter
   Property MeinTeam As Mitarbeiter()
   Property Budget As Decimal
   Function Bewerten(Person As Mitarbeiter) As String
   Sub BudgetAusgeben(Betrag As Decimal)
End Interface
```

Beachten Sie die Klammern am Ende der MeinTeam-Zeile; sie deuten an, dass `MeinTeam` ein *Array* von `Mitarbeiter` ist.

Eine Klasse, die diese Schnittstelle benutzt, muss also – formal gesehen – Folgendes implementieren:

- Eine Zugriffsfunktion zu einem Array von Mitarbeitern.
- Eine Zugriffsfunktion zu einer Dezimalzahl.
- Eine Function, die einen `Mitarbeiter` nimmt und eine Zeichenkette zurückgibt.
- Eine Sub, die eine Dezimalzahl nimmt.

Diese formalen Aspekte werden in Visual Basic .NET geprüft und unterstützt; die Bedeutung dieser Aktionen (die Semantik) interessiert Visual Basic .NET nicht.

In der UML werden Schnittstellen entweder als abstrakte Klassen dargestellt (Abb. 3.10) oder – wenn die Mitglieder der Schnittstelle nicht dargestellt werden sollen – als "Lollipop" (Abb. 3.11). In Abb. 3.10 wird Kursivschrift verwendet, um abstrakte Elemente zu kennzeichnen; der Zusatz «Schnittstelle» ist ein so genannter *Stereotyp*[40], mit dessen Hilfe man Zusatzinformationen in UML-Diagramme einbetten kann.

Eine Klasse, die eine Schnittstelle implementiert, verwendet das Schlüsselwort `Implements`:

```
Public Class LtdProg
   Inherits Programmierer
   Implements ILeiter
```

---

[40] Vgl. z.B. <http://de.wikipedia.org/wiki/Stereotyp_%28UML%29>.

```
        Mitarbeiter
            △
            │
       Programmierer                 «Schnittstelle»
                                        ILeiter
                                +MeinTeam() : Mitarbeiter()
                                +Budget() : Decimal
                                +Bewerten() : String
                                +BudgetAusgeben()
            △
            │
      LtdProgrammierer ─ ─ ─ ─ ─ ─ ─ ┘
```

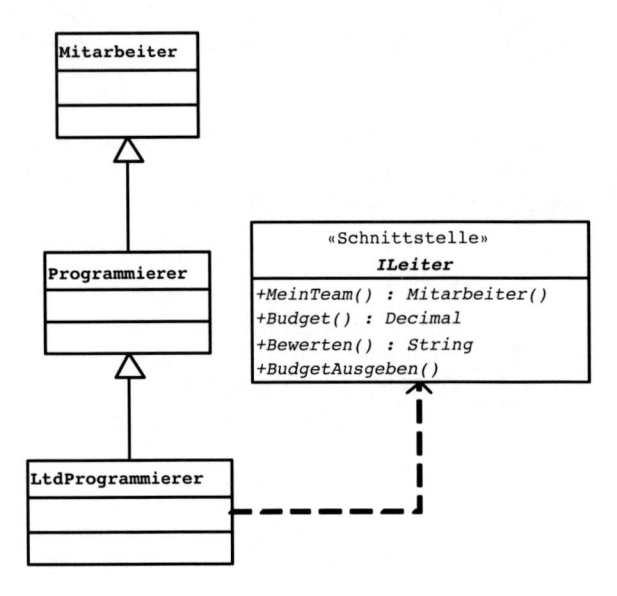

Abb. 3.10 *Schnittstelle als abstrakte Klasse*

```
        Mitarbeiter
            △
            │
       Programmierer
            △
            │
      LtdProgrammierer ──○ ILeiter
```

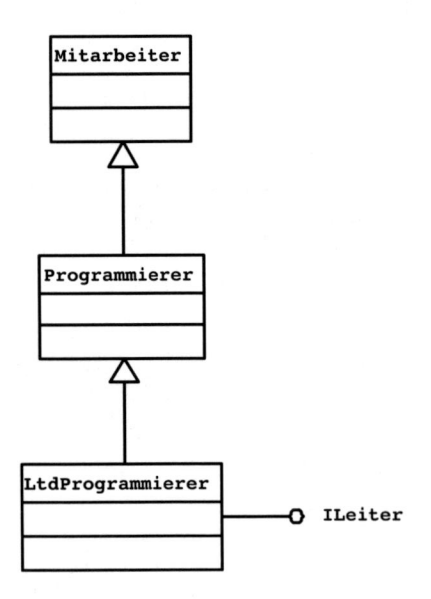

Abb. 3.11 *Schnittstelle als "Lollipop"*

Die einzelnen Mitglieder geben ebenfalls über das Schlüsselwort `Implements` an, welchen Teil der Schnittstelle sie implementieren:

3.12 Schnittstellen

```
Public Property Budget As Decimal _
    Implements ILeiter.Budget
    ...

Public Function Bewerten (Person As Mitarbeiter) _
    As String Implements ILeiter.Bewerten
    ...
```

Die Entwicklungsumgebung unterstützt die Verwendung von Schnittstellen dadurch, dass nach Eingabe der Implements-Klausel auf der Klassenebene sämtliche Mitgliederrümpfe automatisch generiert werden. Visual Basic .NET prüft und stellt sicher, dass die Signaturen, d.h. die Parameterlisten und Ergebnistypen der Schnittstellen- und der Klassenmitglieder übereinstimmen; Namen müssen sich nicht gleichen.

Da Schnittstellen Klassen sind, können Schnittstellen auch von Schnittstellen erben. Damit ist es möglich, spezielle Schnittstellen von generellen abzuleiten. Sei beispielsweise eine Abteilungsleiter ein besonderer Leiter, dann könnte eine Schnittstelle `IAbtLeiter` so angelegt werden:

```
Public Interface IAbtLeiter
    Inherits ILeiter
    ... 'Weitere Mitglieder
End Interface
```

Es spricht auch nichts dagegen, eine Schnittstelle von mehreren Schnittstellen erben zu lassen. Ein IT-Leiter, der sowohl ein Leiter als auch ein besonders fähiger IT-Fachmann ist, könnte dann so vereinbart werden:

```
Public Interface IITLeiter
    Inherits ILeiter, Inherits ICodeGuru
    ... 'Weitere Mitglieder
End Interface
```

→ Übungen **Mitarbeiter 3a** und **Testfragen zu Schnittstellen** am Ende des Kapitels.

3.12.2 Wichtige Schnittstellen im .NET Framework

Neben den selbst definierten gibt es eine Menge von vorhandenen und benutzbaren Schnittstellen im .NET Framework. Einige wenige Beispiele sollen illustrieren, dass diese Schnittstellen die Zusammenarbeit zwischen Standardkomponenten und Ihren selbst geschriebenen Klassen erheblich erleichtern.

ICloneable

In Abschnitt 3.11 wurde erläutert, dass die Klasse `Object` eine Methode `MemberwiseClone` beinhaltet und vererbt, die eine "flache" Kopie eines Objekts erstellt und zurückgibt – "flach" deshalb, weil Variablen von `MemberwiseClone` nur kopiert werden, unabhängig davon, ob die Variablen Werte- oder Referenztypen angehören. Das Kopieren einer Objektvariablen führt ja dazu, dass nur die Referenz auf das Objekt kopiert wird, nicht aber das Objekt selbst. Am Beispiel der Klasse `LtdProgrammierer`, die in Abschnitt 3.12.1 eingeführt wurde, lässt sich das Problem gut zeigen:

```
Public Class LtdProgrammierer
    Inherits Programmierer
    Implements ILeiter
    Private _Budget As Decimal
    Private _MeinTeam() As Mitarbeiter
    ...
```

Diese beiden privaten Variablen sollen genügen; `_Budget` ist eine Wertvariable, `_MeinTeam` eine Referenzvariable. Hat man nun ein Objekt `lp1` der Klasse `LtdProgrammierer`, das mit Werten für die privaten Variablen versehen ist, und klont man dieses Objekt in ein Objekt `lp2`, dann erhält man ein Ergebnis, wie es in Abb. 3.12 abgebildet ist.

```
Dim lp1 As New LtdProgrammierer
... 'Werte von lp1 setzen
Dim lp2 As LtdProgrammierer
lp2 = CType(lp1.MemberwiseClone, LtdProgrammierer) '1
```

Da `MemberwiseClone` ein Objekt der Klasse `Object` zurückgibt, muss dieses Objekt explizit in ein Objekt der Klasse `LtdProgrammierer` umgewandelt werden.

Das Problem ist, dass der neue Leitende Programmierer dasselbe Team hat wie der ursprüngliche; das liegt daran, dass `_MeinTeam` eine Referenz auf ein Array ist, die nur kopiert wird, während das Array selbst unverändert bleibt. Dieses Problem kann man lösen, indem man selbst eine Klon-Methode schreibt. Eine Schnittstelle dafür ist in Visual Basic .NET unter dem Namen `ICloneable` vorhanden; sie enthält nur ein Mitglied:

```
Public Interface ICloneable
    Function Clone() As Object
End Interface
```

In der Function `Clone` kann man dann die gewünschte Art des Klonens implementieren. Anschließend kann man die oben mit 1 gekennzeichnete Anweisung durch:

```
lp2 = CType(lp1.Clone, LtdProgrammierer)
```

ersetzen.

3.12 Schnittstellen

Wenn Sie interessiert, welche Komponenten des .NET Framework die Schnittstelle `ICloneable` benutzen, dann suchen Sie im Objektkatalog nach `ICloneable`. Achten Sie darauf, dass in den Einstellungen *Abgeleitete Typen* markiert ist. Die Liste ist ziemlich lang!

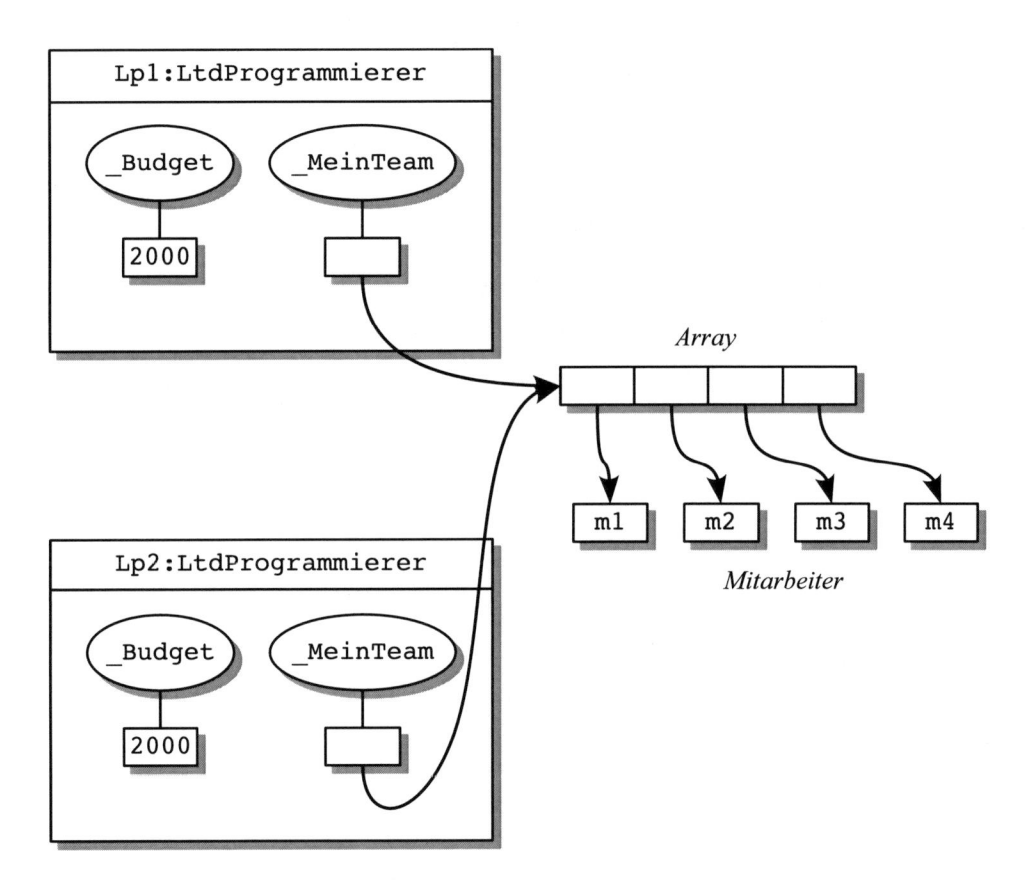

Abb. 3.12 MemberwiseClone von einem LtdProgrammierer

→ Übung **Mitarbeiter 4** am Ende des Kapitels.

Collections, ForEach und IEnumerable

Unter dem Begriff *Collection* (Sammlung) versteht man jedwede Möglichkeit, mehrere Objekte in einem Behälter zusammenzufassen. Collections sind also den Arrays ähnlich, bieten aber komfortablere und auf spezielle Aufgabenstellungen zugeschnittene Methoden; vor allem das Hinzufügen und Entfernen von Elementen zur Laufzeit wird wesentlich besser unterstützt. Das .NET Framework enthält eine Reihe von direkt benutzbaren Collections, die Sie im Objektkatalog im `System.Collections`-Namensraum finden, der in Abb. 3.13 dargestellt ist.

Unter den dort angebotenen Klassen finden Sie einige bekannte Namen wie *Queue*, *Stack*, *Hashtable* und *SortedList*.

Ein direkter Ersatz für das Array wird mit der Klasse `ArrayList` zur Verfügung gestellt. Ein ArrayList-Objekt kann eine beliebige Anzahl von Objekten beliebiger Klassen aufnehmen und bietet zahlreiche Bearbeitungsmethoden. Einige wesentliche Eigenschaften und Methoden von `ArrayList` finden Sie in Tab. 3.4 und Tab. 3.5.

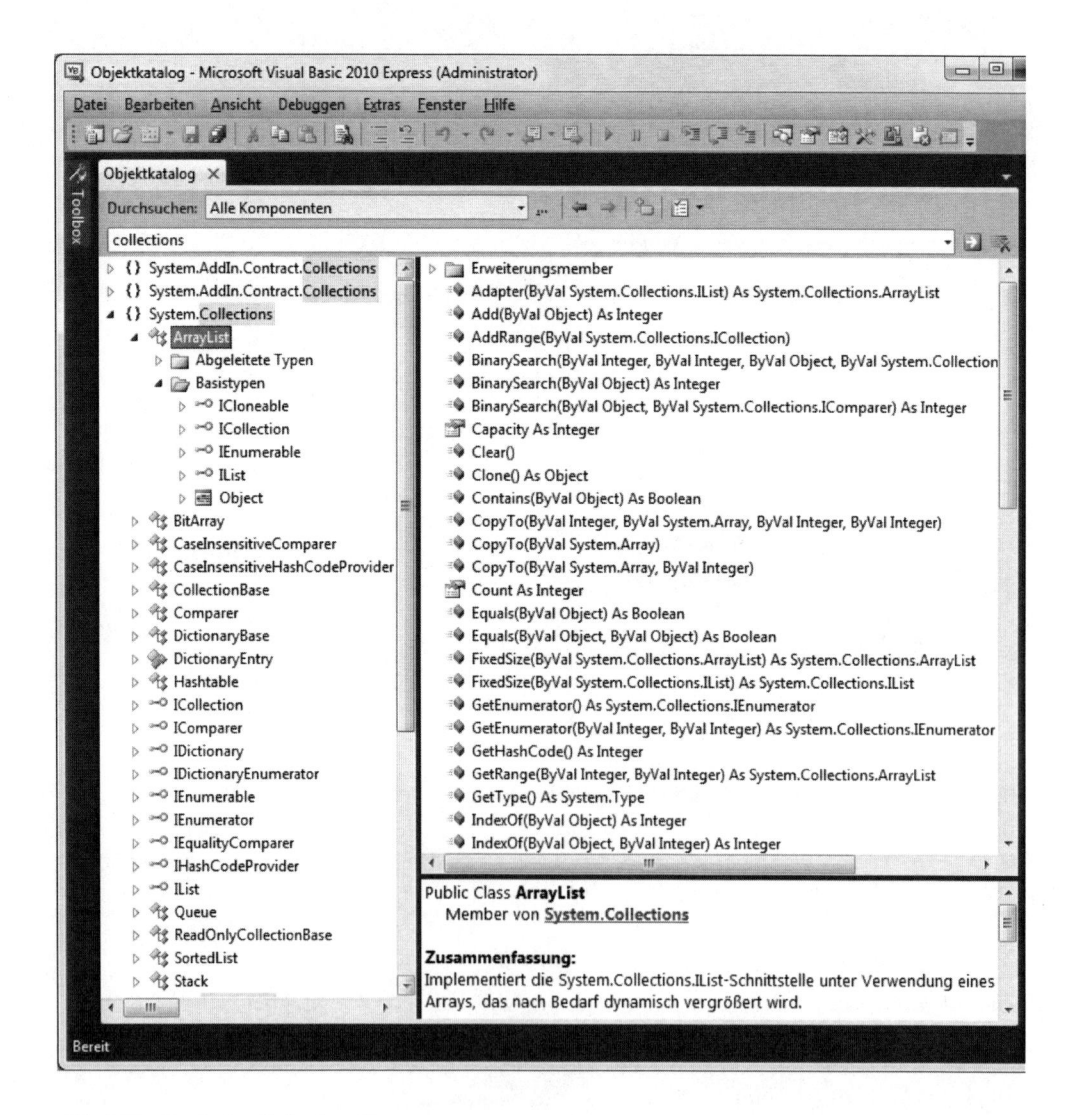

Abb. 3.13 *Der System.Collections-Namensraum*

3.12 Schnittstellen

Tab. 3.4 Eigenschaften von ArrayList

Eigenschaft	Rückgabewert
`Count`	Anzahl der enthaltenen Elemente
`Item(i As Integer)`	Das Element am Index `i` als `Object`

Tab. 3.5 Methoden von ArrayList

Methode	Bedeutung/Rückgabewert
`Add(o As Object) As Integer`	Fügt o hinzu, gibt Index zurück.
`Clear`	Entfernt alle Elemente.
`Contains(o As Object) As Boolean`	Gibt `true` zurück, wenn o Element der `ArrayList` ist; sonst `false`.
`IndexOf(o As Object) As Integer`	Gibt Index zurück, an dem o in der `ArrayList` enthalten ist; sonst `-1`.
`Insert(i As Integer, o As Object)`	Fügt o an der Stelle i ein.
`Remove(o As Object)`	Entfernt o aus der `ArrayList`.
`RemoveAt(i As Integer)`	Entfernt das Element am Index i.
`Sort`	Sortiert die Elemente.

Wie Sie aus Abb. 3.13 entnehmen können, implementiert `ArrayList` eine Reihe von Schnittstellen:

- `IList` – siehe weiter unten.
- `ICollection`, die Basisschnittstelle für Collections.
- `IEnumerable` – siehe weiter unten.
- `ICloneable`, die im vorigen Abschnitt behandelt wurde.

Wegen `IEnumerable` kann man die Elemente einer `ArrayList` mit der For Each-Anweisung durchlaufen. Elemente, die aus der `ArrayList` zurückgegeben werden, sind immer Instanzen der Klasse `Object`, müssen also bei Bedarf mit `CType` in die richtige Klasse umgewandelt werden.

> → Übung **Mitarbeiter 2a** am Ende des Kapitels.

Will man eine eigene Klasse entwickeln, die:

- Mehrere Objekte aufnehmen kann,
- Array-ähnliche Funktionen haben soll und
- `For Each` unterstützt,

dann hat man zwei Möglichkeiten:

- Die Klasse kann von `System.Collections.CollectionBase` erben. Diese abstrakte Klasse implementiert u.a. die Schnittstelle `IList` (s.u.), die eine Liste von Objekten mit Methoden wie Hinzufügen und Entfernen realisiert. Im Objektkatalog finden Sie die Klassenmitglieder. Verantwortlich für die Fähigkeit, mit `For Each` jedes ein-

zelne Element der Sammlung zu durchlaufen, ist die Schnittstelle `IEnumerable`, die ebenfalls von `CollectionBase` implementiert wird.
- Als zweite Möglichkeit kann man, um `For Each` möglich zu machen, die Schnittstelle `IEnumerable` selbst implementieren. Sie besteht aus einer einzigen Funktion `GetEnumerator`, die ein Objekt der Schnittstelle `IEnumerator` zurückgibt:

```
Public Interface IEnumerable
    Function GetEnumerator() As IEnumerator
End Interface
```

Die Schnittstelle `IEnumerator` ihrerseits hat drei Mitglieder, die auf einfache Weise einen sequentiellen Abruf der Elemente einer Sammlung realisieren:

```
Public Interface IEnumerator
    ReadOnly Property Current As Object
    Function MoveNext() As Boolean
    Sub Reset()
End Interface
```

Mit der `Current`-Eigenschaft kann jeweils das aktuelle Element der Sammlung abgerufen werden. Die `MoveNext`-Funktion macht das nächste Element zum aktuellen; das Ergebnis ist `true`, wenn es ein nächstes Element gibt, `false`, wenn das Ende der Sammlung erreicht ist. `Reset` setzt den Enumerator vor das erste Element zurück.

IList

`IList` definiert eine Anzahl von Mitgliedern zur Verwaltung einer Liste von Objekten. Die Mitglieder sind weitgehend selbst erläuternd, so dass eine tabellarische Zusammenstellung genügen soll. Beachten Sie den Zusatz `Default` bei `Item`; er kennzeichnet das Mitglied, das aufgerufen werden soll, wenn *kein* Mitglied angegeben wird. Hat man eine Variable `MeineSammlung`, die `IList` implementiert, dann kann man beim Zugriff auf ein Element statt:

```
MeineSammlung.Item(i)
```

einfach:

```
MeineSammlung(i)
```

sagen und hat damit eine einfachere und an Arrays erinnernde Schreibweise.

Tab. 3.6 *Mitglieder von IList*

Mitglied	Bedeutung
`ReadOnly Property IsFixedSize() As Boolean`	Liste hat feste Größe?
`ReadOnly Property IsReadOnly() As Boolean`	Liste kann nur gelesen werden?
`Default Property Item(index As Integer) As Object`	Ein Element der Liste
`Sub Clear()`	Alle Elemente löschen
`Function Add(value As Object) As Integer`	Element hinzufügen (Ergebnis: Position)
`Sub Insert(index As Integer, value As Object)`	Element an Position einfügen
`Sub Remove(value As Object)`	Element entfernen
`Sub RemoveAt(index As Integer)`	Element an Position entfernen
`Function IndexOf(value As Object) As Integer`	Position eines Elements
`Function Contains(value As Object) As Boolean`	Liste enthält Element?

IComparable

Mit dieser Schnittstelle kann man eine Sortierreihenfolge für Objekte einer Klasse festlegen. Die Implementierung von `IComparable` besteht im Schreiben einer Funktion `CompareTo`:

```
Function CompareTo (obj As Object) As Integer
```

Diese Funktion vergleicht das eigene Objekt (`Me`) mit dem übergebenen Objekt und gibt einen Wert zurück:

- < 0: `Me` ist kleiner als `obj`.
- = 0: `Me` ist gleich `obj`.
- > 0: `Me` ist größer als `obj`.

Möchte man z.B. Listen von Mitarbeitern nach Gehalt sortiert haben, muss man in der Klasse `Mitarbeiter` die Schnittstelle `IComparable` implementieren und in der Funktion `CompareTo` die Gehälter miteinander vergleichen. Die Sort-Methoden sowohl von `Array` als auch von `ArrayList` sortieren dann automatisch anhand dieser Funktion!

➔ Übung **Mitarbeiter 2b** am Ende des Kapitels.

Auflistungsinitialisierer (Collection Initializer)

Mit dem Wortungetüm *Auflistungsinitialisierer* bezeichnet man eine Kurzschreibweise, mit der man ein Collection-Objekt in einem Zug erstellen und mit einer Reihe von Anfangswerten füllen kann. Die Auflistung der Werte beginnt mit dem Schlüsselwort `From` und wird gefolgt von einer in geschweiften Klammern eingeschlossenen Liste. Hat man beispielsweise vier Mitarbeiter-Objekte namens `m1, m2, m3` und `m4` und möchte diese in einer `ArrayList` ablegen, dann kann man das mit dieser Anweisung tun:

```
Dim MAListe = New ArrayList From {m1, m2, m3, m4}
```

Im Ergebnis hat man eine `ArrayList` namens `MAListe`, die die vier Mitarbeiter-Objekte enthält. Ohne den Auflistungsinitialisierer müsste man schreiben:

```
Dim MAListe As New ArrayList
MAListe.Add(m1)
MAListe.Add(m2)
MAListe.Add(m3)
MAListe.Add(m4)
```

Intern verwendet der Auflistungsinitialisierer übrigens genau diese Add-Methode.

3.13 Übungen

Mitarbeiter 2
Erweitern Sie **Mitarbeiter 1** um folgende Funktionalität:

- Methoden überladen
  - Die Methode `erhoeheGehalt` mit dem Parameter `bruchteil` erhöht das Gehalt um den `bruchteil`, sofern `0 < bruchteil <= 0.1` ist. Andere Faktoren werden (mit aussagefähigen Fehlermeldungen auf der Konsole) abgewiesen.
  - Die Methode `erhoeheGehalt` mit den Parametern `bruchteil` und `passwort` erlaubt auch größere Erhöhungen. `bruchteil` muss `> 0` sein. (Machen Sie sich mit dem Passwort keine Mühe; schreiben Sie es als Literal in die Methode hinein.)

- Vererbung und Methoden überschreiben
  Programmierer sind spezielle Mitarbeiter, die immer 20 % mehr Gehaltserhöhung bekommen als normale Mitarbeiter.

- Polymorphie
  Legen Sie ein Array vom Typ `Mitarbeiter` an und füllen Sie es mit Mitarbeitern und Programmierern. Erhöhen Sie mit einer For Each-Schleife die Gehälter aller Mitarbeiter und Programmierer im Array. Werden die Gehälter richtig erhöht?

Schreiben Sie dazu ein Hauptprogramm, das die alte (Mitarbeiter 1) und neue (Mitarbeiter 2) Funktionalität testet.

Mitarbeiter 2a
Ausgehend von **Mitarbeiter 2**, verwenden Sie statt eines Arrays ein Objekt der Klasse `ArrayList`.

Mitarbeiter 2b
Erweitern Sie **Mitarbeiter 2a** so, dass beim Aufruf der Sort-Methode die Mitarbeiter nach der Höhe ihres Gehalts sortiert werden.

Mitarbeiter 3a
Erweitern Sie Ihre Lösung zu **Mitarbeiter 2** wie folgt: Leitende Programmierer sind Programmierer mit Leitungsfunktion. Sie implementieren die Schnittstelle:

```
Public Interface ILeiter
    Property MeinTeam() As Mitarbeiter()
    Property Budget() As Decimal
    Function Bewerten(Person As Mitarbeiter) As String
    Sub BudgetAusgeben(Betrag As Decimal)
End Interface
```

Schreiben Sie dazu ein Hauptprogramm, das die alte und neue Funktionalität testet. Legen Sie darin Mitarbeiter und Programmierer an, die Sie dem Team zuweisen. Bestimmen Sie ein Budget in beliebiger Höhe und simulieren Sie Ausgaben aus dem Budget, wobei die Methode `BudgetAusgeben` darauf achten könnte, dass das Budget nicht überschritten wird. Geben Sie aus der Bewertungsprozedur einen frei erfundenen Text zurück.

Mitarbeiter 3b
Ändern Sie die Methode von `Mitarbeiter`, die die Werte eines Mitarbeiters ausgibt, so dass sie die Methode `Object.ToString` überschreibt.

Schreiben Sie für die Klasse `LtdProgrammierer` eine entsprechende Methode. Denken Sie an die Wiederverwendung!

Testfragen zu Schnittstellen
Angenommen, die Klassenhierarchie `Mitarbeiter` – `Programmierer` – `LtdProgrammierer` und die Schnittstelle `ILeiter` seien vorhanden und folgende Variablen werden erzeugt:

```
Dim ltd As New LtdProgrammierer
Dim einILeiter As ILeiter
Dim einName As String
einILeiter = ltd
```

Ist die folgende Anweisung richtig und möglich?

```
einName = einILeiter.Name '-?
```

Bezogen auf die obige Variable `ltd`, was ergeben die folgenden Anweisungen?

```
Console.WriteLine(TypeOf(ltd) Is Mitarbeiter)
```

```
Console.WriteLine(TypeOf(ltd) Is Programmierer)
Console.WriteLine(TypeOf(ltd) Is LtdProgrammierer)
Console.WriteLine(TypeOf(ltd) Is ILeiter)
```

Mitarbeiter 4

Erweitern Sie Ihre Lösung zu **Mitarbeiter 3** um folgende Funktionalität: Leitende Programmierer (mitsamt ihren Teams) sollen geklont werden können. Implementieren Sie dazu die Schnittstelle `ICloneable`; überlegen Sie, in welcher Klasse das am günstigsten geschieht.

4 Ereignisse

> **Lernziel**
> Ereignisse sind eine äußerst flexible Methode der Kommunikation zwischen Objekten. In diesem Kapitel erfahren Sie, was Ereignisse sind, wie Visual Basic .NET Ereignisse modelliert und welche Möglichkeiten bestehen, Ereignisse zu erzeugen und zu verwenden. Ereignisse sind außerdem für das Verständnis von Fenstern und Menüs (in Kapitel 6) wichtig, da die Kommunikation zwischen Elementen der Benutzeroberfläche und dem Programmcode über Ereignisse stattfindet.

Die objektorientierte Programmierung produziert Klassen, die bestimmte Funktionen bieten. Diese Klassen können, wenn sie gut gemacht sind, sehr flexibel in den unterschiedlichsten Kontexten eingesetzt werden. Unsere Mitarbeiter-Klasse und die davon abgeleiteten Klassen könnten z.B. die Grundlage eines Personalinformationssystems bilden, an dem noch weitere Personen arbeiten, die unsere Klassen dann verwenden. Oder wir könnten unsere Klassen als Paket, als so genannte Klassenbibliothek, verkaufen, so dass andere Entwickler, die wir gar nicht kennen, unsere Klassen nutzen können, d.h. Objekte erzeugen, Methoden benutzen oder durch Vererbung speziellere Klassen ableiten. Dazu ist es nötig, Klassen so anpassungsfähig wie möglich zu machen. In diesem Kapitel geht es um folgenden Aspekt: Bei der Lösung der Übung **Mitarbeiter 2a** haben Sie die Methode erhoeheGehalt (ohne Passwort) vielleicht so ähnlich implementiert:

```
Public Sub erhoeheGehalt(bruchteil As Decimal)
   If bruchteil > 0 Then
      If bruchteil <= 0.1D Then
         _gehalt *= (1 + bruchteil)
      Else
         Console.WriteLine("erhoeheGehalt: Nicht ohne " &
            "Passwort: " & bruchteil)
      End If
   Else
      Console.WriteLine("erhoeheGehalt: Unzulässiger " &
         "Faktor: " & bruchteil)
   End If
End Sub
```

An den hervorgehobenen Stellen kann die normale Verarbeitung nicht durchgeführt werden, einmal wegen eines zu großen, das andere Mal wegen eines unsinnigen Erhöhungsfaktors. Die einfache Vorgehensweise ist die, eine Meldung auszugeben und weiter nichts zu tun. Das ist nicht sehr flexibel; wir können nicht wissen, ob es bei einem späteren Einsatz unserer Klasse eine Konsole geben wird, auf die wir schreiben dürfen, oder ob sich nicht vielmehr alles in einer Windows-Oberfläche abspielt oder ob Meldungen gedruckt oder in eine Protokolldatei geschrieben werden sollen.

Eine weitaus anpassungsfähigere Lösung dieses Problems besteht darin, so genannte *Ereignisse* zu verwenden. Im obigen Fall würde man in der Klasse `Mitarbeiter` ein oder zwei Ereignisse definieren, die bei der Gehaltserhöhung auftreten können. Sobald ein Ereignis eintritt, verschickt das betreffende Objekt eine Botschaft des Inhalts, dass das Ereignis eingetreten ist. Das ist die eine Hälfte des Konzepts.

Die andere Hälfte betrifft die Frage, an wen diese Botschaften verschickt werden sollen. Man könnte alle Objekte im System benachrichtigen, aber das wäre nicht effizient, weil sich die meisten Objekte in einem großen System nicht für diese Ereignisse interessieren und durch die Menge der Nachrichten die Systemleistung leiden würde. Also sollen sich die Objekte, die an einem bestimmten Ereignis interessiert sind, beim Erzeuger des Ereignisses registrieren und damit kundtun, dass sie benachrichtigt werden wollen, wenn das Ereignis eintritt.

Dieses Konzept nennt man *Herausgeben und Abonnieren (publish and subscribe):* Der Erzeuger des Ereignisses ist dem Herausgeber einer Zeitschrift ähnlich, der den Abonnenten – und nur diesen – jedes neu erschienen Heft zuschickt. Genauer gesagt ruft das Objekt, das das Ereignis erzeugt, jeweils ein bestimmtes *Mitglied* jedes Abonnenten-Objekts auf, sobald das Ereignis eintritt. Dieser Mechanismus wird in der folgenden Abb. 4.1 dargestellt. Darin nimmt der Chef Mitarbeiterbewertungen vor. Das Ereignis "Beste Bewertung" wird immer dann ausgelöst, wenn ein Mitarbeiter die bestmögliche Bewertung erhält. Für dieses Ereignis interessieren sich die folgenden Objekte:

- Frau A aus der Personalabteilung, die die Bewertung in die Personalakte aufnimmt.
- Herr B aus der Buchhaltung, der dem Mitarbeiter einen Bonus auszahlt.
- Frau C vom Sekretariat, die dem Mitarbeiter einen Glückwunsch schreibt.

Es sollte deutlich werden, dass die Abonnenten sich für das Ereignis registrieren und dabei jeweils eines ihrer Mitglieder benennen, das beim Auftreten des Ereignisses aufgerufen werden soll.

Die Umsetzung in Visual Basic .NET ist recht einfach; man muss lediglich sauber trennen zwischen dem, was ein Erzeuger eines Ereignisses tun muss, und dem, was in einem Abonnenten zu geschehen hat.

```
┌─────────────────────┐
│ Chef                │
├─────────────────────┤
│ Ereignis            │
│ „Beste Bewertung"   │
└─────────────────────┘
```

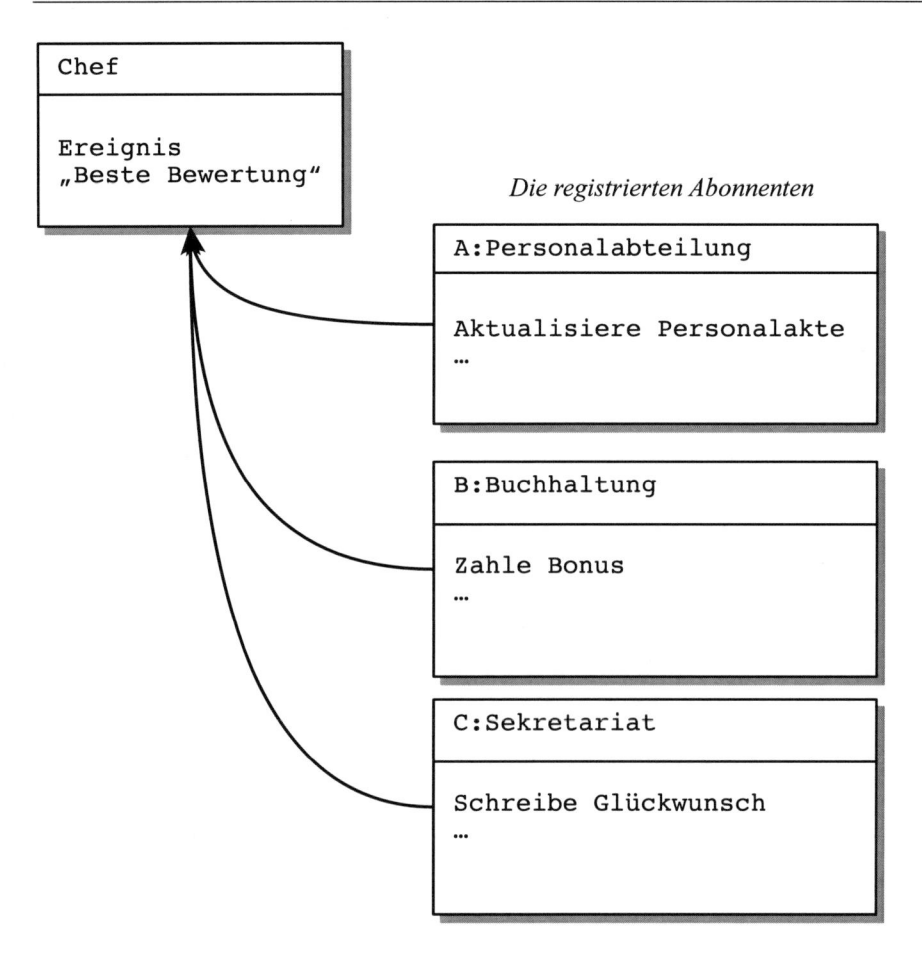

Die registrierten Abonnenten

```
┌──────────────────────────┐
│ A:Personalabteilung      │
├──────────────────────────┤
│ Aktualisiere Personalakte│
│ ...                      │
└──────────────────────────┘

┌──────────────────────────┐
│ B:Buchhaltung            │
├──────────────────────────┤
│ Zahle Bonus              │
│ ...                      │
└──────────────────────────┘

┌──────────────────────────┐
│ C:Sekretariat            │
├──────────────────────────┤
│ Schreibe Glückwunsch     │
│ ...                      │
└──────────────────────────┘
```

Abb. 4.1 *Herausgeben und Abonnieren*

4.1 Herausgeber

In der Klasse, deren Objekte das Ereignis erzeugen, wird ein (normaler Weise öffentliches) Ereignis mit dem Schlüsselwort `Event` sowie dem Namen und den Parametern des Ereignisses vereinbart. Die Parameter dienen dazu, zusätzliche Informationen über das Ereignis aufzunehmen und zu transportieren:

```
Public Event ereignisname(parameter1, …)
```

Weiter wird an der Stelle, an der das Ereignis auftreten soll, mit der Anweisung `RaiseEvent` das Ereignis ausgelöst; dabei werden – entsprechend den Parametern – Argumente übergeben.

```
RaiseEvent ereignisname(argument1, …)
```

Das ist schon alles. Im eingangs erwähnten Fall der Gehaltserhöhung könnte man also ein Ereignis `Gehaltsalarm` vereinbaren und dieses Ereignis an beiden Stellen auslösen. Als Argument könnte man eine Zeichenkette mitgeben, deren Text die beiden Fälle unterscheidet.

4.2 Abonnent

Für die Abonnenten eines Ereignisses gibt es zwei Möglichkeiten der Implementierung. Bei der ersten Möglichkeit wird das Objekt, dessen Ereignis abonniert werden soll, auf der Klassen- oder Modulebene, also nicht innerhalb einer Prozedur, mit dem Zusatz `WithEvents` vereinbart:

```
Private WithEvents obj As klasse
```

Die Methode, die beim Eintreten des Ereignisses aufgerufen werden soll, wird mit dem Schlüsselwort `Handles` versehen:

```
Public Sub sname(parameter1, …) Handles obj.ereignisname
```

Die Parameterliste muss der Parameterliste des Ereignisses entsprechen. Der Name der Methode ist beliebig; die Verbindung zum Ereignis wird über die Handles-Klausel hergestellt. Abb. 4.2 stellt diese Art der Verbindung dar. Was in der Methode geschieht, ist ebenfalls ganz in das Belieben des Entwicklers gestellt.

```
┌─────────────────────┐
│ obj:Klasse1         │
├─────────────────────┤
│ Event e(…)          │
├─────────────────────┤
│ RaiseEvent (e(…))   │
└─────────────────────┘

┌─────────────────────────────┐
│ Modul (oder Klasse)         │
├─────────────────────────────┤
│ WithEvents (obj) as Klasse1 │
├─────────────────────────────┤
│ Sub p(…) Handles (obj.e)    │
└─────────────────────────────┘
```

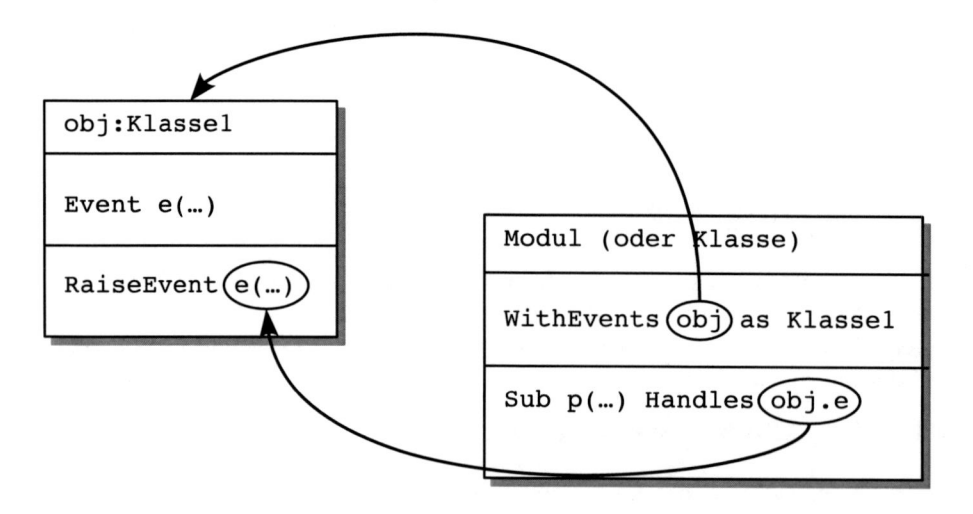

Abb. 4.2 *Abonnent mit WithEvents und Handles*

4.2 Abonnent

Die zweite Möglichkeit kommt ohne WithEvents- und Handles-Klauseln aus. Bei ihr wird das Objekt, dessen Ereignis abonniert werden soll, auf die übliche Weise vereinbart, ebenso die Methode, die beim Eintreten des Ereignisses aufgerufen werden soll. Mit der Anweisung `AddHandler` wird die Verbindung der Methode zum Ereignis hergestellt:

```
AddHandler obj.ereignisname, AddressOf sname
```

Nach der Ausführung dieser Anweisung ist das Ereignis abonniert und die entsprechende Methode wird aufgerufen, wenn das Ereignis eintritt. Abb. 4.3 verdeutlicht den Sachverhalt. Das Abonnement kann jederzeit mit Hilfe von `RemoveHandler` widerrufen werden:

```
RemoveHandler obj.ereignisname, AddressOf sname
```

Nach der Ausführung dieser Anweisung sind Ereignis und Methode wieder getrennt.

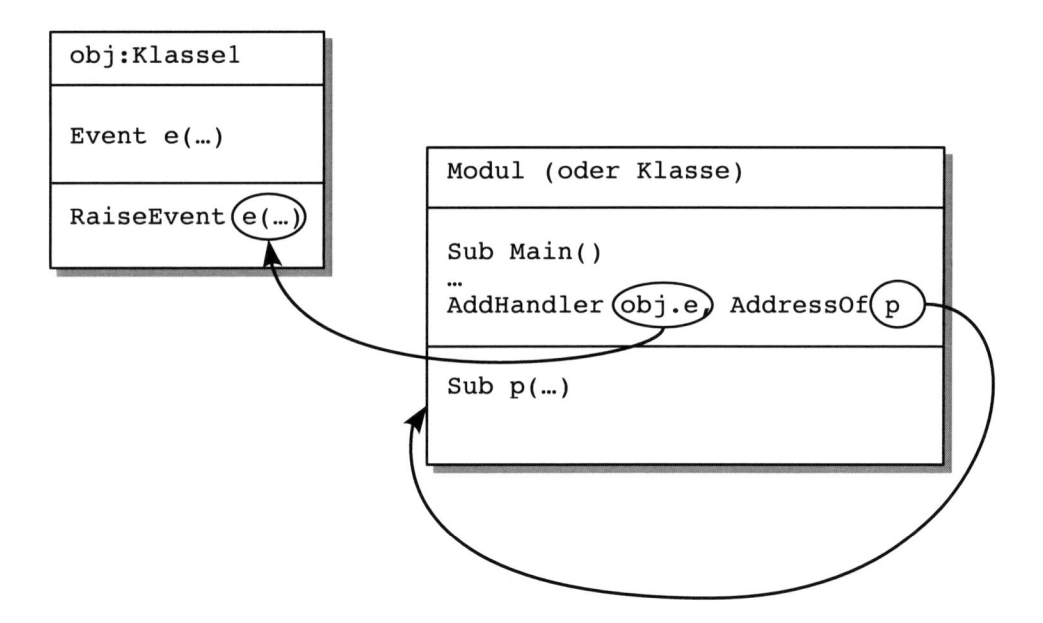

Abb. 4.3 *Abonnent mit AddHandler*

Beide Möglichkeiten haben ihre Vor- und Nachteile. Die erste ist statisch und deklarativ, d.h. zur Übersetzungszeit liegen alle Informationen zum Abonnement vor und können geprüft werden; zur Laufzeit ändert sich nichts mehr. Die zweite Möglichkeit ist dynamisch in dem Sinne, dass zur Laufzeit des Programms Abonnements geschaffen und widerrufen werden können; wenn dies von der Aufgabenstellung her gefordert ist, wird man diese Variante wählen.

Zu Beginn des Kapitels wurde angedeutet, dass die Kommunikation zwischen Windows-Steuerelementen und dem dahinter liegenden Code über Ereignisse stattfindet. Die notwendigen Programmteile werden von Visual Studio weitgehend automatisch generiert; es schadet aber nichts, zu wissen, dass hier stets die erste, statische Verbindung verwendet wird.

4.3 Parameter von Ereignissen

Der Herausgeber eines Ereignisses kann dieses mit Parametern versehen, wie oben bereits angedeutet:

```
Public Event ereignisname(parameter1, …)
```

Im einfachsten Fall könnte ein Parameter eine Zeichenkette sein, die das Ereignis beschreibt, wie in folgendem Beispiel:

```
Public Event Gehaltsalarm(Nachricht As String)
   …
RaiseEvent Gehaltsalarm(
   "erhoeheGehalt: Falsches Passwort!")
```

Es gibt jedoch eine Konvention für die Parameter von Ereignissen, die Folgendes vorschreibt:

- Der erste Parameter ist das sendende Objekt.
- Der zweite Parameter enthält die Ereignisinformation in Form eines Ereignisobjekts oder eines davon abgeleiteten Objekts.

Die Basisklasse für Ereignisobjekte heißt `EventArgs`. Ein Ereignis, das den Konventionen genügt, wird also so vereinbart:

```
Public Event Gehaltsalarm(m As Mitarbeiter, e As EventArgs)
```

`EventArgs` selbst enthält nichts. Man kann aber Klassen von `EventArgs` ableiten; diese entsprechen dann immer noch der Konvention, können aber Informationen transportieren, wie z.B.:

```
Public Class GehaltEvent
   Inherits EventArgs
   Private _nachricht As String
   Private _bruchteil As Decimal
   …
```

4.4 Ereignisse und Vererbung

Von einer Klasse, die *Herausgeber* eines Ereignisses ist, können (natürlich) weitere Klassen durch Vererbung abgeleitet werden. Objekte dieser abgeleiteten Klassen erben die Ereignisse der Basisklasse, können sie aber nicht direkt auslösen. Es bietet sich an, in der Basisklasse eine `Public` oder `Protected` Methode vorzusehen, innerhalb derer das Ereignis ausgelöst wird; diese Methode kann dann auch von Objekten abgeleiteter Klassen aufgerufen werden.

Von einer Klasse, die *Abonnent* eines Ereignisses ist, können (natürlich) ebenfalls weitere Klassen durch Vererbung abgeleitet werden. Objekte dieser abgeleiteten Klassen erben Methoden zur Ereignisbehandlung. Sie können auch Code zur Ereignisbehandlung in der Basisklasse überschreiben, sofern er als `Public` oder `Protected` und `Overridable` gekennzeichnet ist; dabei sollte die Handles-Klausel nicht erneut angegeben werden, um doppelte Aufrufe zu vermeiden.

4.5 Klassenereignisse

Sowohl die Handles-Klausel als auch die AddHandler-Anweisung nennen den Namen eines *Objekts* und seines Ereignisses. Das bedeutet, dass stets nur die Ereignisse eines Objekts behandelt werden. Hat man mehrere Objekte einer Klasse in einem Programm, möchte man gern die Ereignisse aller Objekte einer Klasse in einer Methode behandeln. Das kann man erreichen, indem man die Deklaration des Ereignisses nicht auf ein Objekt, sondern auf die gesamte Klasse bezieht. Dafür haben wir bereits das Schlüsselwort `Shared` kennen gelernt, das hier auch angewendet werden kann.[41] In der Klasse `Mitarbeiter` wird also ein *Klassenereignis* wie folgt vereinbart:

```
Public Shared Event Gehaltsalarm(m As Mitarbeiter,
    e As EventArgs)
```

Im Abonnenten funktioniert die statische Verbindung mit `WithEvents` und `Handles` dann allerdings nicht; nur die dynamische Vorgehensweise mit `AddHandler` und `RemoveHandler` kann angewendet werden. Statt der Angabe *objekt.ereignis* wird nun *klasse.ereignis* eingesetzt:

```
AddHandler Mitarbeiter.Gehaltsalarm,
    AddressOf einMA_Gehaltsgrenze
```

Damit werden die Gehaltsalarm-Ereignisse aller Objekte der Klasse `Mitarbeiter` an die Methode `einMA_Gehaltsgrenze` gemeldet. Bei der Anwendung dieser Technik ist es

---

[41] Vgl. Abschnitt 3.7 "Klassenvariablen und –methoden".

wichtig, das konkrete Mitarbeiter-Objekt, das das Ereignis auslöst, als Argument mitzugeben, damit die Behandlungsmethode das Objekt identifizieren kann.

4.6 Übungen

Mitarbeiter 5

Erweitern Sie Ihre Lösung zu **Mitarbeiter 3** oder **Mitarbeiter 4** wie folgt:

- Ein Versuch der Gehaltserhöhung eines Mitarbeiters um null Prozent oder um einen negativen Prozentsatz wird mit der Meldung „Unzulässiger Prozentsatz" abgewiesen.
- Ein Versuch der Gehaltserhöhung eines Mitarbeiters um mehr als 10 % ohne Passwort wird mit der Meldung „Nicht ohne Passwort" abgewiesen.
- Ein Versuch der Gehaltserhöhung eines Mitarbeiters mit einem falschen Passwort wird mit der Meldung „Falsches Passwort" abgewiesen.

Lösen Sie in diesen drei Fällen jeweils das Ereignis `Gehaltsalarm` aus. Entwickeln Sie mehrere Varianten:

1. Mit statischer Anbindung der Ereignisprozedur mittels `WithEvents` und `Handles`.
2. Mit dynamischer Anbindung der Ereignisprozedur mittels `AddHandler`.
3. Mit einer Zeichenkette als Parameter des Ereignisses, die die aufgetretene Ausnahmesituation beschreibt.
4. Mit einer Parameterliste des Ereignisses, die aus dem Objekt selbst und einer von `EventArgs` abgeleiteten Klasse besteht; letztere soll genauere Informationen über das Ereignis liefern.

Schreiben Sie dazu – wie immer – ein Hauptprogramm, das die alte und neue Funktionalität testet.

Werden die Ereignisse auch für Programmierer und Leitende Programmierer behandelt? Wenn nein, was müssen Sie dazu noch tun?

5 Fehlerbehandlung

> **Lernziel**
> Fehler, die während des Programmablaufs auftreten, dürfen nicht zu unkontrollierten Programmabbrüchen führen. In diesem Kapitel wird die Strukturierte Ausnahmebehandlung von Visual Basic .NET eingeführt, die es ermöglicht, auf Fehler angemessen zu reagieren.

Während ein Programm läuft, kann es aus vielfältigen Gründen zu Situationen kommen, in denen es nicht sinnvoll weiterarbeiten kann, beispielsweise:

- Der Benutzer gibt falsche Daten ein.
- Eine wichtige Datei ist nicht vorhanden, weil sie gelöscht oder verschoben worden ist.
- Daten können nicht auf die Festplatte geschrieben werden, weil die Platte voll ist.
- Der Drucker hat kein Papier mehr.
- Die Netzwerkverbindung bricht ab.

In diesen und ähnlichen Fällen darf das Programm nicht einfach "abstürzen"! Von heutigen Programmen wird vielmehr erwartet, dass sie – im Rahmen des Möglichen – den Benutzer über das aufgetretene Problem informieren, offene Dateien schließen, Daten speichern, Ressourcen freigeben usw. und sich schließlich normal beenden.

Die *Strukturierte Ausnahmebehandlung* von Visual Basic .NET ermöglicht die Formulierung eines alternativen Programmzweigs neben der normalen Verarbeitung, der automatisch ausgeführt wird, wenn ein Fehler auftritt. Visual Basic .NET erzeugt dann zusätzlich automatisch ein Objekt mit Informationen zum aufgetretenen Fehler.

Ein einfaches Beispiel soll den Sachverhalt illustrieren. Im folgenden Programm wird versucht, durch Null ganzzahlig zu dividieren, weil c den Wert 0 hat:

```
Module Module1
  Sub main()
    Dim a, b, c As Integer
    a = 1
    b = 1
    c = 0
    a = b \ c
    Console.WriteLine("a= " & a)
  End Sub
```

```
End Module
```

Wenn Sie dieses Programm innerhalb von Visual Studio ausführen, hält es bei der Division an und blendet eine Fehlermeldung ein:

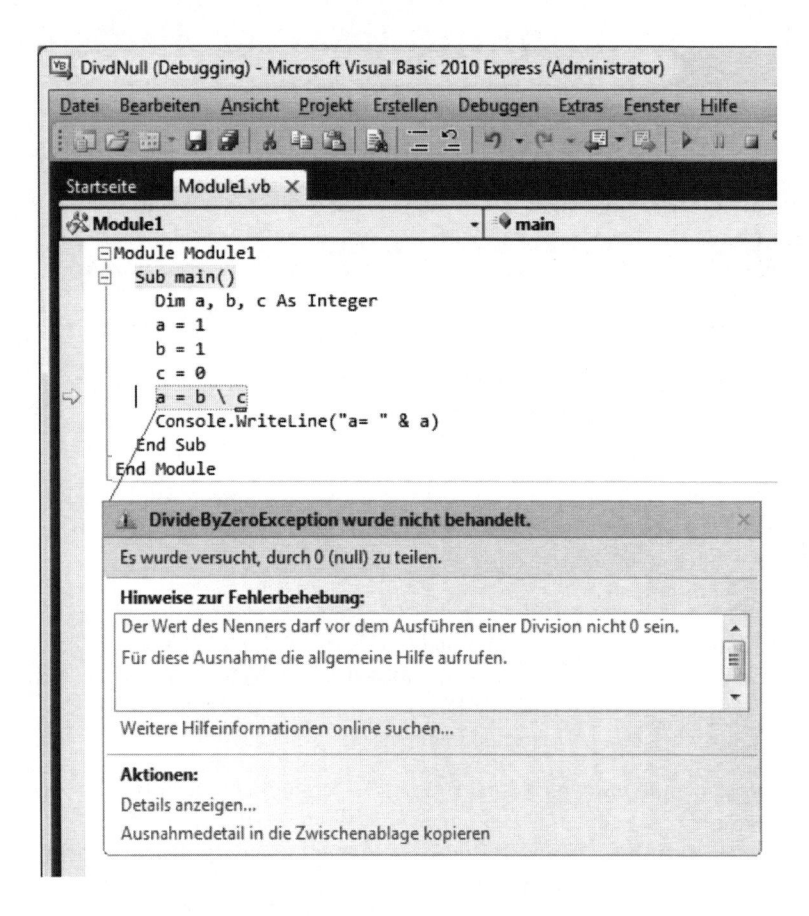

Abb. 5.1   Laufzeitfehler innerhalb von Visual Studio

Lassen Sie das Programm außerhalb von Visual Studio laufen, indem Sie auf die .exe-Datei doppelklicken, dann tritt der gleiche Fehler auf, aber die Meldung sieht anders aus:

5.1 Code-Absicherung durch Try und Catch

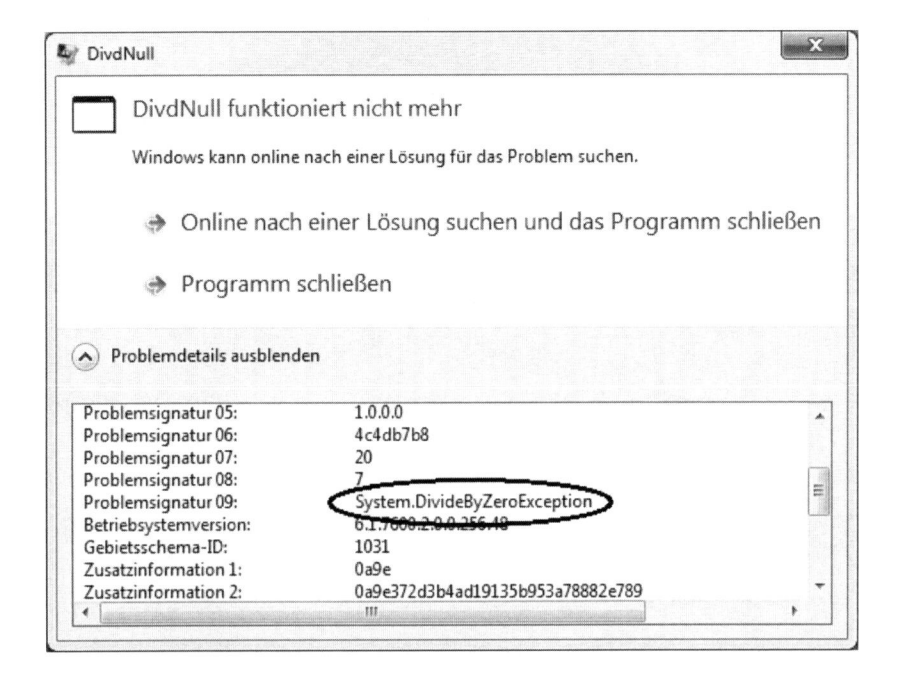

Abb. 5.2   Laufzeitfehler außerhalb von Visual Studio

In beiden Fällen wird der Programmablauf anschließend beendet, ohne dass die abschließende WriteLine-Anweisung ausgeführt wird. Innerhalb von Visual Studio erhält man eine recht gute Beschreibung des aufgetretenen Fehlers, außerhalb versteckt sich die Fehlerursache in den Problemdetails, wie Sie in Abb. 5.2 erkennen können.

5.1 Code-Absicherung durch Try und Catch

Die Divisionsanweisung im obigen Beispiel ist eine mögliche Fehlerquelle, da es immer vorkommen kann, dass der Divisor Null ist. Ähnlich verhält es sich mit einer Anweisung, die eine Datei öffnen soll, die eigentlich vorhanden sein müsste, usw. Solche Anweisungen und die logisch darauf aufbauenden Anweisungen setzt man in der Strukturierten Ausnahmebehandlung in einen so genannten Try-Block, der von einem oder mehreren Catch-Blöcken begleitet wird, in dem oder in denen die Behandlung von auftretenden Fehlern stattfindet. Ein Finally-Block kann am Ende des Try-Blocks stehen; die darin enthaltenen Anweisungen werden auf jeden Fall ausgeführt, egal, ob der Fehler auftritt oder nicht. Die Struktur sieht also so aus:[42]

---

[42] Dabei sind Teile in eckigen Klammern optional.

```
Try
   'Code, der eventuell einen Fehler auslöst
Catch [fehlerart]
   'Code, der auf eine Art von Fehlern reagiert
[Catch [anderefehlerart]
   'Code, der auf eine andere Fehlerart reagiert
...]
[Finally
   'Code, der auf jeden Fall am Ende ausgeführt wird]
End Try
```

Die einfachste Anwendung dieses Konzepts besteht also darin, nur eine Catch-Klausel anzugeben und die Finally-Klausel wegzulassen. Für unser Beispiel könnte das so aussehen:

```
Module Module1
   Sub main()
      Dim a, b, c As Integer
      a = 1
      b = 1
      c = 0
      Try
         a = b \ c
         Console.WriteLine("a= " & a)
      Catch 'ohne Fehlerart
         Console.WriteLine("FEHLER!")
      End Try
      Console.ReadLine()
   End Sub
End Module
```

Die Catch-Klausel ohne Fehlerart fängt alle Fehler ab. Obwohl wir in diesem einfachen Beispiel wissen, dass nur eine Division durch Null als Fehler auftreten kann, können wir in größeren Programmen da nicht so sicher sein; deshalb wird hier nur die Tatsache vermerkt, dass ein Fehler aufgetreten ist, nicht aber, um welchen Fehler es sich handelt. Immerhin beendet sich das Programm nun normal; der Ablauf wechselt vom Try-Block in den Catch-Block und geht dann hinter `End Try` normal weiter.

Als nächstes gehen wir die Frage an, welcher Fehler aufgetreten ist und wie man Informationen darüber erhält.

5.2 Die Fehlerklasse Exception und davon abgeleitete Klassen

Die Klasse `Exception` ist die Mutter aller speziellen Fehlerklassen. Sie enthält bereits eine Menge an Informationen über einen aufgetretenen Fehler; schauen Sie sich die Definition der Klasse im Objektkatalog an.

Beim Aufruf eines Catch-Blocks wird automatisch ein Objekt der Klasse `Exception` mitgegeben, sofern man eine entsprechende Variable angelegt hat. Im folgenden Beispiel wird die ToString-Methode[43] dieses Objekts benutzt, um Fehlerinformationen auszugeben.

```
Module Module1
   Sub main()
      Dim a, b, c As Integer
      a = 1
      b = 1
      c = 0
      Try
         a = b \ c
         Console.WriteLine("a= " & a)
      Catch exc As Exception
         Console.WriteLine(exc.ToString)
      End Try
      Console.ReadLine()
   End Sub
End Module
```

Die Ausgabe der ToString-Methode sehen Sie in Abb. 5.3. Es wird vieles genannt, was man als Entwickler zur Fehlersuche gut brauchen kann:

- Der Projektname.
- Die Quelldatei.
- Die Prozedur und sogar
- Die Zeilennummer.

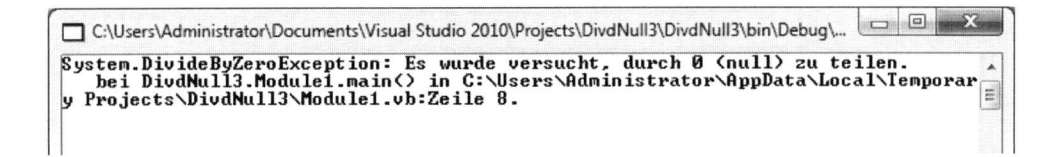

Abb. 5.3 Exception-Information

---

[43] Vgl. Kap. 3.11 "Mitglieder der Klasse Object".

Von dieser allgemeinen Fehlerklasse werden zahlreiche spezielle Fehlerklassen abgeleitet, wobei der Baum dieser Klassen in zwei Äste unterteilt ist:

- `SystemException` enthält alle im .NET Framework definierten Fehlerklassen;
- `ApplicationException` ist als Vaterklasse für benutzerdefinierte Fehlerklassen vorgesehen.

Die Liste der von `SystemException` abgeleiteten Fehlerklassen ist sehr, sehr lang. Wenn Sie im Objektkatalog den Suchbegriff *Exception* eingeben, bekommen Sie ein Gefühl für die Anzahl.

In unserem Beispiel haben wir es mit der `DivideByZeroException` zu tun, die von `SystemException` abgeleitet ist. Wir können also die Catch-Klausel spezifischer formulieren:

```
Catch exc As DivideByZeroException
   Console.WriteLine("Division durch Null versucht!")
```

Damit erzeugen wir eine sehr aussagefähige Fehlermeldung. Sollte aber einmal ein anderer Fehler als Division durch Null auftreten, wird dieser nicht behandelt. Hier kommt die Möglichkeit ins Spiel, mehrere Catch-Klauseln angeben zu können. Wird mehr als ein `Catch` in einem Try-Block formuliert, dann wird nur die erste passende Catch-Klausel durchlaufen. Es ist also sinnvoll, zuerst die speziellen Catch-Blöcke und danach die allgemeinen anzuordnen. In unserem Beispiel sollen zwei Catch-Klauseln reichen: zuerst `DivideByZeroException`, danach die allgemeine `Exception` für alle anderen Fehler. `StackTrace` gibt die Aufrufhierarchie wieder, die zu der fehlerhaften Anweisung führt.

```
Module Module1
   Sub main()
      Dim a, b, c As Integer
      a = 1
      b = 1
      c = 0
      Try
         a = b \ c
         Console.WriteLine("a= " & a)
      Catch exc As DivideByZeroException
         Console.WriteLine("Division durch Null versucht!")
      Catch exc As Exception
         Console.WriteLine("Allgemeiner Fehler aufgetreten!")
         Console.WriteLine(exc.StackTrace)
      End Try
      Console.ReadLine()
   End Sub
End Module
```

5.2 Die Fehlerklasse Exception und davon abgeleitete Klassen

In größeren Systemen kann es durchaus sein, dass die Anweisung, die einen Fehler erzeugt, nicht direkt in einen Try-Block eingebettet ist, dass aber in einer Klasse, die höher in der Aufrufhierarchie liegt, der Aufruf von einem Try-Block umschlossen ist. Dann wird beim Auftreten eines Fehlers die dort in der Catch-Klausel spezifizierte Behandlungsroutine gestartet. Fehler steigen also in der Aufrufhierarchie hoch, bis die erste Behandlungsroutine gefunden und ausgeführt wird. Wird gar keine gefunden, erscheint ein Laufzeitfehler der Art, wie wir ihn am Anfang des Kapitels kennen gelernt haben.

Eine weitere Möglichkeit besteht darin, selbst Ausnahmen auszulösen. Der Bedarf tritt da auf, wo man als Entwickler seine eigene Fehlerbehandlung durchführen möchte, anschließend aber das Auftreten des Fehlers "nach oben" weiter melden möchte. In diesem Fall kann man eine `Exception`, die durch die eigene Catch-Klausel eigentlich "verbraucht" ist, mit der Throw-Anweisung erneut auslösen:

```
Try
   ...
Catch e As Exception
   ...       'Code zum Aufräumen
   Throw e 'löst den Fehler noch mal aus
End Try
```

Schließlich kann der Entwickler noch seine eigenen Ausnahmen definieren und verwenden. Dies ist sinnvoll, wenn mehr Informationen mitgegeben werden sollen, als die vordefinierten Fehlerklassen transportieren. Eine einfache Möglichkeit besteht darin, beim Aufruf des Konstruktors eines Fehlerobjekts eine Fehlerbeschreibung als Zeichenkette mitzugeben; wie Sie im Objektkatalog erkennen, ist die New-Methode der Fehlerklassen mehrfach überladen, u.a. mit einem `String` als Parameter.

Eine weiter gehende Möglichkeit ist, eine eigene Fehlerklasse von `ApplicationException` oder einer anderen Fehlerklasse abzuleiten. Dies geht mit den normalen "Bordmitteln" der objektorientierten Programmierung, die Sie inzwischen gut kennen. Als simples Beispiel bleiben wir bei der Division durch Null und leiten eine Fehlerklasse `MeineException` von `DivideByZeroException` ab, die einen Text und den Wert, der den Fehler verursacht, enthält:[44]

```
Public Class MeineException
   Inherits DivideByZeroException
   Private wert As Integer
   Public Sub New(derWert As Integer)
      MyBase.New("Division durch Null")
      wert = derWert
   End Sub
   Public ReadOnly Property FehlerWert() As Integer
      Get
```

---

[44] Dieser Wert ist immer Null, aber es geht um das Prinzip!

```
            Return wert
        End Get
    End Property
End Class
```

Der Konstruktor ruft zuerst den Konstruktor der Vaterklasse `DivideByZeroException` auf und initialisiert dann die private Variable `wert`. Diese kann über die Property `Fehler-Wert` dann abgerufen werden.

Im Modul `test1` wird beim Auftreten einer `DivideByZeroException` stattdessen eine `MeineException` instanziiert und ausgelöst:

```
Module test1
    Sub test()
        Dim a, b, c As Integer
        Try
            a = b \ c
            Console.WriteLine("a= " & a)
        Catch exc As DivideByZeroException
            Throw New MeineException(c)
        End Try
    End Sub
End Module
```

Im Hauptprogramm schließlich wird die Ausnahme erkannt und ausgewertet:

```
Module Module1
    Sub main()
        Try
            test()
        Catch e As MeineException
            Console.WriteLine(e.ToString)
            Console.WriteLine()
            Console.WriteLine("Und der Fehlerwert war: " & _
                e.FehlerWert)
        End Try
            Console.ReadLine()
    End Sub
End Module
```

5.3 Übungen

Mitarbeiter 6
Erweitern Sie Ihre Lösung zu **Mitarbeiter 5** wie folgt:

- In Mitarbeiter 1 haben Sie implementiert: „Name und Gehalt können beim Anlegen eines Mitarbeiters angegeben werden, aber auch später noch nachgetragen bzw. geändert werden. Für einen fehlenden Namen wird „N.N.", für ein fehlendes Gehalt –1 eingesetzt."
- Ein Versuch, das Gehalt eines Mitarbeiters mit einem fehlenden Namen oder einem fehlenden Gehalt zu erhöhen, soll zu einem Fehler führen.
- Leiten Sie eine neue Fehlerklasse von `ApplicationException` ab, in der Sie den Text „Unvollständige Mitarbeiterdaten" sowie die Personalnummer ablegen.
- Der Fehler wird im aufrufenden Programm entdeckt und protokolliert.

Schreiben Sie dazu – wie immer – ein Hauptprogramm, das die alte und neue Funktionalität testet.

Funktioniert das auch für Programmierer und Leitende Programmierer? Wenn nein, was müssen Sie dazu noch tun?

6 Fenster und Menüs

> **Lernziel**
> Eine der großen Stärken von Visual Basic .NET liegt darin, dass man sehr einfach Windows-Anwendungen mit Fenstern, Menüs und Maussteuerung erzeugen kann. In diesem Kapitel lernen Sie, wie man solche Benutzeroberflächen entwickelt. Dabei werden Sie das Wissen aus den vorangegangenen Kapiteln anwenden können. Daneben wird Wert darauf gelegt, die interne Funktionalität eines Programmsystems möglichst sauber von der Präsentation der Daten und der Steuerung des Programmablaufs zu trennen.

6.1 Vorbereitung

Wenn Sie die Übungen dieses Buchs bis hierher bearbeitet haben, dann haben Sie inzwischen eine kleine Sammlung von Klassen, in denen jeweils unterschiedliche Aspekte der Bearbeitung von Mitarbeiterdaten implementiert sind. Das sind:

- Klassen, die allgemeine Mitarbeiter, Programmierer und Leitende Programmierer repräsentieren.
- Eine Schnittstelle, die Mitarbeiter mit Leitungsfunktionen charakterisiert.
- Eine Klasse, die Ereignisse modelliert, die bei der Gehaltserhöhung auftreten können.
- Eine Fehlerklasse, die unvollständige Mitarbeiterdaten meldet.

Diese Entwicklung der internen Funktionalität rund um die Mitarbeiter sei nun abgeschlossen. In diesem und dem folgenden Kapitel geht es um die Erfassung und Bearbeitung sowie um die längerfristige Speicherung der Mitarbeiterdaten. Um diese Bereiche sauber voneinander zu trennen, frieren wir den erreichten Stand in einer *Klassenbibliothek* ein. Eine Klassenbibliothek ist eine Datei (oder eine Sammlung von Dateien), die eine oder mehrere Klassen enthält. Man kann sie zu einem Projekt dazunehmen; dann kann man die enthaltenen Klassen benutzen, d.h. Objekte erzeugen, Methoden aufrufen, aber auch neue Klassen von den Klassen in der Bibliothek ableiten usw. In Visual Basic .NET heißt eine solche Klassenbibliothek auch *Assembly* – mehr dazu in Kapitel 8; aus der Sicht von Windows ist eine Klassenbibliothek eine *DLL (Dynamic Link Library)*.

➔ Übung **Mitarbeiter 7** am Ende des Kapitels.

6.2 Überblick

Windows-Anwendungen interagieren mit dem menschlichen Benutzer über Fenster, in denen grafische Bedienelemente wie Textfelder und Schaltflächen enthalten sind; weiter sind Funktionen über Menüs zugänglich, aus denen der Benutzer Menüelemente auswählen kann. Der Visual Basic .NET-Oberbegriff für all das lautet *Steuerelemente (Controls)*. Eine große Zahl vorgefertigter Steuerelemente ist in der *Toolbox*, einem Fenster der Entwicklungsumgebung, enthalten. Steuerelemente können durch einfaches *Ziehen-und-Ablegen (Drag-and-Drop)* in ein Fenster gezogen sowie dort positioniert und angepasst werden; ihre Lage, Größe, Funktion – kurz: ihre Eigenschaften – können sowohl zur Entwurfszeit als auch zur Laufzeit manipuliert werden.

Dabei sind konkrete Fenster einer Anwendung Objekte einer Klasse Fenster; Steuerelemente in einem Fenster sind Objekte der entsprechenden Steuerelement-Klasse; Menüs eines Programms sind Objekte einer Menü-Klasse usw. Die objektorientierte Denkweise, die uns seit Kapitel 3 begleitet, passt also bruchlos auch auf die Entwicklung der Benutzeroberfläche eines Programms.

Die Visual Studio-Entwicklungsumgebung leistet unschätzbare Hilfe bei der Entwicklung einer grafischen Programmoberfläche, indem sie die direkte Manipulation der Objekte ermöglicht. Trotzdem wird in der Entwicklungsumgebung nicht "gezaubert" wie in früheren Versionen von Visual Basic, in denen bestimmte Entwicklungsaufgaben nur über Funktionen der Umgebung zugänglich waren. Das heutige Visual Studio ist vielmehr ein reiner Codegenerator, der die Aktionen des Entwicklers in Visual Basic .NET-Code umsetzt, den man ansehen, verstehen und – wenn nötig – ändern kann. Auch ein vollständiger Verzicht auf Visual Studio ist grundsätzlich möglich; dann muss man die gesamte Benutzeroberfläche aufwendig im Code beschreiben. Das ist möglich, aber fehleranfällig und nicht sonderlich produktiv.

Bisher haben wir bei der Anlage neuer Visual Basic .NET-Projekte als Typ stets *Konsolenanwendung* gewählt, da alle Interaktion mit dem Benutzer zeichen- und zeilenorientiert in Konsolenfenstern ablief. Ab jetzt werden unsere Projekte zu *Windows Forms-Anwendungen* führen; die Wahl dieses Projekttyps bewirkt u.a., dass:

- Statt eines Codemoduls (`Module1.vb`) ein leeres Fenster (`Form1.vb`) als Ausgangspunkt erzeugt wird.
- Die benötigten Klassen des .NET Frameworks eingebunden werden, u.a. `System.Drawing` und `System.Windows.Forms`, in der die Steuerelemente enthalten sind.
- Die Toolbox angezeigt wird.
- Beim Test des Programms automatisch das Fenster gestartet wird.

6.3 Steuerelemente

Wie bereits erwähnt, sind Steuerelemente die Bedienelemente, die Sie aus Windows-Anwendungen kennen. Die Toolbox enthält zahlreiche solcher Elemente, die systematisch

6.3 Steuerelemente

gruppiert sind; in Abb. 6.1 sehen Sie zwei dieser Gruppen. Sie können Steuerelemente aus der Toolbox in Ihr Fenster ziehen und darin positionieren und größenmäßig anpassen. Damit erstellen Sie jeweils ein Objekt der Steuerelement-Klasse.

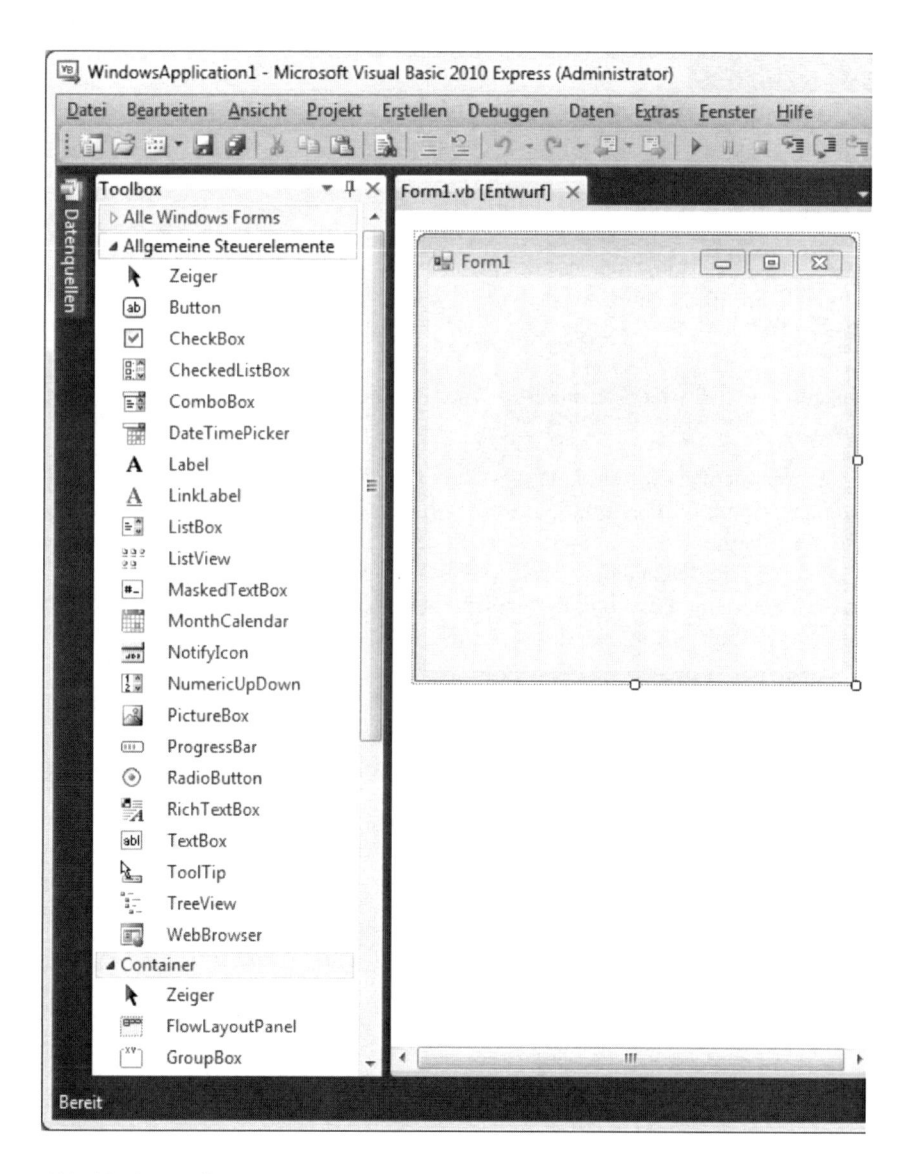

Abb. 6.1 *Die Toolbox*

Die Anzahl der von Visual Basic .NET zur Verfügung gestellten Steuerelemente ist zu groß, um sie alle mit dem nötigen Tiefgang zu besprechen. Eine Auswahl der gängigsten Elemente soll deshalb genügen; diese sind:

- *TextBox* – ein ein- oder mehrzeiliges Feld zur Ein- und Ausgabe von Text.
- *Label* – ein Bezeichnungsfeld, in dem Text nur angezeigt werden kann.
- *Button* – eine Befehlsschaltfläche, auf die der Benutzer klicken kann, um damit einen bestimmten Befehl auszuführen.
- *ListBox* – ein Listenfeld, in dem eine Liste von (meist textlichen) Werten untereinander angeordnet ist.
- *ComboBox* – ein Kombinationsfeld, das die Eigenschaften einer TextBox und einer ListBox vereinigt.
- *GroupBox* (in der Gruppe *Containers*) – ein Rahmen, der nicht nur optisch eine Gruppierung von anderen Steuerelementen ermöglicht.
- *RadioButton* – ein Optionsfeld, das der Benutzer anklicken kann, um eine Wahl auszudrücken; mehrere RadioButtons in einer GroupBox schließen sich gegenseitig aus.
- *CheckBox* – ein Kontrollkästchen, in das der Benutzer durch Anklicken einen Haken setzen kann.

Neben diesen ausgewählten Steuerelementen kommen im Verlauf des Buchs noch weitere hinzu:

- *Menüs* sind Steuerelemente; sie werden in Abschnitt 6.5 behandelt.
- Die *Standarddialoge* zum Öffnen und Speichern von Dateien, die in Abschnitt 7.2 vorgestellt werden, sind Steuerelemente. Sie sind auch ein Beispiel dafür, dass es Steuerelemente gibt, die keine direkte visuelle Präsenz in einem Fenster zeigen.
- Ein weiteres Steuerelement, das komplett unsichtbar ist, ist der *Timer* (Zeitgeber). Seine Funktion wird in Abschnitt 6.6 skizziert.

In Abb. 6.2 sehen Sie ein Beispielfenster mit ausgewählten Steuerelementen. Dieses Fenster können Sie ohne jeden Visual Basic .NET-Code, nur durch grafische Manipulation der Steuerelement-Objekte, nachbauen. Es kann auch ausgeführt werden; dann ist die Oberfläche schon benutzbar – man kann Text in die Textfelder eingeben, Knöpfe drücken und Häkchen setzen. Mehr passiert aber nicht, da der Code zur Verarbeitung der Benutzeraktionen noch fehlt.[45] Visual Basic .NET kann also auch gut eingesetzt werden, um schnell einen *Prototyp* eines Programms herzustellen, anhand dessen die späteren Benutzer schon früh beurteilen können, wie sich das fertige Programm "anfühlen" wird.

---

[45] Beenden Sie das Programm durch Drücken des Schließknopfs ganz rechts in der Titelleiste des Fensters.

6.3 Steuerelemente

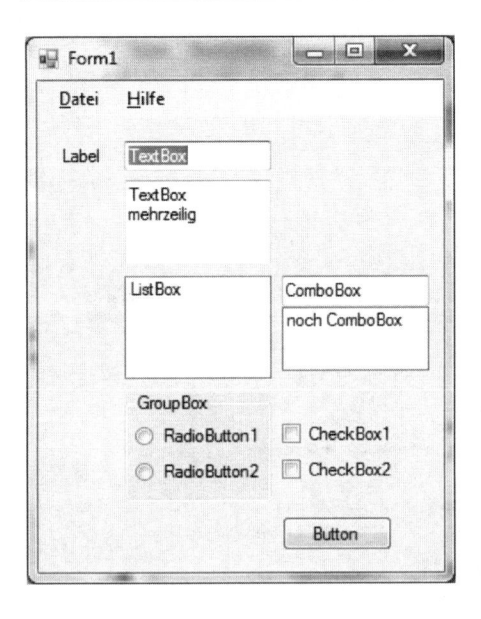

Abb. 6.2 *Einige Steuerelemente*[46]

Steuerelement-Objekte sind gekennzeichnet durch Eigenschaften; diese Eigenschaften entsprechen den Properties (Zugriffsfunktionen) unserer Objekte. Um diese Eigenschaften zu lesen oder zu ändern, stehen mehrere Möglichkeiten zur Verfügung:

- Zur Entwurfszeit:
  - Die Werte der Eigenschaften können über das Eigenschaften-Fenster (rechts unten in der Visual Studio-Standardansicht) abgelesen, aber auch gesetzt werden.
  - Einige Eigenschaften können auch durch direkte Bearbeitung der Objekte im Fenster gesetzt werden, z.B. die Größe (*Size*) oder die Position im Fenster (*Location*).
- Zur Laufzeit:
  - Im Code Ihres Programms können Sie die übliche Schreibweise `objekt.eigenschaft` anwenden, um Eigenschaftswerte zu lesen oder zu ändern.

Das Eigenschaften-Fenster enthält eine Liste von Eigenschaften-Namen und –Werten. Die Werte können verändert werden; dabei achtet die Entwicklungsumgebung auf Plausibilität der Eingaben. *Size* beispielsweise gibt die Breite (*Width*) und Höhe (*Height*) des Elements in Pixeln an – hier sind nur ganzzahlige Werte erlaubt. *Multiline* sagt, ob ein Textfeld mehrzeilig ist – erlaubte Wert sind `true` und `false`; bei der Änderung dieser Eigenschaft kann man nur zwischen diesen beiden Möglichkeiten wählen. *Text* schließlich ist der Anfangswert, der in dem Textfeld angezeigt wird – hier ist jede Zeichenkette möglich. Am Fuß des

---

[46] Die GroupBox ist von einem feinen Rahmen umgeben, der im Graustufendruck fast unsichtbar ist. Deshalb ist sie mit einem dunkleren Grau hinterlegt (BackColor-Eigenschaft).

Eigenschaften-Fensters wird zu jeder ausgewählten Eigenschaft eine kurze Erläuterung gegeben.

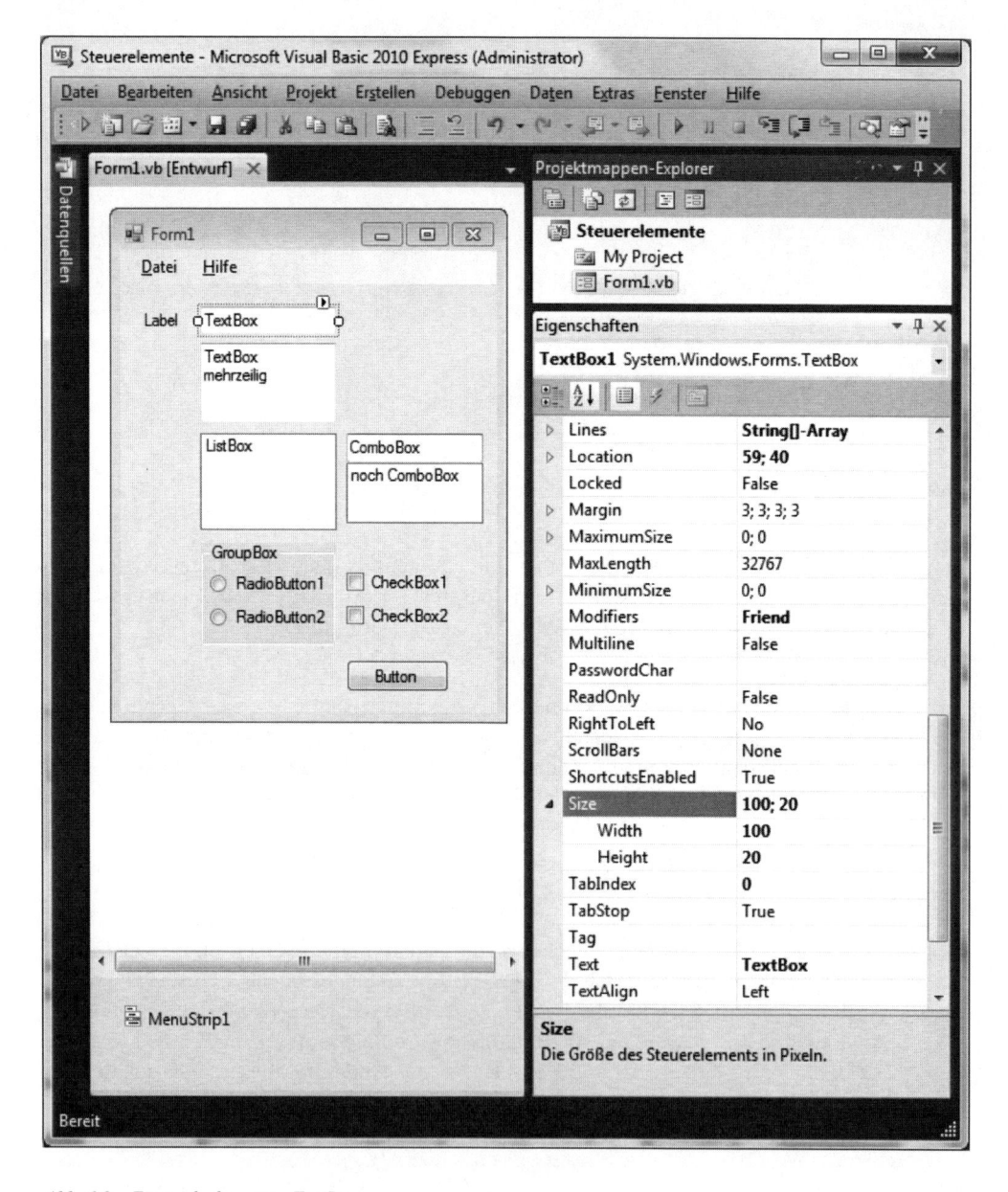

Abb. 6.3 *Eigenschaften einer TextBox*

6.3 Steuerelemente

Einige wichtige Eigenschaften werden in der nachfolgenden Tabelle kurz erläutert.

Tab. 6.1 Einige Eigenschaften

Bezeichnung	Bedeutung	Betrifft Steuerelemente
`(Name)`	Name des Objekts	
`Text`	Inhalt	TextBox, Label, Button, ComboBox
`Items`	Liste der Inhalte (Collection![47])	ListBox, ComboBox
	Darstellung:	
`ForeColor`	Vordergrundfarbe	
`BackColor`	Hintergrundfarbe	
`Font`	Schriftart	
	Verhalten:	
`Visible`	Objekt ist sichtbar?	
`Enabled`	Objekt ist bedienbar?	
`ReadOnly`	Objekt ist schreibgeschützt?	TextBox. Im Gegensatz zu `Enabled` kann aus einem `ReadOnly` Textfeld der Text kopiert werden.
`TabIndex`	Reihenfolge innerhalb der Steuerelemente des Fensters[48]	
	Layout:	
`Location`	Lage im Fenster (Obere linke Ecke des Elements relativ zur oberen linken Ecke des Fensters, in Pixeln)	
`Size`	Größe (Breite und Höhe in Pixeln)	

Ein Blick auf den Code, der von der Entwicklungsumgebung generiert wird, soll zeigen, wie Steuerelemente angelegt und bearbeitet werden. Ein Verständnis hierfür erleichtert die nachfolgende Diskussion der Frage, wie man im Programm auf Benutzeraktionen an Steuerelementen reagieren kann.

Zu einem Fenster in einem Visual Basic .NET-Projekt gibt es in der Entwicklungsumgebung zwei Ansichten, die *Entwurfs-* und die *Codeansicht*. Bisher haben wir die Entwurfsansicht behandelt, in der die grafische Zusammenstellung von Steuerelement-Objekten in einem Fenster vorgenommen wird. In der Codeansicht werden die "hinter" den Steuerelementen liegenden Anweisungen angezeigt. Zum Öffnen der Codeansicht klicken Sie auf das entsprechende Symbol im Projektmappen-Explorer (vgl. Abb. 6.4), wählen Sie den Menüpunkt *Ansicht > Code* oder – aus dem Kontextmenü des Fensters – *Code anzeigen*. Das Codefenster enthält im Moment nur den leeren Rahmen der öffentlichen Klasse `Form1`.

---

[47] Vgl. „Collections, ForEach und IEnumerable" in Abschnitt 3.12.2.

[48] Wählen Sie *Ansicht > Aktivierreihenfolge*, um eine Übersicht über die Reihenfolge zu erhalten. Der Benutzer kann mit der Tabulatortaste die Steuerelemente in dieser Reihenfolge durchlaufen.

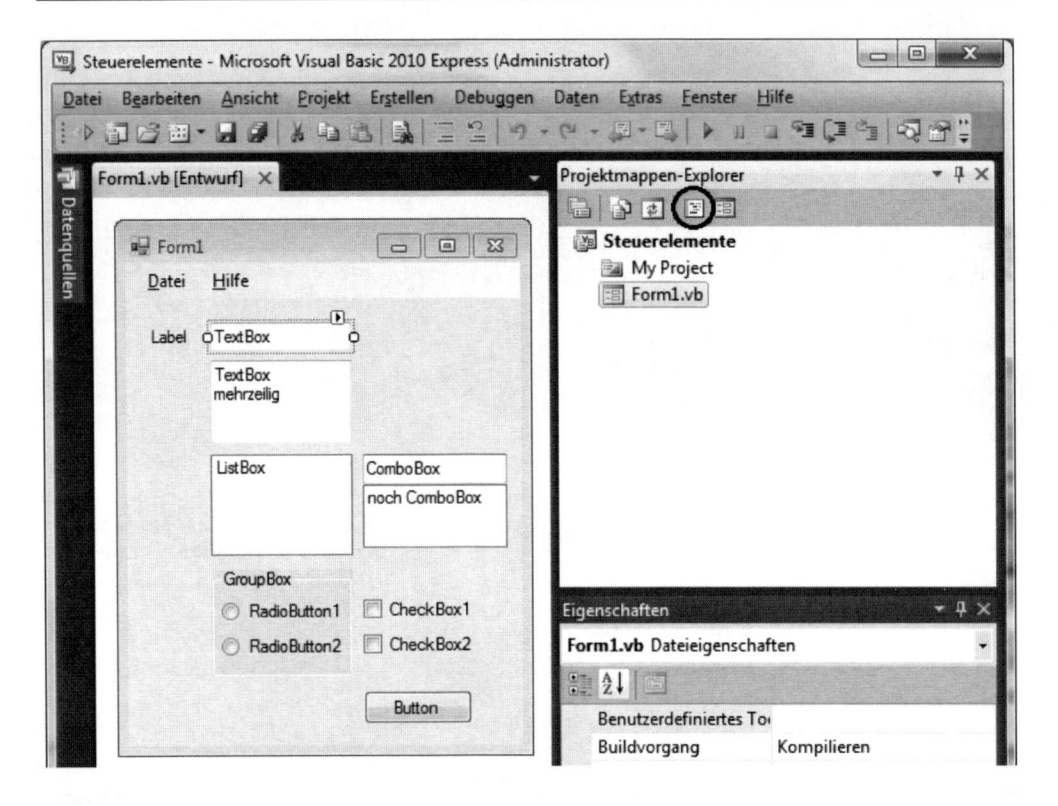

Abb. 6.4 *Symbol "Codeansicht" im Projektmappen-Explorer*

Der von Visual Studio generierte Code ist an einer etwas versteckten Stelle abgelegt. Wählen Sie den Menüpunkt *Projekt > Alle Dateien* anzeigen oder klicken Sie auf das entsprechende Symbol im Projektmappen-Explorer (vgl. Abb. 6.5 rechts oben). Erweitern Sie dann `Form1.vb`, so dass Sie den Eintrag `Form1.Designer.vb` sehen. Darin ist der generierte Code abgelegt.

In Abb. 6.5 sehen Sie den Inhalt von `Form1.Designer.vb`; dabei sind die Prozeduren `Dispose` und `InitializeComponent` eingeklappt, d.h. auf ihre Kopfzeilen reduziert.[49] Der Inhalt ist ein Teil der Klasse `Form1`; dies wird durch das Schlüsselwort `Partial` ausgedrückt:

```
Partial Class Form1
   Inherits System.Windows.Forms.Form
   ...
End Class
```

---

[49] Ein Klick auf das Pluszeichen am linken Rand macht sie wieder sichtbar.

6.3 Steuerelemente

Abb. 6.5 Generierte Deklarationen der Steuerelement-Objekte

`Partial` eröffnet die Möglichkeit, den Code, aus dem eine Klasse besteht, auf mehrere Teile, die in verschiedenen Dateien stehen können, zu verteilen. Bei der Übersetzung werden alle diese Teile gemeinsam verarbeitet.

Abb. 6.5 zeigt die Deklarationen der Steuerelement-Objekte, wie sie von der Entwicklungsumgebung erzeugt worden sind. Alle Objekte sind Instanzen der jeweiligen Klassen, die in `System.Windows.Forms` angelegt sind. Sie sind außerdem `WithEvents` deklariert, d.h. sie erzeugen Ereignisse, auf die andere Programmteile reagieren können.

Schaut man in `InitializeComponent` hinein (Abb. 6.6), findet man die Instanziierungen der Steuerelement-Objekte. Außerdem sieht man, dass die Eigenschaften der Steuerelement-Objekte, die man im Eigenschaften-Fenster oder durch direkte Manipulation gesetzt hat, in einfache Zuweisungen an die entsprechenden Properties umgesetzt werden. Weiter unten (nicht abgebildet) werden alle Steuerelement-Objekte in einer Collection namens `Controls` zusammengefasst, auf die man bei Bedarf zugreifen kann. `InitializeComponent` wird vom Konstruktor des Fensters aufgerufen.

Festzuhalten ist:

- Bedienelemente in Fenstern sind Objekte von Steuerelement-Klassen.
- Diese Objekte werden durch Code, der von der Entwicklungsumgebung generiert wird, vereinbart, instanziiert und mit Eigenschaftswerten versehen.
- Diese Objekte werden `WithEvents` vereinbart, d.h. sie fungieren als Herausgeber von Ereignissen, auf die im Programm reagiert werden kann.

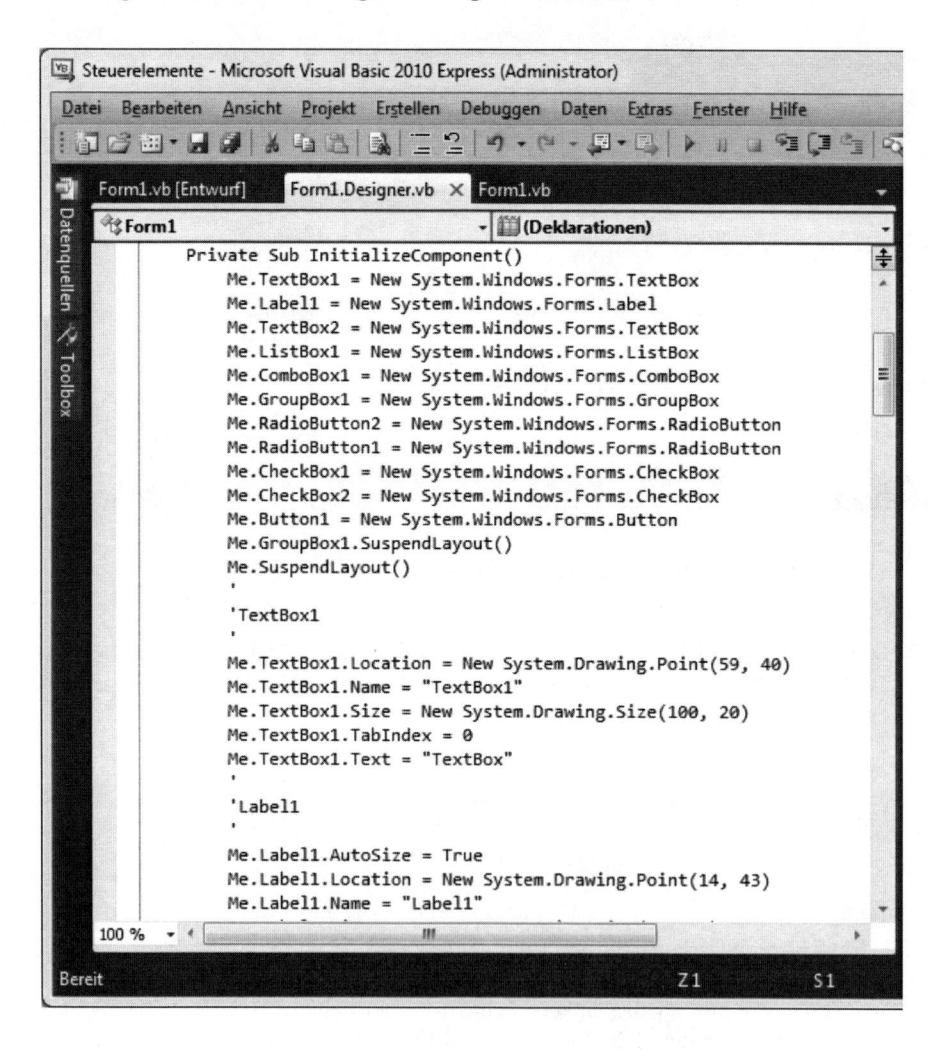

Abb. 6.6 Generierter Code in InitializeComponent

6.4 Ereignisprozeduren

Sobald der Benutzer eine Aktion im Fenster ausführt, wird ein Ereignis ausgelöst. Jedes Ereignis hat einen Namen: wenn der Benutzer beispielsweise auf eine Schaltfläche namens `Button1` klickt, wird das Ereignis `Button1.Click` ausgelöst. Wenn Sie dieses Ereignis in Ihrem Code behandeln möchten, brauchen Sie also eine Ereignisprozedur mit folgendem Kopf:

```
Private Sub Button1_Click(sender As System.Object,
    e As System.EventArgs) Handles Button1.Click
```

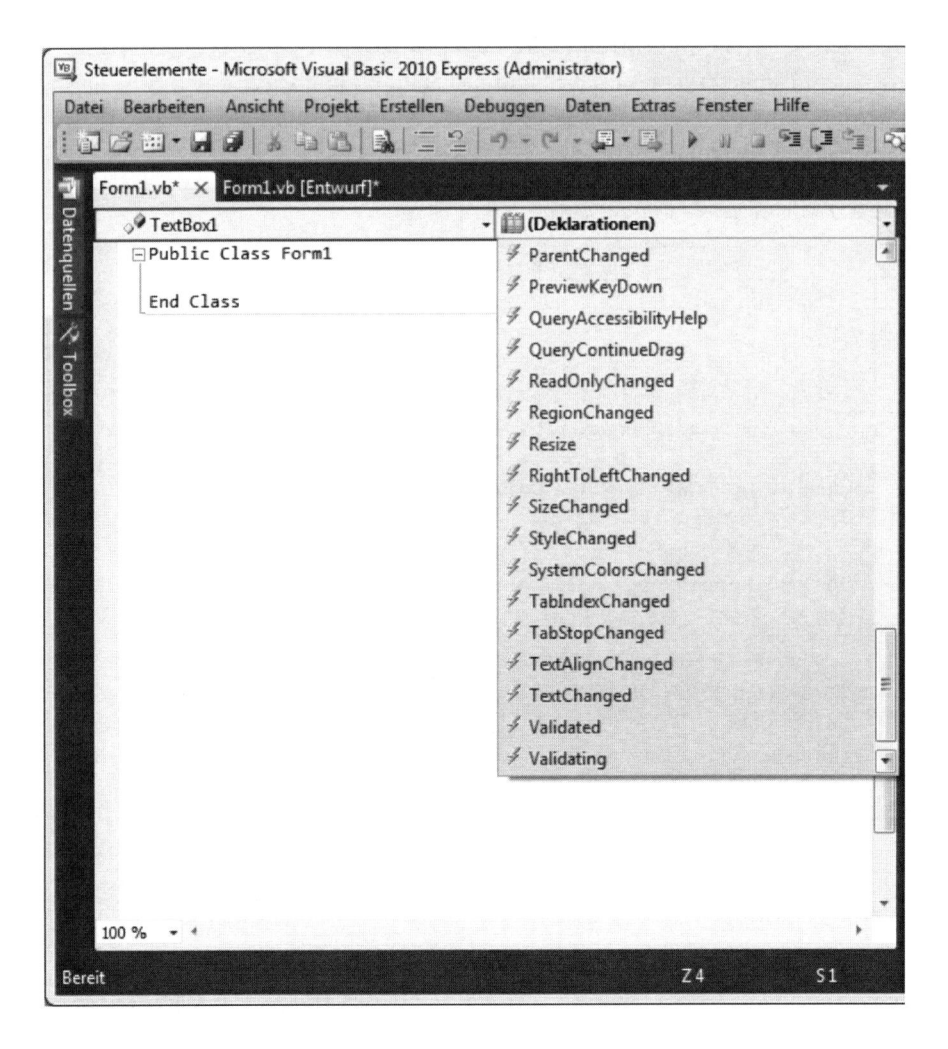

Abb. 6.7 Ereignisse eines Steuerelements

Dabei ist der Name `Button1_Click` beliebig, weil die Verbindung zum Ereignis über die Handles-Klausel hergestellt wird. Die Parameterliste enthält die Standardparameter für Ereignisse, wie in Kapitel 4 beschrieben.

Eine komplette Liste der Ereignisse, die ein Steuerelement erzeugen kann, findet sich in der Codeansicht des Fensters, das das Steuerelement-Objekt enthält. Im Kopf der Codeansicht befinden sich zwei Aufklapplisten. Die linke enthält eine Liste aller Steuerelemente; wählt man eins davon aus, zeigt die rechte eine Liste aller Ereignisse dieses Elements an. Abb. 6.7 zeigt einen Ausschnitt aus der Liste der Ereignisse einer Textbox. Die Länge der Liste macht verständlich, dass nur ein kleiner Teil aller Ereignisse hier besprochen werden kann. Wenn man ein Ereignis aus der rechten Liste wählt, generiert Visual Studio den dazu gehörenden Prozedurrumpf.

Es ist auch möglich, in der Entwurfsansicht eines Fensters auf ein Steuerelement-Objekt doppelt zu klicken; damit erzeugt Visual Studio den Rumpf einer Ereignisprozedur für das "gängigste" Ereignis dieses Objekts und wechselt zur Codeansicht. Eine Zusammenstellung dieser Ereignisse findet sich in Tab. 6.2.

Tab. 6.2 *Standard-Ereignisse für einige Steuerelemente*

Steuerelement	Standard-Ereignis	Bedeutung
TextBox	`TextChanged`	Der Wert der Text-Eigenschaft hat sich geändert.
Label	`Click`	Der Benutzer hat auf die Bezeichnung geklickt.
Button	`Click`	Der Benutzer hat auf die Schaltfläche geklickt.
ListBox	`SelectedIndexChanged`	Der Benutzer hat ein anderes Element der Liste ausgewählt.
ComboBox	`SelectedIndexChanged`	Der Benutzer hat ein anderes Element der Liste ausgewählt.
GroupBox	`Enter`	Der Mauszeiger tritt in den Bereich der GroupBox ein.
RadioButton	`CheckedChanged`	Der Status des Knopfs hat sich geändert – von "An" nach "Aus" oder umgekehrt.
CheckBox	`CheckedChanged`	Der Status des Kästchens hat sich geändert – von "Ohne Haken" nach "Mit Haken" oder umgekehrt.

Auch ein Fenster löst eine Reihe von Ereignissen aus, von denen einige in Tab. 6.3 zusammengestellt sind. Die Betrachtung dieser Auswahl zeigt schon, dass eine Benutzeraktion u.U. mehrere Ereignisse nacheinander auslöst. Das Schließen eines Fensters löst z.B. – neben anderen Ereignissen – die Ereignisse `Closing` und `Closed` nacheinander aus; dadurch kann der Entwickler an zahlreichen verschiedenen Stellen mit eigenem Code in den Ablauf eingreifen.

Tab. 6.3 *Ereignisse der Klasse Form*

Ereignis	Bedeutung
`Load`	Tritt ein, bevor das Fenster erstmals gezeigt wird.
`Activated`	Das Fenster wurde aktiviert.
`Deactivate`	Das Fenster ist nicht mehr das aktive Fenster.
`Click`	Der Benutzer hat auf den Fensterhintergrund geklickt.
`GotFocus`	Das Fenster hat den Fokus erhalten.
`LostFocus`	Das Fenster verliert den Fokus.

`Closing`	Das Fenster wird geschlossen.
`Closed`	Das Fenster ist geschlossen.

Ähnlich verhält es sich mit dem wohl häufigsten Steuerelement, der TextBox. Einige Ereignisse sind in Tab. 6.4 enthalten.

Tab. 6.4 *Ereignisse der Klasse TextBox*

Ereignis	Bedeutung
`TextChanged`	Der Wert der Text-Eigenschaft hat sich geändert.
`Click`	Der Benutzer hat in das Textfeld geklickt.
`GotFocus`	Das Textfeld hat den Fokus erhalten.
`LostFocus`	Das Textfeld verliert den Fokus.
`KeyDown`	Eine Taste wird gedrückt. Tritt vor `KeyPress` ein.
`KeyPress`	Eine Taste mit einem druckbaren Zeichen wird gedrückt.
`KeyUp`	Eine Taste wird losgelassen.
`MouseDown`	Die Maustaste wird gedrückt.
`MouseUp`	Die Maustaste wird losgelassen.

Hier ist insbesondere die Folge der Ereignisse `KeyDown` — `KeyPress` — `KeyUp` beachtenswert, die ausgelöst wird, wenn der Benutzer auf eine Taste der Tastatur drückt.

- `KeyDown` reagiert auf jede Taste, auch auf Tasten mit nicht druckbaren Zeichen, z.B. Funktionstasten. Die Ereignisprozedur für `KeyDown` enthält als zweiten Parameter ein Objekt der Klasse `KeyEventArgs`, die von `EventArgs` abgeleitet ist und ein Mitglied namens `KeyCode` hat, das die gedrückte Taste bezeichnet. `KeyCode` ist eine Variable vom Typ `Keys`; `Keys` wiederum ist eine Enumeration[50], die Namen für alle Tasten bereitstellt (z.B. "`Left`" für die Cursor-nach-links-Taste).
- `KeyPress` wird nach `KeyDown` ausgelöst, aber nur bei Tasten, die druckbare Zeichen darstellen. Ähnlich wie bei `KeyDown` enthält die Ereignisprozedur als zweiten Parameter ein Objekt der Klasse `KeyPressEventArgs`, die von `EventArgs` abgeleitet ist und ein Mitglied namens `KeyChar` vom Typ `Char`[51] hat, das die gedrückte Taste bezeichnet.
- `KeyUp` wird letztlich nach `KeyPress` signalisiert, wenn der Benutzer die Taste wieder losgelassen hat.

6.5 Menüs

Menüs dienen der Steuerung eines Programms durch den Benutzer. Menüpunkte bieten Funktionen des Programms an, unter denen der Benutzer wählen kann. Menüs treten in verschiedenen Formen auf:

---

[50] Vgl. Kap. 2.8.2 "Enum-Aufzählungen".

[51] Vgl. den Abschnitt "Nichtnummerische Datentypen" in Kap. 2.3.

- Das *Hauptmenü* eines Fensters liegt direkt unterhalb der Titelleiste. Die Liste der Menüpunkte wird nach unten ausgerollt, wenn der Benutzer einen Eintrag des Hauptmenüs wählt.
- Eine *Symbolleiste* enthält meist Schaltflächen mit Bildern, die für einzelne häufig gebrauchte Menüpunkte stehen.
- Ein *Kontextmenü* erscheint am Ort des Mauszeigers, wenn der Benutzer die rechte Maustaste drückt. Es enthält Menüpunkte, die im Kontext der Mausposition sinnvoll sind.

Abb. 6.8 zeigt die Steuerelemente für Menüs in der Toolbox. `MenuStrip` entspricht dabei dem Hauptmenü, `ContextMenuStrip` dem Kontextmenü und mit `ToolStrip` kann man Symbolleisten erstellen. Da die Vorgehensweisen für alle drei Varianten ähnlich sind, wird hier nur die Erstellung eines Hauptmenüs erläutert.

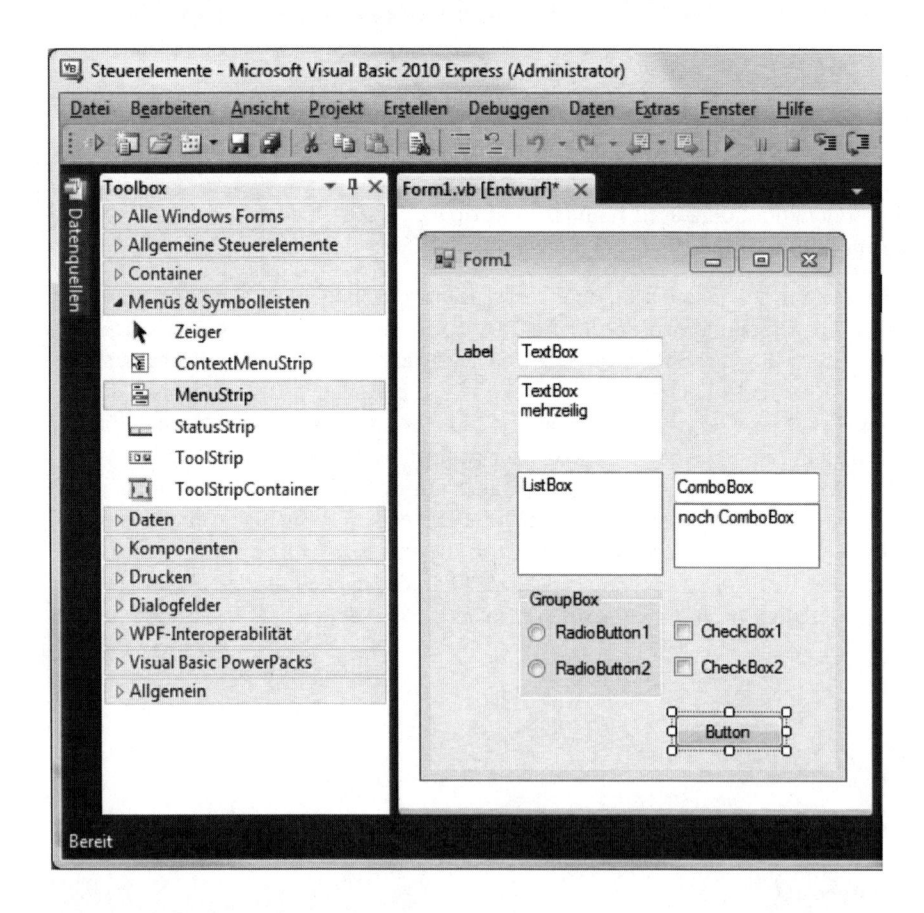

Abb. 6.8 *Steuerelemente für Menüs*

Ein Objekt der Klasse `MenuStrip` erscheint nicht im Fenster, sondern unterhalb des Fensters. Im Fenster selbst wird unterhalb der Titelleiste eine leere Menüzeile mit einer Einga-

6.5 Menüs

beaufforderung sichtbar. Hier kann ein erster Menüeintrag angelegt werden, indem man den gewünschten Text einfach eingibt. Nach Abschluss dieses Eintrags erscheinen daneben und darunter weitere Eingabeaufforderungen, so dass man sehr einfach beliebig viele Einträge mit beliebig vielen Punkten, die ihrerseits auch Unterpunkte haben können, erstellen kann. Um die spätere Bedienung der Menüs zu vereinfachen, kann man zwei Arten der Auswahl über die Tastatur festlegen:

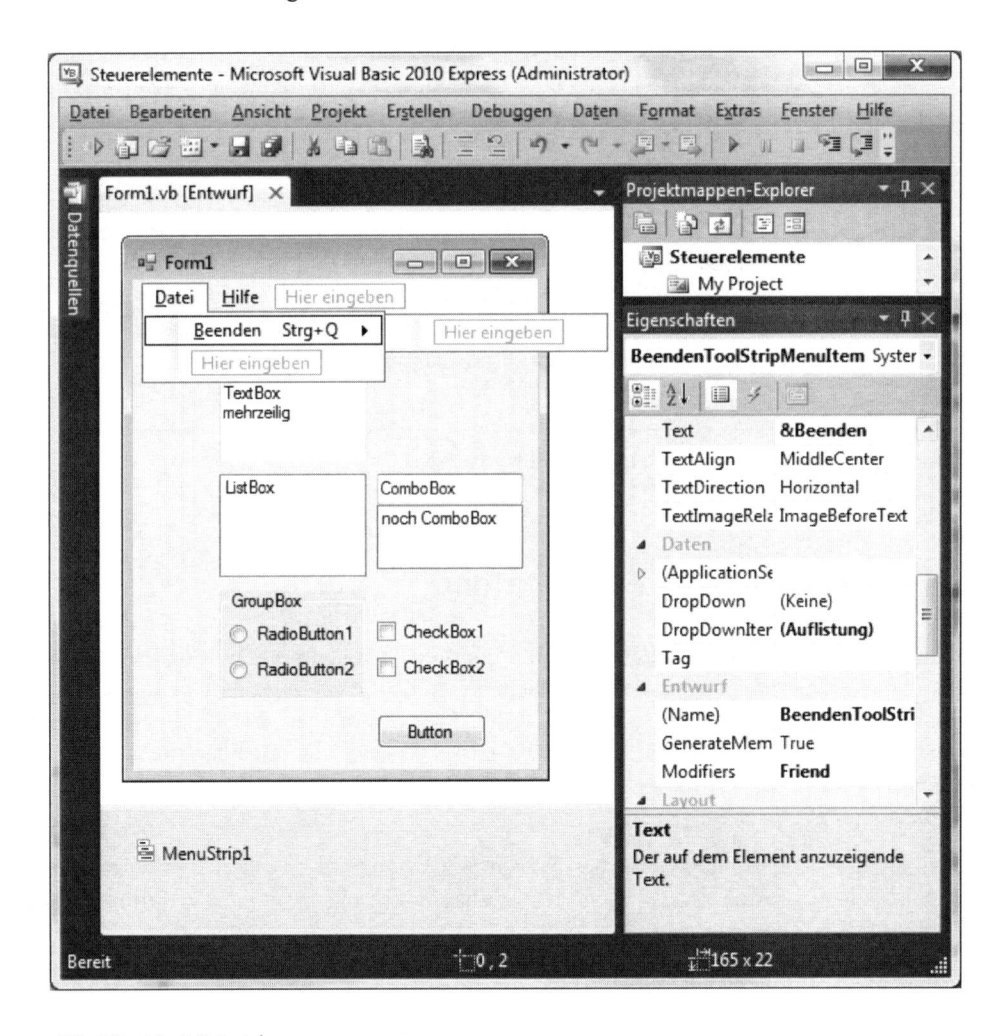

Abb. 6.9 Menü-Beispiel

- Eine *Zugriffstaste* ist ein Buchstabe des Menüeintrags, der optisch durch einen Unterstrich hervorgehoben wird. Der Benutzer kann durch gleichzeitiges Drücken der Alt-Taste und des Buchstabens den Menüeintrag auswählen. Die Zugriffstaste wird festge-

legt, indem man bei der Eingabe des Menüeintrags vor dem entsprechenden Buchstaben ein &–Zeichen eingibt.
- Daneben kann man einem Menüeintrag eine *Tastenkombination* zuordnen; hier gibt es Konventionen, z.B. `Strg+C` für *Kopieren*. Die Tastenkombination wird über die Eigenschaft `ShortcutKeys` festgelegt; die Eigenschaft `ShowShortcutKeys` sagt, ob die Tastenkombination neben dem Menübefehl angezeigt wird.

In Abb. 6.9 sehen Sie ein Beispiel für ein Menü. Das Hauptmenü hat die Einträge *Datei* und *Hilfe*, *Datei* hat den Menüpunkt *Beenden*. Die Zugriffstasten sind D, B bzw. H, *Beenden* kann auch über die Tastenkombination `Strg+Q` aufgerufen werden.

Für jeden Menüeintrag erzeugt die Entwicklungsumgebung ein Objekt der Klasse `ToolStripMenuItem`, dessen Name vom Text des Menüeintrags abgeleitet wird. Wie Sie in Abb. 6.9 erkennen, heißt z.B. das Beenden-Menüobjekt `BeendenToolStripMenuItem`. Das eine wesentliche Ereignis eines solchen Objekts ist das Click-Ereignis, das ausgelöst wird, wenn der Benutzer den Menüpunkt wählt. Wie bei den anderen Steuerelementen wird der Rumpf der zugehörigen Ereignisprozedur generiert, wenn man in der Codeansicht Objekt und Ereignis auswählt oder wenn man in der Entwurfsansicht auf den Menüeintrag doppelklickt.

➔ Übung **Mitarbeiter 8** am Ende des Kapitels.

6.6 Das Timer-Steuerelement

Das Timer-Steuerelement stellt einen Zeitgeber zur Verfügung, der ähnlich wie ein Kurzzeitwecker funktioniert. Es wird auf einen beliebigen Zeitraum eingestellt und löst nach Ablauf dieser Zeit ein Ereignis aus, auf das in einer Ereignisprozedur reagiert werden kann. Dieses Steuerelement findet sich in der Toolbox in der Gruppe Komponenten; man zieht es in ein Fenster, es erscheint jedoch – wie das Menü-Steuerelement – unterhalb des Fensters. Dies ist in Abb. 6.10 zu sehen.

Das Ereignis des Timer-Objekts hat den Namen `Tick`. Die wesentliche Eigenschaft des Timer-Objekts heißt `Interval`; sie legt den Abstand zwischen zwei Tick-Ereignissen (in Millisekunden) fest. Die wichtigen Methoden sind `Start` und `Stop`, mit denen der Zeitgeber gestartet bzw. angehalten wird.

Einsatzmöglichkeiten für einen solchen Zeitgeber sind:
- Löschen von informatorischen Meldungen, die auf dem Bildschirm erscheinen, aber keine Benutzeraktion verlangen, nach einer bestimmten Zeit;
- Automatisches Speichern von Dokumenten in bestimmten Zeitabständen, z.B. in Textverarbeitungsprogrammen;
- Laufende, periodisch zu aktualisierende Anzeige von Datum und/oder Uhrzeit, Aktienkursen, Anzahl ungelesener E-Mails, …

6.6 Das Timer-Steuerelement

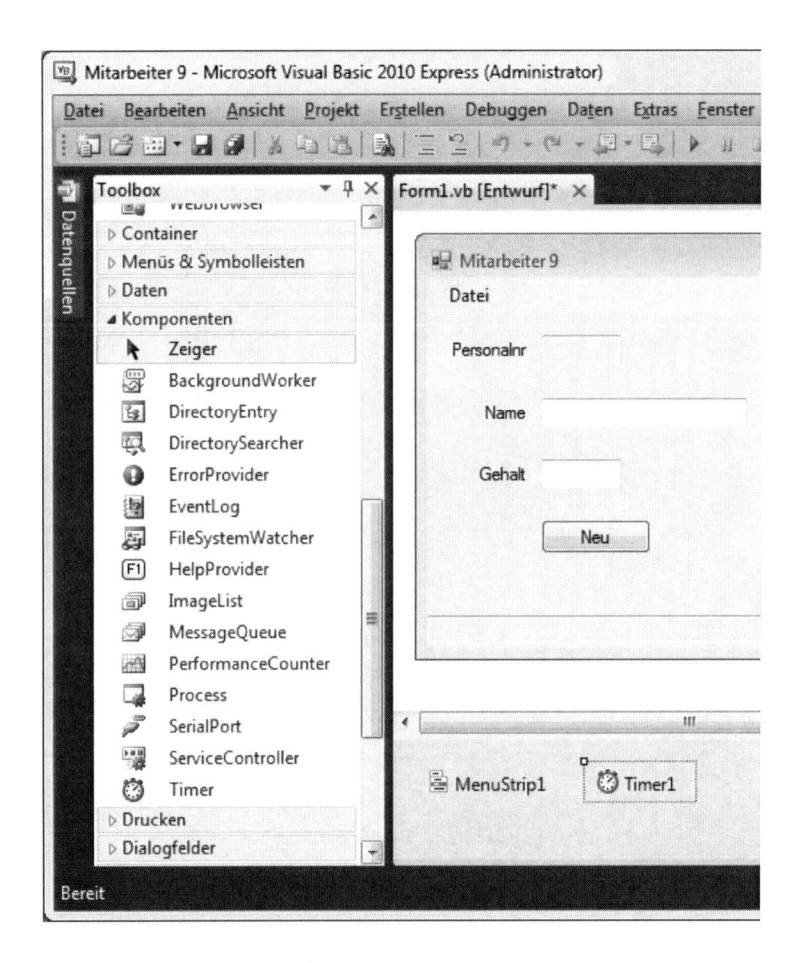

Abb. 6.10 Das Timer-Steuerelement

Die Implementierung der Datums- und Uhrzeitanzeige ist recht einfach; sie soll in einer Statuszeile, wie in Abb. 6.11 gezeigt, erfolgen. Die Statuszeile ist eine TextBox namens `TBStatus`, bei der die Eigenschaft `ReadOnly` auf `true` gesetzt wird. Das Zeitgeber-Objekt, das `Timer1` heißt, wird beim Start des Programms, also beim Auftreten des Load-Ereignisses des Fensters, auf ein Intervall von einer Sekunde eingestellt und gestartet:

```
Private Sub Fenster_Load(sender As System.Object,
    e As System.EventArgs) Handles MyBase.Load
    Timer1.Interval = 1000    ' Millisekunden = 1 Sekunde
    Timer1.Start()
End Sub
```

Jedes Mal, wenn das Tick-Ereignis auftritt, wird die aktuelle Zeit in die Statuszeile ausgegeben. `DateTime.Now` ruft ein DateTime-Objekt ab, das das aktuelle Datum und die aktuelle Uhrzeit enthält:

```
Private Sub zeigeUhrzeit() Handles Timer1.Tick
    TBStatus.Text = CStr(DateTime.Now)
End Sub
```

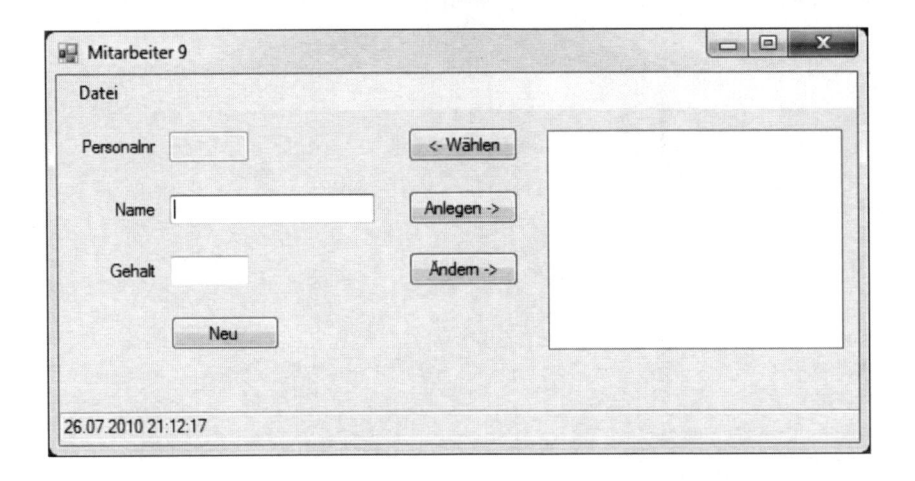

Abb. 6.11 *Timer-Anwendung*

6.7 Vererbung von Elementen der Benutzeroberfläche

Unter dem Oberbegriff *Visual Inheritance* wird in Visual Basic .NET die Tatsache verstanden, dass Elemente der Benutzeroberfläche genauso dem objektorientierten Paradigma unterliegen wie andere Programmbestandteile. Wie bereits weiter oben deutlich wurde, ist ein Fenster in einem Visual Basic .NET-Programm eine Klasse, die alle seine Steuerelemente, Eigenschaften, Methoden, Ereignisse, ... umfasst. Das Fenster, das der Benutzer beim Ablauf des Programms sieht, ist ein Objekt dieser Fenster-Klasse. Genau so, wie wir die Mitarbeiter-Klasse in eine Klassenbibliothek übersetzt haben, um sie in anderen Programmen nutzen zu können, können wir auch eine Fenster-Klasse in eine Klassenbibliothek kompilieren und weitergeben. Dann können beliebig viele Objekte von dieser Klasse erzeugt werden und weitere, spezialisierte Fenster-Klassen können von dieser Klasse durch Vererbung abgeleitet werden.

Auch die Steuerelemente in der Toolbox sind Klassen, von denen man durch Vererbung neue Klassen ableiten kann. Das TextBox-Steuerelement beispielsweise erlaubt die Eingabe von beliebigen Zeichen. Nehmen wir an, dass wir für die Erfassung von Mitarbeiterdaten ein

6.7 Vererbung von Elementen der Benutzeroberfläche

Feld für die Eingabe des Gehalts benötigen, das nur positive Zahlen akzeptiert. Dann können wir von TextBox eine neue Klasse `PosZahlTB` ableiten:

```
Public Class PosZahlTB
    Inherits System.Windows.Forms.TextBox
```

Damit haben wir eine neue Klasse, die alle Eigenschaften einer TextBox hat und nun spezialisiert werden kann. Zu klären ist, an welcher Stelle geprüft werden kann, ob der Benutzer eine positive Zahl eingegeben hat. Generell kommen alle Ereignisse in Frage, die von einer TextBox ausgelöst werden, da an jedes Ereignis eigener Code angehängt werden kann. Das Standard-Ereignis einer TextBox ist `TextChanged`[52], das immer dann auftritt, wenn sich der Inhalt des Textfelds ändert. Hier könnte also nach jedem Tastendruck, den der Benutzer tätigt, der Feldinhalt geprüft und eventuell eine Fehlermeldung ausgegeben werden. Das ist machbar, aber nicht wirklich benutzerfreundlich, da dem Benutzer beispielsweise auch dann eine Fehlermeldung präsentiert wird, wenn er von zwei fehlerhaften Zeichen eines mit der Rücktaste löscht und als nächstes das zweite löschen möchte. Besser ist es, die Prüfung erst dann durchzuführen, wenn der Benutzer mit der Eingabe "fertig" ist. Dies kann man daran feststellen, dass der Benutzer das Feld verlässt, um sich dem nächsten Feld zuzuwenden. Die Frage lautet also: Welches Ereignis tritt auf, wenn der Benutzer ein Feld verlässt?

Die Antwort auf die Frage hat mit dem *Fokus* zu tun. In einem Anwendungsfenster hat immer genau ein Element den Fokus, d.h. es ist das aktuelle Element, auf das sich die nächste Benutzeraktion bezieht. Durch Drücken der Tabulatortaste oder durch Klicken mit der Maus verliert ein Element den Fokus und ein anderes erhält ihn. Bezogen auf ein Element läuft in diesem Zusammenhang eine Folge von Ereignissen ab:

- `Enter` – der Cursor tritt in den Bereich des Elements ein.
- `GotFocus` – das Element hat den Fokus erhalten.
- `Leave` – das Element soll den Fokus verlieren.
- `Validating` – das Element kann geprüft werden, bevor es den Fokus verliert.
- `Validated` – das Element ist geprüft.
- `LostFocus` – das Element hat den Fokus verloren.

Dabei werden die Ereignisse `Validating` und `Validated` nur dann ausgelöst, wenn die Eigenschaft `CausesValidation` des Steuerelements den Wert `true` hat. `Validating` hat außerdem die Besonderheit, dass die Ereignisprozedur den Fokus im Element halten, d.h. die Benutzeraktion abbrechen kann. Von den vier Ereignissen, die beim Verlassen eines Feldes auftreten, ist also `Validating` für unser Problem die beste Alternative.

Die Methode, die beim Eintreten des `Validating`-Ereignisses aufgerufen wird, muss die entsprechende Handles-Klausel enthalten, beginnt also so:

```
Private Sub PosZahlTB_Validating(sender As Object,
    e As CancelEventArgs) Handles Me.Validating
```

---

[52] Vgl. **Tab. 6.2** Standard-Ereignisse für einige Steuerelemente.

In der Methode wird die Prüfung auf zulässige Werte vorgenommen. Fällt sie negativ aus, kann das Mitglied `Cancel` des Arguments `e` auf den Wert `true` gesetzt werden, um den Fokus im Feld zu halten. Daneben sollte man – wie in Kapitel 4 begründet – das Auftreten von Ausnahmesituationen in Form von Ereignissen melden, um die größtmögliche Flexibilität zu erhalten. Denkbar wäre also ein Ereignis `Eingabefehler`, das mit der RaiseEvent-Anweisung ausgelöst wird:

```
Public Event Eingabefehler(sender As Object,
   e As EventArgs)
```

Damit ist die Aufgabe gelöst, ein Steuerelement PosZahlTB zu entwickeln, das auf TextBox basiert und nur positive Zahlen als Eingabewerte zulässt. Einige Erweiterungen machen das neue Steuerelement noch besser verwendbar.

Es könnte sinnvoll sein, die möglichen Eingabewerte noch weiter einzuschränken, indem man untere und obere Grenzwerte vorgibt, die nicht unter- bzw. überschritten werden dürfen. Diese möchte man nicht fest vorgeben, sondern zur Entwurfszeit wählbar machen. Hier bieten sich zwei neue private Variablen an, für die öffentliche Zugriffsprozeduren `MinWert` und `MaxWert` geschrieben werden. Diese Variablen erscheinen im Eigenschaften-Fenster der Entwicklungsumgebung, wenn sie mit dem Browsable-Attribut versehen werden:

```
<Browsable(True)> Public Property MaxWert() As Decimal
```

Um dieses Attribut verwenden zu können, muss folgender Namensraum importiert werden:

```
Imports System.ComponentModel
```

Wenn man diese beiden Vorgabewerte hat, ist die Text-Eigenschaft des Steuerelements entbehrlich; man kann sie auf analoge Weise aus dem Eigenschaften-Fenster der Entwicklungsumgebung entfernen, indem man die Text-Property der Basisklasse durch eine neue überschreibt, in der das Browsable-Attribut auf `false` steht:

```
<Browsable(False)> Public Overrides Property Text() _
   As String
   Get
      Return MyBase.Text
   End Get
   Set(Value As String)
      MyBase.Text = Value
   End Set
End Property
```

Das neue Steuerelement wird in eine Klassenbibliothek übersetzt und steht danach zur Verfügung. Sie können es sogar der Toolbox hinzufügen:

- Wählen Sie *Extras > Toolboxelemente auswählen*.
- Wählen Sie die *.NET Framework-Komponenten*.

- Klicken Sie auf *Durchsuchen* und
- Wählen Sie Ihre Assembly aus.

Innerhalb der Toolbox können Sie Ihr Element mittels Ziehen-und-Ablegen an die gewünschte Stelle verschieben.

> ➔ Übung **Mitarbeiter 9** am Ende des Kapitels.

6.8 Übungen

Mitarbeiter 7 – Erstellen einer Klassenbibliothek
Wandeln Sie Ihre Lösung zu **Mitarbeiter 6** in eine Klassenbibliothek um. Legen Sie dazu eine Kopie Ihres Projekts an und bearbeiten Sie die Kopie wie folgt:

- Doppelklicken Sie im *Projektmappen-Explorer* auf *My Project*. Ein Fenster mit Projekteigenschaften wird geöffnet, das mehrere Register am linken Rand hat.
- Ändern Sie auf der Registerkarte *Anwendung* den *Anwendungstyp* zu *Klassenbibliothek*. Vergeben Sie beliebige, aber unterschiedliche Namen für *Assemblyname* und *Stammnamespace*.
- Über die Schaltfläche *Assemblyinformationen* kommen Sie zu einem weiteren Fenster, in das Sie, wenn Sie möchten, einige Werte eingeben können. Diese Werte werden den von außen sichtbaren Metadaten Ihrer Klassenbibliothek hinzugefügt.
- Entfernen Sie Ihr Test-Hauptprogramm (`Module1.vb`) aus dem Projekt. Es bleiben nur Klassen übrig.
- Entfernen Sie aus den Klassen alle direkten Ausgaben auf die Konsole. Ersetzen Sie sie, wenn unbedingt nötig, durch Strings, die Sie aus Funktionen zurückgeben.
- Erstellen Sie Ihr Programm wie üblich (z.B. *F5*). Sie erhalten eine DLL (Dynamic Link Library) im Unterverzeichnis `bin` Ihres Projektverzeichnisses.

Diese DLL ist eine so genannte *Assembly*. Sie kann anderen Projekten als Verweis hinzugefügt werden; dann können die darin enthaltenen Klassen genutzt, aber nicht verändert werden.

Mitarbeiter 8 – Erstellen eines Erfassungsfensters
Erstellen Sie eine Windows-Anwendung, mit der Mitarbeiter erfasst und bearbeitet werden können. Binden Sie Ihre Assembly aus **Mitarbeiter 7** ein. Die Benutzeroberfläche soll etwa so aussehen:

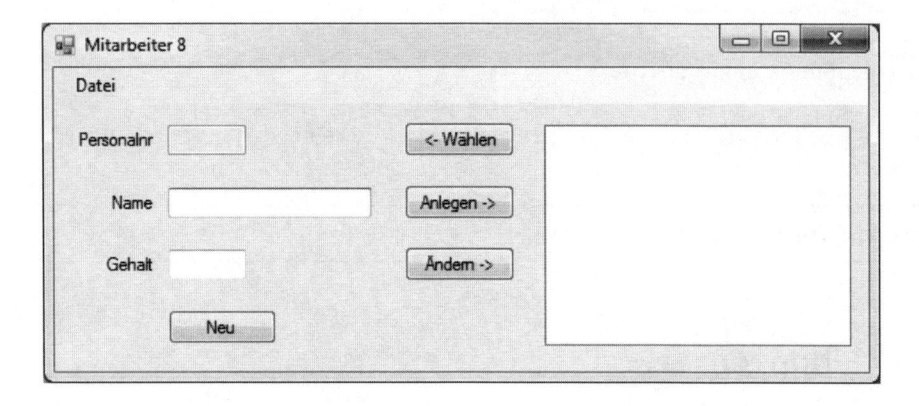

Abb. 6.12   Erfassungsfenster für Mitarbeiterdaten

Auf der linken Seite werden die Daten eines Mitarbeiters erfasst bzw. geändert. Die Personalnummer wird nur angezeigt, sie kann vom Benutzer nicht geändert werden. Auf der rechten Seite ist in der ListBox eine Liste aller Mitarbeiter zu sehen.

Die Schaltflächen haben folgende Funktionen:

- `Neu` – löscht die Inhalte der Felder auf der linken Seite.
- `Anlegen` – erzeugt einen neuen Mitarbeiter mit den links eingegebenen Daten.
- `Wählen` – legt die Daten des in der ListBox ausgewählten Mitarbeiters links zur Bearbeitung vor.
- `Ändern` – übernimmt die links geänderten Daten.

Im Datei-Menü gibt es einen Menüpunkt *Beenden*; in diesem wird die Anweisung `Me.Close()` ausgeführt, die das Fenster und damit die Anwendung schließt.

Von Ihrer Mitarbeiter-Assembly benötigen Sie also nur:

- Die Klasse `Mitarbeiter`.
- Darin alle Konstruktoren.
- Die Zugriffsfunktionen auf Name und Gehalt.

Dieses Projekt stellt nur einen Einstieg in die Entwicklung einer grafischen Oberfläche für die Bearbeitung der Mitarbeiterdaten dar. Erweitern Sie es schrittweise so, dass alle Funktionen Ihrer Mitarbeiter-Klassenbibliothek genutzt werden können!

Mitarbeiter 9 – Ein eigenes Steuerelement
Erweitern Sie Ihre Lösung zu Mitarbeiter 8 wie folgt:

Für die Eingabe des Gehalts ist ein von TextBox abgeleitetes Steuerelement zu entwerfen und zu implementieren, das

- Nur positive Zahlen als Eingabewerte zulässt,

- Die zwischen einem Mindest- und Höchstwert liegen.
- Mindest- und Höchstwert sollen zur Entwurfszeit wählbar sein.

Gehen Sie in zwei Schritten vor:

1. Erstellen Sie in einem ersten Projekt eine Klassenbibliothek, die das neue Steuerelement enthält. Überlegen Sie, wie sich das Steuerelement bei fehlerhaften Benutzereingaben verhalten soll! Sie erhalten eine Assembly (DLL), die Sie dann weiter benutzen können. Fügen Sie das neue Steuerelement auch zur Toolbox hinzu.
2. In einem zweiten Projekt gehen Sie von einer Kopie von **Mitarbeiter 8** aus. Ersetzen Sie dort die TextBox zur Eingabe des Gehalts durch Ihr neues Steuerelement und testen Sie die Funktionalität.

7 Eingabe und Ausgabe

> **Lernziel**
> In diesem Kapitel geht es darum, Daten über die Dauer eines Programmlaufs hinaus dauerhaft zu speichern. Dabei ist einerseits der Zugriff auf die Verzeichnisse und Dateien, die das Betriebssystem Windows zur Verfügung stellt, von Interesse, andererseits das Konzept, das in Visual Basic .NET dem Begriff der Datei zugrunde liegt. Weiter wird das Problem angegangen, wie man komplexe und miteinander verbundene Objekte speichern und ohne Informationsverlust wieder zurückgewinnen kann – hier gibt es eine ganz einfache Lösung.

7.1 Verzeichnisse und Dateien

Die vom Windows-Betriebssystem vorgegebene Struktur und Organisation von Dateien auf externen Speichern wie Festplatten, USB-Sticks o.ä. sieht bekanntlich folgendermaßen aus:

- Jeder externe Speicher ist durch einen *Laufwerksbuchstaben* (mit nachfolgendem Semikolon), z.B. `C:`, gekennzeichnet.
- Jeder externe Speicher hat auf der obersten Ebene ein *Hauptverzeichnis*, das \ heißt.
- Im Hauptverzeichnis können *Dateien* und *Verzeichnisse* abgelegt werden, deren Namen vom Benutzer bestimmt werden. Das Gleiche gilt für alle weiteren Verzeichnisse, so dass Verzeichnishierarchien entstehen.
- Dateinamen enthalten meist eine *Erweiterung*, die den Inhalt der Datei charakterisiert; z.B. deutet die Erweiterung `.txt` auf eine Textdatei hin.
- Ein *Pfad* ist der komplette Weg vom Laufwerk über die Verzeichnisse zu einer Datei, z.B. `C:\verz1\verz2\meintext.txt`, oder ein Teil davon, z.B. `verz2\meintext.txt`.

Um auf diese Elemente zuzugreifen, stellt das .NET Framework zahlreiche Möglichkeiten zur Verfügung, von denen zwei kurz dargestellt werden sollen:

- Die Klassen `Path`, `Directory` und `File` enthalten *Klassen*methoden, die man direkt, also ohne Objekte, nutzen kann.
- Die von der Funktion her ähnlichen Klassen `FileSystemInfo`, `FileInfo` und `DirectoryInfo` enthalten *Objekt*methoden.

Path, Directory und File

Die meisten der Klassenmethoden der Klasse `Path` gehen davon aus, dass eine Zeichenkette, die eine Pfadangabe enthält, analysiert und in ihre Bestandteile zerlegt werden soll. Einige dieser Methoden sind in Tab. 7.1 enthalten.

Tab. 7.1 Einige Methoden der Klasse Path

Methode	Funktion/Rückgabewert
`GetFileName(path As String)`	Dateiname inkl. Erweiterung aus `path`
`GetExtension(path As String)`	Erweiterung aus `path`
`GetFileNameWithoutExtension(path As String)`	Dateiname ohne Erweiterung aus `path`
`GetDirectoryName(path As String)`	Verzeichnis(se) aus `path`
`GetFullPath(path As String)`	Kompletter Pfad zu `path`
`GetPathRoot(path As String)`	Laufwerk und Stammverzeichnis von `path`
`GetTempPath()`	Pfad zum Ordner für temporäre Dateien
`GetTempFileName()`	Legt eine leere Datei mit der Erweiterung `.tmp` im Ordner für temporäre Dateien an und gibt deren kompletten Pfad zurück.

Die Klasse `Directory` enthält Klassenmethoden zur Information über und Bearbeitung von Verzeichnissen. In Tab. 7.2 werden einige dieser Methoden kurz dargestellt.

Tab. 7.2 Einige Methoden der Klasse Directory

Methode	Funktion/Rückgabewert
`CreateDirectory(path As String)`	Legt alle Verzeichnisse in `path` an, soweit nötig, und gibt ein Objekt der Klasse `DirectoryInfo`[53] zurück.
`Exists(path As String)`	`True`, wenn `path` existiert, sonst `false`
`GetCurrentDirectory()`	Pfad des aktuellen Verzeichnisses
`SetCurrentDirectory(path As String)`	Macht `path` zum aktuellen Verzeichnis. Kein Rückgabewert!
`GetParent(path As String)`	DirectoryInfo-Objekt des Verzeichnisses, das `path` übergeordnet ist
`GetDirectories(path As String)`	Zeichenketten-Array, das die Namen der Unterverzeichnisse von `path` enthält
`Move(quelle As String, ziel As String)`	Verschiebt die Datei oder das gesamte Verzeichnis `quelle` nach `ziel`. `quelle` und `ziel` sind Pfadangaben. Kein Rückgabewert!

Die Klasse `File` schließlich stellt Klassenmethoden zur Verfügung, mit denen man Dateien bearbeiten kann. Tab. 7.3 enthält einige dieser Methoden.

---

[53] Vgl. den nächsten Abschnitt "FileSystemInfo, FileInfo und DirectoryInfo".

7.1 Verzeichnisse und Dateien

Tab. 7.3   Einige Methoden der Klasse File

Methode	Funktion/Rückgabewert
`Create(path As String)`	Legt die Datei in `path` an, gibt ein Objekt der Klasse `FileStream`[54] zurück.
`Exists(path As String)`	`True`, wenn `path` existiert, sonst `false`
`Delete(path As String)`	Löscht die Datei in `path`. Kein Rückgabewert!
`Copy(quelle As String, ziel As String)`	Kopiert die Datei `quelle` in die Datei `ziel`, die vorher nicht vorhanden sein darf. Kein Rückgabewert!
`Move(quelle As String, ziel As String)`	Verschiebt die Datei `quelle` in die Datei `ziel`, die vorher nicht vorhanden sein darf. Kein Rückgabewert!

Ein kurzes Beispielprogramm zeigt die Verwendung einiger Methoden von `Path` und `Directory`. Der Benutzer wird zur Eingabe eines Verzeichnisses aufgefordert; das Programm listet die in diesem Verzeichnis befindlichen Unterverzeichnisse und Dateien auf:

```
Imports System.IO
Module Module1
'
' Beispiel für Path, Directory und File
'
Sub Main()
  Dim pfad, ganzerPfad As String
  Console.Write("Verzeichnis eingeben: ")
  pfad = Console.ReadLine()
  Console.WriteLine()
  ganzerPfad = Path.GetFullPath(pfad)
  If Not (Directory.Exists(ganzerPfad)) Then
    Console.WriteLine("Verzeichnis nicht vorhanden: " &
      ganzerPfad)
  Else
    Console.WriteLine("Verzeichnis: " & ganzerPfad)
    Console.WriteLine()
    Dim meineSubDirs() As String =
      Directory.GetDirectories(ganzerPfad)
    Console.WriteLine(" Unterverzeichnisse:")
    For Each s As String In meineSubDirs
      Console.WriteLine("  " & s)
    Next
    Console.WriteLine()
    Dim meineDateien() As String =
      Directory.GetFiles(ganzerPfad)
    Console.WriteLine(" Dateien:")
```

---

[54] Vgl. Kap. 7.3 "Datenströme (Streams)".

```
        For Each s As String In meineDateien
           Console.WriteLine("   " & s)
        Next
     End If
     Console.ReadLine()
  End Sub
End Module
```

FileSystemInfo, FileInfo und DirectoryInfo

`FileSystemInfo` ist die abstrakte Basisklasse, von der `FileInfo` und `DirectoryInfo` abgeleitet sind. Während sich `FileInfo` nur auf Dateien und `DirectoryInfo` nur auf Verzeichnisse beziehen, ist `FileSystemInfo` allgemeiner gehalten und hat Mitglieder, die sowohl für Dateien als auch für Verzeichnisse Sinn ergeben.

Zunächst werden einige Mitglieder von `FileSystemInfo` dargestellt. Sie werden an Objekte der Klassen `FileInfo` und `DirectoryInfo` vererbt und können dort benutzt werden. Einige Eigenschaften von `FileSystemInfo` finden Sie in Tab. 7.4, einige Methoden in Tab. 7.5.

Tab. 7.4   Eigenschaften von FileSystemInfo

Eigenschaft	Bedeutung
Exists	Ist Datei oder Verzeichnis vorhanden?
Name	Name der Datei oder des (letzten) Verzeichnisses
FullName	Kompletter Pfad der Datei oder des Verzeichnisses
Extension	Erweiterung des Dateinamens
Attributes	Attribute der Datei oder des Verzeichnisses; ein Objekt der Klasse `FileAttributes`[55]

Tab. 7.5   Methoden von FileSystemInfo

Methode	Funktion/Rückgabewert
Delete	Löscht die Datei oder das Verzeichnis. Abstrakte Methode, kein Rückgabewert!
Refresh	Aktualisiert den Zustand des Objekts. Kein Rückgabewert!

Objekte der Klasse `DirectoryInfo` erben die Eigenschaften und Methoden von `FileSystemInfo` und haben weitere, auf Verzeichnisse bezogene Eigenschaften und Methoden, von denen einige in Tab. 7.6 und Tab. 7.7 kurz vorgestellt werden. Ein Objekt der Klasse `DirectoryInfo` wird wie üblich deklariert und instanziiert, wobei der Konstruktor eine Pfadangabe als Argument erwartet:

---

[55] Ein Aufzählungstyp, dessen Werte u.a. `ReadOnly` (schreibgeschützt), `Hidden` (versteckt), `System` (Systemdatei) und `Directory` (ist ein Verzeichnis) sind.

7.1 Verzeichnisse und Dateien

```
Dim aktuellesVerz As DirectoryInfo
aktuellesVerz = New DirectoryInfo(".")
```

Tab. 7.6 Eigenschaften von DirectoryInfo

Eigenschaft	Bedeutung
Parent	Übergeordnetes Verzeichnis als DirectoryInfo-Objekt
Root	Hauptverzeichnis als DirectoryInfo-Objekt

Tab. 7.7 Methoden von DirectoryInfo

Methode	Funktion/Rückgabewert
Create	Erstellt das Verzeichnis. Kein Rückgabewert!
CreateSubdirectory(path As String)	Legt alle Verzeichnisse in path an, soweit nötig, und gibt ein Objekt der Klasse DirectoryInfo zurück.
MoveTo(ziel As String)	Verschiebt das Verzeichnis nach ziel. Kein Rückgabewert!
GetDirectories	Unterverzeichnisse als Array von DirectoryInfo-Objekten
GetFiles	Dateien als Array von FileInfo-Objekten
GetFileSystemInfos	Unterverzeichnisse und Dateien als Array von FileSystemInfo-Objekten

Für Objekte der Klasse `FileInfo` gilt ähnliches wie für `DirectoryInfo`. Einige Eigenschaften und Methoden sind in Tab. 7.8 und Tab. 7.9 enthalten.

Tab. 7.8 Eigenschaften von FileInfo

Eigenschaft	Bedeutung
Directory	Übergeordnetes Verzeichnis als DirectoryInfo-Objekt
DirectoryName	Kompletter Pfad des übergeordneten Verzeichnisses als Zeichenkette
Length	Dateigröße in Bytes

Tab. 7.9 Methoden von FileInfo

Methode	Funktion/Rückgabewert
Create	Erstellt die Datei und gibt ein FileStream-Objekt[56] zurück.
CopyTo(ziel As String)	Kopiert die Datei nach ziel (ein kompletter Pfad). Gibt ein FileInfo-Objekt der neuen Datei zurück.
MoveTo(ziel As String)	Verschiebt die Datei nach ziel. Kein Rückgabewert!

---

[56] Vgl. Kap. 7.3 "Datenströme (Streams)".

Als Beispiel für die Verwendung dieser Klassen wird noch einmal das Programm zur Auflistung von Verzeichnissen und Dateien vorgestellt, das am Ende des vorigen Abschnitts mit Hilfe von `Path` und `Directory` entwickelt wurde. Hier ist eine Version mit `DirectoryInfo` und `FileInfo`:

```
Imports System.IO
Module Module1
'
' Beispiel für DirectoryInfo und FileInfo
'
Sub Main()
   Dim pfad As String
   Console.Write("Verzeichnis eingeben: ")
   pfad = Console.ReadLine()
   Console.WriteLine()
   Dim meinDirInfo = New DirectoryInfo(pfad)
   If Not (meinDirInfo.Exists) Then
      Console.WriteLine("Verzeichnis nicht vorhanden: " & _
         pfad)
   Else
      Console.WriteLine("Verzeichnis: " & _
         meinDirInfo.FullName)
      Console.WriteLine()
      Dim meineSubDirs() As DirectoryInfo = _
         meinDirInfo.GetDirectories
      Console.WriteLine(" Unterverzeichnisse:")
      For Each d As DirectoryInfo In meineSubDirs
         Console.WriteLine("  " & d.Name)
      Next
      Console.WriteLine()
      Dim meineDateien() As FileInfo = meinDirInfo.GetFiles
      Console.WriteLine(" Dateien:")
      For Each f As FileInfo In meineDateien
         Console.WriteLine("  " & f.Name & " - " & f.Length & _
            " Bytes")
      Next
   End If
   Console.ReadLine()
End Sub
End Module
```

7.2 Standarddialoge

Die Ausgabe des Programms sieht so aus:

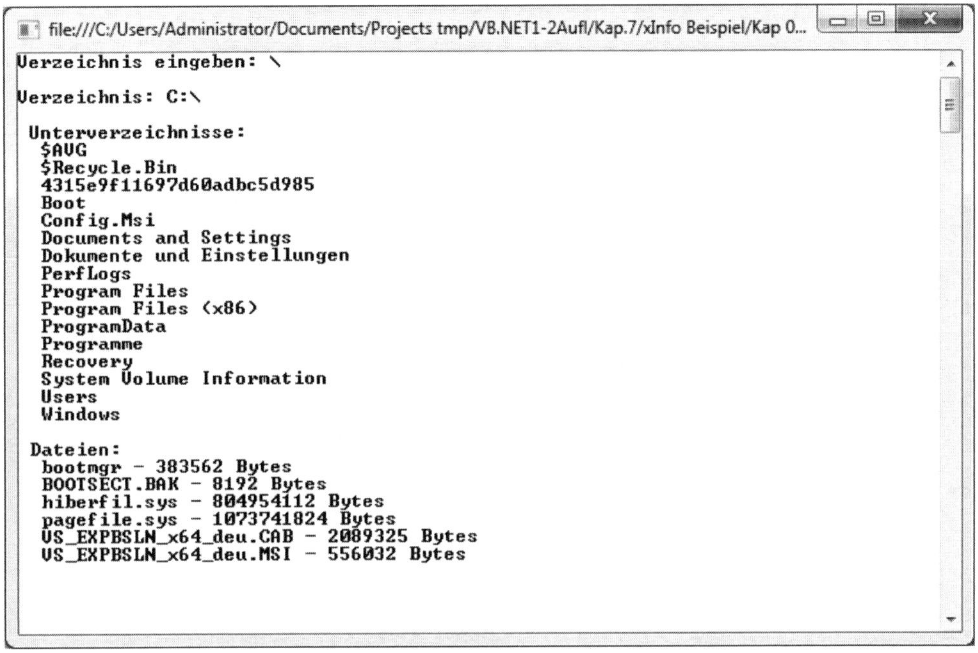

```
file:///C:/Users/Administrator/Documents/Projects tmp/VB.NET1-2Aufl/Kap.7/xInfo Beispiel/Kap 0...

Verzeichnis eingeben: \
Verzeichnis: C:\

Unterverzeichnisse:
 $AVG
 $Recycle.Bin
 4315e9f11697d60adbc5d985
 Boot
 Config.Msi
 Documents and Settings
 Dokumente und Einstellungen
 PerfLogs
 Program Files
 Program Files (x86)
 ProgramData
 Programme
 Recovery
 System Volume Information
 Users
 Windows

Dateien:
 bootmgr - 383562 Bytes
 BOOTSECT.BAK - 8192 Bytes
 hiberfil.sys - 804954112 Bytes
 pagefile.sys - 1073741824 Bytes
 VS_EXPBSLN_x64_deu.CAB - 2089325 Bytes
 VS_EXPBSLN_x64_deu.MSI - 556032 Bytes
```

Abb. 7.1 *Auflistung von Verzeichnissen und Dateien*

7.2 Standarddialoge

Im Zusammenhang von Verzeichnissen und Dateien auf Festplatten oder anderen Datenträgern kommt häufig das Problem auf, dass der Benutzer eine vorhandene Datei, die irgendwo gespeichert ist, zum Lesen öffnen möchte oder dass er Daten, die er erfasst hat, in einer Datei speichern möchte. Beide Aufgaben sind, bis auf das eigentliche Lesen bzw. Schreiben, recht ähnlich: dem Benutzer muss Gelegenheit gegeben werden, auf allen Laufwerken und in allen Verzeichnissen den Ort anzusteuern, wo die gewünschte Datei liegt bzw. wo sie hin soll. Für diese Auswahlvorgänge gibt es in Windows und im .NET Framework vorgefertigte Komponenten, die man einfach benutzen kann; nur das anschließende Lesen oder Schreiben der Daten muss man dann noch selbst entwickeln.

Um diese Komponenten vorzustellen, soll etwas weiter ausgeholt werden, weil die darunter liegende Klassenhierarchie ein gutes Beispiel für abstrakte Klassen und Vererbung darstellt. Abb. 7.2 zeigt den relevanten Ausschnitt der Hierarchie als Klassendiagramm mit den nötigsten Details. Die uns interessierenden Klassen sind ganz unten zu sehen; sie heißen Open-

`FileDialog` und `SaveFileDialog` und stellen je ein Dialogfenster für die Auswahl einer Datei zum Lesen bzw. zum Schreiben zur Verfügung.

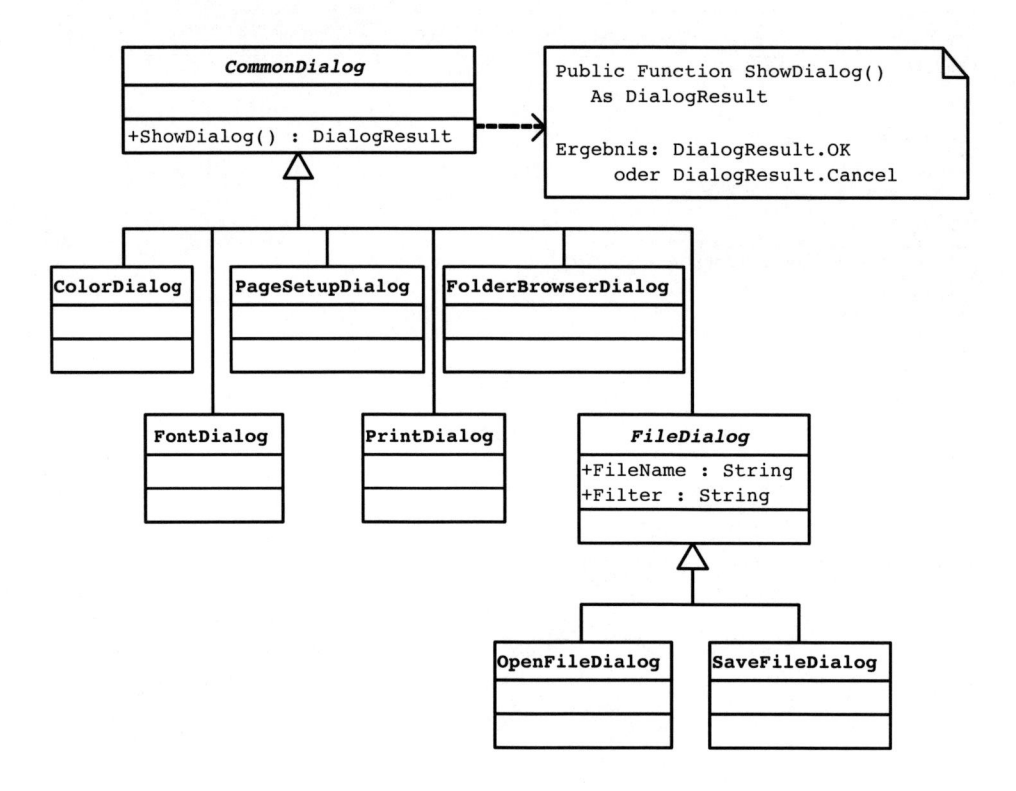

Abb. 7.2   Klassendiagramm der Standarddialoge

Beide Klassen erben von einer Klasse namens `FileDialog`, die eine abstrakte[57] Klasse ist, was man an dem *kursiv* gesetzten Namen erkennt. `FileDialog` stellt zwei Eigenschaften zur Verfügung:

- `FileName` enthält den Namen der Datei, die der Benutzer ausgewählt hat.
- `Filter` ist eine Zeichenkette, mit der man die Auswahlmöglichkeiten des Benutzers auf bestimmte Dateitypen einschränken kann. `Filter` kann beliebig viele Einträge enthalten, die durch | (senkrechter Strich) voneinander getrennt werden; jeder Eintrag ist ein Paar der Form

```
Beschreibung | Muster [;Muster …]
```

---

[57] Vgl. Kap. 3.10 "Vererbung".

Dabei stellt `Beschreibung` einen erläuternden Text dar, der im Dialogfeld angezeigt wird. `Muster` gibt eine zulässige Dateinamenserweiterung in der Form `*.txt` oder `*.jpg` an. Beispiele für Einträge sind:
- `Alle Dateien|*.*`
- `Textdateien|*.txt`
- `Bilddateien|*.jpg;*.gif;*.png;*.bmp`

`FileDialog` wiederum erbt von der abstrakten Klasse `CommonDialog`, die eine Funktion `ShowDialog` zur Verfügung stellt. Diese Funktion zeigt das Dialogfenster, das u.a. zwei Schaltflächen namens *OK* und *Abbrechen* hat. Der Rückgabewert der Funktion ist vom Aufzählungstyp `DialogResult`, dessen Werte `DialogResult.OK` und `DialogResult.Cancel` (für *Abbrechen*) sind.

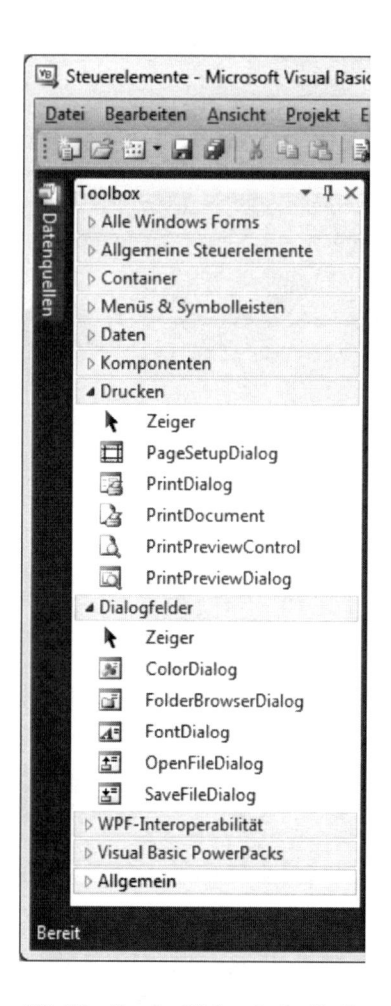

Abb. 7.3 *Standarddialoge in der Toolbox*

Von `CommonDialog` sind daneben noch weitere Klassen abgeleitet worden, mit denen andere häufig vorkommende Aufgaben erledigt werden können. Diese sind:

- `ColorDialog` – zum Auswählen einer Farbe.
- `FontDialog` – zum Auswählen einer Schriftart.
- `PageSetupDialog` – zum Auswählen von Druckvoreinstellungen wie Papiergröße usw.
- `PrintDialog` – zum Auswählen eines Druckers und zum Drucken.
- `FolderBrowserDialog` – zum Auswählen eines Verzeichnisses.

Diese Klassen erben alle die ShowDialog-Methode, aber nicht die Eigenschaften `FileName` und `Filter`. In Abb. 7.3 sehen Sie die Standarddialoge in den entsprechenden Gruppen der Toolbox.

`OpenFileDialog` und `SaveFileDialog` werden wie andere Steuerelemente auch aus der Toolbox in das Fenster gezogen; sie erscheinen aber – ähnlich wie das Menüelement `MenuStrip` – unterhalb des Fensters; im Fenster selbst gibt es keine optische Repräsentation dieser Objekte. Sie werden aktiviert, indem man ihre ShowDialog-Methode aufruft; beendet der Benutzer den Dialog, indem er auf *OK* klickt, dann kann mit dem Dateinamen, der als Wert der Eigenschaft `FileName` geliefert wird, weitergearbeitet werden. Ein Stück Code, in dem der Benutzer eine Textdatei zum Öffnen auswählen soll, sieht dann so aus:

```
OpenFileDialog1.Filter = "Text (*.txt)|*.txt"
If OpenFileDialog1.ShowDialog = DialogResult.OK Then
    Dim Dateiname As String = OpenFileDialog1.FileName
    '
    ' Datei öffnen usw.
    '
End If
```

Genauso sieht es beim Speichern der Textdatei aus:

```
SaveFileDialog1.Filter = "Text (*.txt)|*.txt"
If SaveFileDialog1.ShowDialog = DialogResult.OK Then
    Dim Dateiname As String = SaveFileDialog1.FileName
    '
    ' Datei speichern usw.
    '
End If
```

7.3 Datenströme (Streams)

Das Konzept der Bearbeitung von Dateien in Visual Basic .NET ist gut, aber nicht neu; es wurde vor vielen Jahren mit dem Unix-Betriebssystem entwickelt. Danach ist eine Datei ein Sonderfall eines allgemeineren Begriffs, des *Datenstroms*. Ein Datenstrom ist einfach eine

7.3 Datenströme (Streams)

Folge von Bits oder Bytes, die nacheinander auf ein Programm zukommen und *gelesen* und verarbeitet werden wollen, oder die im Programm erzeugt werden und abgegeben (*geschrieben*) werden sollen. Woher die Daten kommen und wohin sie gehen, ist zunächst einmal irrelevant. Diese abstrahierende Sichtweise eröffnet den Blick dafür, dass die folgenden Anwendungsfälle allesamt Datenströme darstellen:

- Tastatureingaben des Benutzers kommen im Programm an; Ausgaben auf den Bildschirm werden erzeugt.
- Dateien von externen Speichern werden gelesen, andere werden geschrieben.
- Daten werden in einen programminternen Speicherbereich geschrieben und wieder gelesen.
- Daten kommen über eine Netzwerkverbindung im Programm an, andere werden über eine solche Verbindung versendet.
- Ein anderes laufendes Programm übergibt unserem Programm Daten und soll auch Daten zurück erhalten.

Folgerichtig enthält der Namensraum `System.IO` des .NET Frameworks eine abstrakte Klasse `Stream`, die die Basis aller konkreten Datenstrom-Klassen darstellt. `Stream` verlangt, dass jede davon abgeleitete Klasse mindestens eine Methode namens `Read` zum Lesen und eine namens `Write` zum Schreiben implementiert. Darüber hinaus kann jede abgeleitete Klasse natürlich weitere, komfortablere Methoden bereitstellen. Einige von `Stream` abgeleitete Klassen sind:

- `MemoryStream` zum Lesen und Schreiben in Arbeitsspeicherbereiche.
- `BufferedStream` zum gepufferten Lesen und Schreiben.
- `NetworkStream` (in `System.Net.Sockets`) zum Senden und Empfangen von Daten über Netzwerkverbindungen.
- `CryptoStream` (in `System.Security.Cryptography`) für verschlüsselte Lese- und Schreibprozesse.
- Letztlich `FileStream` zum Lesen und Schreiben von Dateien, worum es in diesem Abschnitt geht.

Alle Dateioperationen sind fehleranfällig; Dateien können kürzer oder länger sein als erwartet, verschoben werden oder ganz verschwinden; Datenträger, auf die geschrieben werden soll, können voll oder schreibgeschützt sein, und vieles andere mehr. Anweisungen, die Dateien bearbeiten, sollten also immer mit Fehlerbehandlungsroutinen versehen werden, wie in Kapitel 5 beschrieben. Visual Basic .NET stellt eine Klasse `IOException` zur Verfügung, die von `SystemException` abgeleitet ist und bei generellen Ein-/Ausgabefehlern ausgelöst wird. Von `IOException` abgeleitete Fehlerklassen treten unter speziellen Bedingungen auf; einige davon sind:

- `PathTooLongException` – ein Pfad- oder Dateiname ist länger als die maximal erlaubte Länge.
- `DirectoryNotFoundException` – das gewünschte Verzeichnis ist nicht vorhanden.
- `FileNotFoundException` – die gewünschte Datei ist nicht vorhanden.

- `EndOfStreamException` – tritt auf, wenn man versucht, nach Erreichen des Dateiendes weiterzulesen.

`Stream`, die Basisklasse von `FileStream`, stellt bereits eine Anzahl von wichtigen Eigenschaften und Methoden zur Verfügung. Eigenschaften sind:

- `CanRead` – gibt an, ob von dem Datenstrom gelesen werden kann.
- `CanWrite` – gibt an, ob in den Datenstrom geschrieben werden kann.
- `CanSeek` – gibt an, ob der Datenstrom Positionierungsoperationen unterstützt.
- `Length` – die Länge des Datenstroms in Bytes.
- `Position` – die aktuelle Position.

`CanRead`, `CanWrite` und `Length` bedürfen keiner Erläuterung. Die aktuelle Position ist ein (gedachter) Zeiger, der durch Lese- bzw. Schreiboperationen im Datenstrom weiter bewegt wird. Abb. 7.4 zeigt ein Beispiel für einen Datenstrom, der gelesen wird; die links von der aktuellen Position befindlichen Bytes sind schon gelesen worden, die rechts davon werden noch gelesen. Zu Beginn der Bearbeitung steht der Zeiger vor dem ersten Byte; nach dem Lesen des letzten Bytes muss dem Programm signalisiert werden, dass nun nichts mehr kommt. Diese Art von Datenstrom, bei der der Zeiger nur byteweise und nur vorwärts bewegt werden kann, nennt man *sequentiell*.

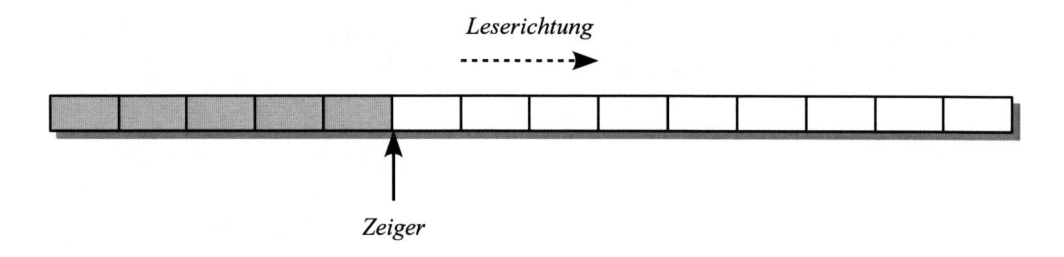

Abb. 7.4   Aktuelle Position in einem Datenstrom

Bei einem Datenstrom, dessen CanSeek-Eigenschaft wahr ist, gibt es zusätzlich die Möglichkeit, den Zeiger vorwärts oder rückwärts zu einer beliebigen, neuen Position zu bewegen. Damit wird über die sequentielle Bearbeitung hinaus eine Art von *Direktzugriff* möglich.

Wichtige Methoden von `Stream` sind:

- `ReadByte()` – liest ein Byte aus dem Datenstrom und gibt es als `Integer` zurück; am Stream-Ende wird `-1` zurückgegeben.
- `WriteByte(b As Byte)` – schreibt b in den Datenstrom.
- `Read(puffer() As Byte, ab As Integer, anzahl As Integer)` – liest höchstens `anzahl` Bytes aus dem Datenstrom und legt sie in dem Byte-Array `puffer` ab dem Index `ab` ab; gibt die Anzahl der gelesenen Bytes zurück – ist diese Zahl kleiner als `anzahl`, steht man am Ende des Datenstroms.

- `Write(puffer() As Byte, ab As Integer, anzahl As Integer)` – schreibt `anzahl` Bytes in den Datenstrom, die aus dem Byte-Array `puffer` ab dem Index `ab` entnommen werden.
- `Flush()` – schreibt alle noch in einem Puffer befindlichen Daten in den Datenstrom.
- `Close()` – schließt den Datenstrom und gibt zugeordnete Ressourcen frei.

FileStream

`FileStream` ist die von `Stream` abgeleitete Klasse, deren Objekte Dateien auf externen Speichern repräsentieren. `FileStream` erbt bzw. überschreibt die Stream-Methoden und -Eigenschaften. Einer von mehreren Konstruktoren von `FileStream`, mit dem man eine neue oder vorhandene Datei anspricht, sieht beispielsweise so aus:

```
Dim MeineDatei As New FileStream("test.txt",
    FileMode.Create, FileAccess.Write)
```

Dabei ist das erste Argument ein Dateiname, der relativ zum aktuellen Verzeichnis interpretiert wird. `FileMode` gibt an, wie die Datei geöffnet werden soll, `FileAccess` definiert die Art des Zugriffs auf die Datei. Beide sind Aufzählungstypen, deren Werte in Tab. 7.10 und Tab. 7.11 aufgelistet werden.

Tab. 7.10   Werte von FileMode

Wert	Bedeutung
`Create`	Erstellt eine neue Datei. Eine eventuell vorhandene Datei wird überschrieben.
`CreateNew`	Erstellt eine neue Datei. Eine eventuell vorhandene Datei löst eine `IOException` aus.
`Open`	Öffnet eine vorhandene Datei. Ist sie nicht vorhanden, wird eine `IOException` ausgelöst.
`OpenOrCreate`	Öffnet die Datei, falls sie vorhanden ist; erstellt sonst eine neue Datei.
`Truncate`	Öffnet eine vorhandene Datei und löscht ihren Inhalt.
`Append`	Falls vorhanden, wird die Datei geöffnet und die aktuelle Position an das Dateiende bewegt; sonst wird eine neue Datei erstellt.

Tab. 7.11   Werte von FileAccess

Wert	Bedeutung
`Read`	Lesezugriff
`Write`	Schreibzugriff
`ReadWrite`	Lese- und Schreibzugriff

Die Kombinationen von `FileMode` und `FileAccess` müssen natürlich sinnvoll sein. So macht die Kombination von `FileMode.Create` und `FileAccess.Write` Sinn, da `Create` eine neue, leere Datei erzeugt, in die man schreiben kann. `FileMode.Create` und `FileAccess.Read` sind dagegen nicht sinnvoll, da man aus einer leeren Datei nichts lesen kann.

Darüber hinaus gibt es weitere Möglichkeiten, Details zu Dateien in anderen Konstruktoren mit anderen Parameterlisten festzulegen, z.B.:

- `FileShare` für den gemeinsamen Zugriff auf Dateien.
- `FileSystemRights` für die Zugriffsrechte.
- `FileSecurity` für Sicherheitsaspekte.
- `FileOptions` für zusätzliche Optionen.

Diese weitergehenden Aspekte können hier nur erwähnt werden.

Ein komplettes Beispielprogramm soll die Verwendung von `FileStream` und der zugehörigen Anweisungen illustrieren. Da `FileStream` mit den von `Stream` geerbten Anweisungen `ReadByte`, `WriteByte`, `Read` und `Write` nur Bytes lesen und schreiben kann, soll eine Datei erstellt werden, in die 256 Bytes mit den Werten 0, ..., 255 geschrieben werden. Anschließend soll die Datei gelesen und ihr Inhalt in einem Konsolenfenster angezeigt werden. Hier ist das Programm:

```
Imports System.IO
Module Module1

' Beispiel für FileStream:
' 256 Bytes mit den Werten 0,...,255 in eine Datei schreiben
' und anschließend wieder lesen und anzeigen

   Sub Main()

      ' Array mit Werten füllen
      Dim dieBytes(255) As Byte
      For i As Integer = 0 To 255
         dieBytes(i) = CByte(i)
      Next

      ' Datei schreiben
      Dim dieDatei As FileStream
      Try
         dieDatei = New FileStream("test", FileMode.Create,
            FileAccess.Write)
         dieDatei.Write(dieBytes, 0, 256)
      Catch ex As Exception
         Console.WriteLine(
            "Fehler beim Anlegen oder Schreiben der Datei!")
      Finally
         If Not (dieDatei Is Nothing) Then
            dieDatei.Close()    ' Datei schließen
         End If
      End Try

      ' Datei lesen und anzeigen
      Try
```

7.3 Datenströme (Streams)

```
            dieDatei = New FileStream("test", FileMode.Open,
               FileAccess.Read)
            For i As Integer = 0 To dieDatei.Length
               Console.Write(dieDatei.ReadByte & " ")
            Next
         Catch ex As Exception
            Console.WriteLine(
               "Fehler beim Öffnen oder Lesen der Datei!")
         Finally
            If Not (dieDatei Is Nothing) Then
               dieDatei.Close()    ' Datei schließen
            End If
         End Try

         Console.ReadKey()    ' Zum Schließen des Konsolenfensters

    End Sub

End Module
```

Die Variable `dieDatei` wird in dem Teil des Programms, in dem die Datei geschrieben wird, als FileStream-Objekt instanziiert; die Argumente des Konstruktor-Aufrufs nennen den Dateinamen (`test`), die Datei soll zum Schreiben (`FileAccess.Write`) angelegt (`FileMode.Create`) werden. Mit der Write-Anweisung werden alle 256 Bytes auf einmal in die Datei geschrieben. Konstruktor und Write-Anweisung stehen in einem Try-Block[58], weil beide Anweisungen schief gehen können; in diesem Fall wird im Catch-Teil eine einfache Fehlermeldung auf die Konsole ausgegeben. Der Finally-Teil wird auf jeden Fall ausgeführt, ob nun ein Fehler aufgetreten ist oder nicht; darin soll das FileStream-Objekt geschlossen werden (`Close`), aber nur, wenn kein Fehler aufgetreten ist. Das erkennen wir daran, dass `dieDatei` tatsächlich einen Objektverweis enthält, also nicht `Nothing`[59] enthält.

Für das anschließende Lesen und Anzeigen der Datei können wir die Variable `dieDatei` wieder verwenden; wir erzeugen also ein neues FileStream-Objekt mit demselben Dateinamen, diesmal öffnen wir die vorhandene Datei (`FileMode.Open`) aber zum Lesen (`FileAccess.Read`). Die ReadByte-Methode gibt jeweils ein Byte zurück, das direkt – gefolgt von einem Trennzeichen – auf die Konsole ausgegeben wird. Die Ausführungen des vorigen Abschnitts zum Try-Block und zur Close-Methode gelten hier analog.

Falls Sie sich fragen, wo die Datei namens `test` denn nun zu finden ist: Da beim Anlegen der Datei im ersten Konstruktor kein Verzeichnispfad angegeben ist, wird die Datei im aktuellen Verzeichnis angelegt. Das ist das Unterverzeichnis `bin\Debug` oder `bin\Release` Ihres Projektverzeichnisses, abhängig davon, ob Sie das Programm mit *Debuggen > Debugging starten* (bzw. *F5*) oder mit *Debuggen > Starten ohne Debugging* (bzw. *Strg+F5*) ausgeführt haben.

---

[58] Vgl. Kap. 5.1 "Code-Absicherung durch Try und Catch".

[59] Vgl. Kap. 3.4 "Objektvariablen".

Die wesentliche Beschränkung von `FileStream` ist bereits zutage getreten: `FileStream` kann nur Bytes lesen und schreiben. Wenn man also Werte anderer Datentypen wie `Integer`, `Decimal` oder `String` schreiben und lesen möchte, müsste man sie in beiden Richtungen in bzw. von Bytes umwandeln. Das ist unpraktisch; deshalb gibt es auf `FileStream` aufbauende Klassen, die mehr können.

BinaryReader und BinaryWriter
Diese beiden Klassen können Werte der einfachen Datentypen[60] in binäre Darstellungen hin und zurück wandeln; `BinaryWriter` schreibt diese Werte als Bytes, `BinaryReader` liest Bytes und wandelt sie zurück in Werte. Sie sind nicht von `FileStream` *abgeleitete* Klassen; stattdessen *benutzen* sie FileStream-*Objekte*. In der Anwendung erzeugt man also zuerst ein FileStream-Objekt; dieses wird dann an den Konstruktor des BinaryReader- bzw. BinaryWriter-Objekts übergeben, so dass eine zweite Schicht oberhalb der FileStream-Schicht entsteht. Ein Code-Fragment zur Benutzung von BinaryWriter könnte so aussehen:

```
Dim dieDatei As FileStream
Try
  dieDatei = New FileStream("test",
    FileMode.OpenOrCreate, FileAccess.Write)
  Dim derBinaryWriter As New BinaryWriter(dieDatei)
  derBinaryWriter.Write("Hallo Welt!")
  derBinaryWriter.Write(1)
  derBinaryWriter.Write(true)
  …
```

Die Write-Methode von `BinaryWriter` ist also überladen; es gibt eine für jeden einfachen Datentyp. Die Read-Methode ist nicht auf die gleiche Art überladen; stattdessen gibt es für jeden einfachen Datentyp eine eigene Methode:

- `ReadBoolean`.
- `ReadByte`.
- `ReadChar`.
- `ReadDecimal`.
- `ReadDouble`.
- `ReadInt16` – für `Short`[61].
- `ReadInt32` – für `Integer`.
- `ReadInt64` – für `Long`.
- `ReadSingle`.
- `ReadString`.
- und weitere.

---

[60] Vgl. Kap. 2.3 "Einfache Datentypen".
[61] Vgl. Tab. 2.4 Datentypen in Visual Basic .NET und im .NET Framework.

7.3 Datenströme (Streams)

Während man also beim Schreiben beliebige, einfache Werte mittels `Write` schreiben kann, muss man beim Lesen genau wissen, was man lesen will, und die entsprechende Methode anwenden!

TextReader und TextWriter

Eine häufig vorkommende Dateiart ist die *Textdatei*. Eine Textdatei enthält nur druckbare Zeichen und Steuerzeichen wie z.B. Zeilenende[62], Seitenende und Tabulator. Programmcode beispielsweise wird in Textdateien gespeichert; mit Windows wird ein Zubehörprogramm namens *Editor* geliefert, mit dem man Textdateien bearbeiten kann. Die Klassen `TextReader` und `TextWriter` sind abstrakte Klassen, die das Grundgerüst für das Lesen und Schreiben von Zeichen zur Verfügung stellen.

Wesentliche Methoden von `TextReader` sind:

- `Peek` – das nächste Zeichen des Eingabestroms ansehen, ohne es zu lesen.
- `Read` – das nächste Zeichen lesen.
- `ReadLine` – die nächste Zeile bis zum Zeilenendezeichen lesen; das Zeilenendezeichen selbst wird nicht mit zurückgegeben.
- `ReadToEnd` – den ganzen Rest der Textdatei lesen.
- `Close` – die Textdatei schließen und die Ressourcen freigeben.

`TextWriter` stellt folgende Methoden zur Verfügung:

- `Write` – ist vielfach überladen, nimmt als Parameter jeden einfachen Datentyp und schreibt ihn in die Textdatei.
- `WriteLine` – wie `Write`, schreibt aber zusätzlich ein Zeilenendezeichen.
- `Close` – schließt die Textdatei und gibt die Ressourcen frei.

Von `TextReader` und `TextWriter` abgeleitete Klassen sind `StringReader` und `StringWriter`, mit denen man Zeichen aus Zeichenketten lesen bzw. in Zeichenketten schreiben kann, sowie `StreamReader` und `StreamWriter`, mit denen Textdateien bearbeitet werden können.

StreamReader und StreamWriter

Diese beiden Klassen implementieren die Methoden von `TextReader` und `TextWriter` für Textdateien; sie fügen keine wesentlichen, neuen Methoden hinzu. Die Konstruktoren von `StreamReader` und `StreamWriter` sind vielfach überladen, so dass es zahlreiche Möglichkeiten gibt, ein Objekt zu erzeugen und es mit einer Textdatei zu verbinden. Zwei davon sind:

```
Dim meineTextdatei As New StreamWriter("test.txt")
```

---

[62] Als Zeilenendezeichen werden der Wagenrücklauf (Zeichen 13 im ASCII-Code), der Zeilenvorschub (Zeichen 10) oder die Kombination von beiden Zeichen verstanden. Die Namen der Zeichen stammen noch aus der Schreibmaschinenzeit!

übergibt eine Pfadangabe als Argument; da geschrieben werden soll, wird eine neue Datei erstellt und eine eventuell vorhandene Datei gleichen Namens überschrieben.

```
Dim meineDatei As New FileStream(("test.txt",
    FileMode.Open, FileAccess.Read)
Dim meineTextdatei As New StreamReader(meineDatei)
```

erzeugt zunächst ein FileStream-Objekt und übergibt dieses dann an den Konstruktor des StreamReader-Objekts.

Eine weitere Alternative umgeht den Konstruktor:

```
Dim meineTextdatei As StreamReader
meineTextdatei = File.OpenText("test.txt")
```

Hier wird die StreamReader-Variable nur vereinbart. Die Verbindung zur Datei kommt über den Aufruf einer Klassenmethode der File-Klasse[63] namens `OpenText` zustande, die eine Textdatei zum Lesen öffnet und ein StreamReader-Objekt zurückgibt. `File` enthält auch Methoden namens `CreateText` zum Erstellen einer Textdatei und `AppendText` zum Anfügen an eine vorhandene Textdatei.

> ➔ Übung **Ein einfacher Texteditor** am Ende des Kapitels.

7.4 Objektpersistenz: Serialisierung und Deserialisierung

Die vorangegangenen Abschnitte dieses Kapitels haben verschiedene Arten des Umgangs mit Dateien, Verzeichnissen und Laufwerken aufgezeigt. Das war nötig und wichtig, da es immer wieder vorkommt, dass man auf vorhandene, von anderen erzeugte Dateien zugreifen muss oder Dateien in feststehenden Formaten zur Weitergabe an andere erzeugen muss.

Eine Frage ist aber noch nicht beantwortet: Angenommen, ich habe während eines Programmlaufs zahlreiche Mitarbeiter-, Programmierer- und Leitende Programmierer-Objekte erzeugt – wie kann ich diese Objekte am Ende eines Programmlaufs dauerhaft speichern und wie kann ich sie zu Beginn eines neuen Laufs wieder einlesen und somit da weitermachen, wo ich vorher aufgehört habe?

Die allgemeine Frage ist die nach der *Objektpersistenz*, d.h. der dauerhaften Speicherung des aktuellen Zustands von Objekten. Die Bedeutung dieser Frage ist offensichtlich; in großen Anwendungen, etwa Personalinformationssystemen, müssen Daten, etwa Mitarbeiterdaten,

---

[63] Vgl. "Path, Directory und File" in Kap. 7.1.

über viele Jahre gespeichert werden. Wegen dieser Bedeutung gibt es zahlreiche Lösungsansätze, von denen die meisten über den Rahmen dieses Buchs hinausgehen. Nahe liegend ist z.B. die Speicherung der Objekte in Datenbanken; je nach Art der Datenbank – objektorientiert, objekt-relational oder relational – muss mehr oder weniger viel Aufwand getrieben werden, um die Objekte in die Strukturen der Datenbank umzusetzen und umgekehrt.

Unter dem Begriff *Serialisierung* versteht man die Transformation eines Objekts in eine sequentielle Darstellung, die man dann gut in einen sequentiellen Datenstrom schreiben kann; *Deserialisierung* meint den umgekehrten Vorgang der Rückgewinnung eines Objekts aus einer sequentiellen Repräsentation.[64]

Dabei müssen nicht nur die Werte der privaten Variablen der Objekte, die ja zusammengenommen den Zustand der Objekte beschreiben, berücksichtigt werden, sondern auch die Querverbindungen zwischen den Objekten. So können Objekte andere Objekte beinhalten bzw. auf sie verweisen, wie der Leitende Programmierer die Mitglieder seines Teams; hier wird man versuchen, Redundanz zu vermeiden, indem man Programmierer nicht zweimal speichert – einmal als eigenständiges Objekt, einmal als Mitglied eines Teams.

Visual Basic .NET bietet mehrere vorgefertigte Varianten der Serialisierung und Deserialisierung an, die mit gar keinem bis wenig Aufwand einfach benutzt werden können. Drei davon werden im Folgenden vorgestellt:

- Die BinaryFormatter-Klasse, die im Binärformat serialisiert und deserialisiert.
- Die SOAPFormatter-Klasse, die XML-Datenströme nach der SOAP-Spezifikation erzeugt und verarbeitet.
- Die XMLSerializer-Klasse, die stark an Benutzerwünsche anpassbare XML-Daten produziert und liest.

BinaryFormatter
Um die BinaryFormatter-Klasse nutzen zu können, muss der Namensraum `System.Runtime.Serialization` importiert werden. Weiter muss jede Klasse, deren Objekte serialisiert werden sollen, mit dem Attribut `<Serializable()>` im Kopf der Klasse versehen werden, z.B. so:

```
<Serializable()> Public Class Mitarbeiter
...
```

Innerhalb einer solchen Klasse können einzelne Variablen, die *nicht* gespeichert werden sollen, mit dem Attribut `<NonSerialized()>` versehen werden.

`BinaryFormatter` baut, ähnlich wie `BinaryReader/-Writer`, auf einem FileStream-Objekt auf, d.h. im ersten Schritt wird mit einem FileStream-Objekt eine Verbindung zu einer Datei hergestellt; `BinaryFormatter` benutzt dann dieses Objekt, um Daten zu schreiben oder zu lesen.

---

[64] Vgl. z.B. <http://de.wikipedia.org/wiki/Serialisierung>.

Angenommen, die im Programm erzeugten Objekte seien in einer `ArrayList` gespeichert; dann sieht eine Prozedur zum Serialisieren so aus:

```
Private Sub SerialisiereBinaer(alleMA As ArrayList,
   dateiname As String)
   Dim meineDatei As FileStream
   Dim meinBinaerFormatierer As New _
      Formatters.Binary.BinaryFormatter
   Try
      meineDatei = New FileStream(dateiname,
         FileMode.Create, FileAccess.Write)
      meinBinaerFormatierer.Serialize(meineDatei, alleMA)
   Catch ex As Exception
      MessageBox.Show("Fehler beim Serialisieren!")
   Finally
      If Not (meineDatei Is Nothing) Then meineDatei.Close()
   End Try
End Sub
```

Die ganze Arbeit wird in der Serialize-Methode der BinaryFormatter-Klasse erledigt. Man erhält eine Datei mit Binärdaten, die einer direkten Inspektion nur schlecht zugänglich ist. Der umgekehrte Prozess der Deserialisierung liest diese Datei und gewinnt die darin gespeicherten Objekte zurück. Eine beispielhafte Prozedur ist die folgende:

```
Private Function DeserialisiereBinaer(dateiname As String
   ) As ArrayList
   Dim meineDatei As FileStream
   Dim meinBinaerFormatierer As New _
      Formatters.Binary.BinaryFormatter
   Try
      meineDatei = New FileStream(dateiname, FileMode.Open,
         FileAccess.Read)
      Return CType(
         meinBinaerFormatierer.Deserialize(meineDatei),
         ArrayList)
   Catch ex As Exception
      MessageBox.Show("Fehler beim Deserialisieren!")
      Return New ArrayList 'leere ArrayList zurückgeben
   Finally
      If Not (meineDatei Is Nothing) Then meineDatei.Close()
   End Try
End Function
```

Hier wird uns der Aufwand der Transformation von der Deserialize-Methode abgenommen. Bitte beachten Sie, dass diese Methode ein Objekt der Klasse `Object` zurückgibt, das noch in die gewünschte Klasse – hier `ArrayList` – umgewandelt werden muss.

SOAPFormatter

Diese Klasse unterscheidet sich von `BinaryFormatter` lediglich durch das Format, in dem die Daten in der Datei abgelegt werden. `SOAPFormatter` erstellt statt einer binären Datei eine XML-Datei, die dem SOAP-Standard entspricht. *SOAP*[65] steht für *Simple Object Access Protocol* und ist ein Standard für den Austausch von Daten und den Aufruf von Anwendungen auf entfernten Systemen, der wiederum auf *XML*[66] (*eXtensible Markup Language*) basiert. Weder XML noch SOAP selber sind Gegenstand dieses Buchs; deshalb nehmen wir dieses Format genauso als gegeben wie das Binärformat des `BinaryFormatter`.

Um `SOAPFormatter` verwenden zu können, muss der Namensraum `System.Runtime.Serialization.Formatters.Soap` importiert sowie dem Projekt der entsprechende Verweis hinzugefügt werden. Die `<Serializable()>`- und `<NonSerialized()>`-Attribute kennzeichnen – wie im vorigen Abschnitt – zu serialisierende Klassen und nicht zu serialisierende Variablen. Auch die Schichtung des Formatierers auf ein FileStream-Objekt funktioniert wie bei `BinaryFormatter`, so dass sich folgende Prozedur zum Serialisieren ergibt:

```
Private Sub SerialisiereSOAP(alleMA As ArrayList,
   dateiname As String)
   Dim meineDatei As FileStream
   Dim meinSOAPFormatierer As New _
      Formatters.SOAP.SOAPFormatter
   Try
      meineDatei = New FileStream(dateiname,
         FileMode.Create, FileAccess.Write)
      meinSOAPFormatierer.Serialize(meineDatei, alleMA)
   Catch ex As Exception
      MessageBox.Show("Fehler beim Serialisieren!")
   Finally
      If Not (meineDatei Is Nothing) Then meineDatei.Close()
   End Try
End Sub
```

Hier und in der folgenden Funktion zum Deserialisieren sind die Unterschiede zur binären Version hervorgehoben.

```
Private Function DeserialisiereSOAP(dateiname As String
   ) As ArrayList
   Dim meineDatei As FileStream
   Dim meinSOAPFormatierer As New _
      Formatters.Soap.SoapFormatter
   Try
```

---

[65] Vgl. z.B. <http://de.wikipedia.org/wiki/SOAP>.

[66] Vgl. z.B. <http://de.wikipedia.org/wiki/Xml>.

```
      meineDatei = New FileStream(dateiname,
        FileMode.Open, FileAccess.Read)
      Return CType(
        meinSOAPFormatierer.Deserialize(meineDatei),
        ArrayList)
      Catch ex As Exception
        MessageBox.Show("Fehler beim Deserialisieren!")
        Return New ArrayList() 'leere ArrayList zurückgeben
    Finally
      If Not (meineDatei Is Nothing) Then meineDatei.Close()
    End Try
  End Function
```

XML und damit auch SOAP sind Formate, die nur aus druckbaren Zeichen aufgebaut sind; deshalb kann man die vom SOAP-Serialisierer erzeugte Datei in jedem Texteditor betrachten. Ein Ausschnitt aus einer solchen Datei ist nachfolgend abgedruckt, wobei lange Zeilen mit hier irrelevantem Inhalt mit Auslassungszeichen (…) gekürzt sind.

Der Inhalt ist hinlänglich verständlich:

- In Zeilen 3 bis 6 findet sich die `ArrayList`, die das oberste Serialisierungsobjekt war. Sie hat fünf (`size`) Elemente (`items`).
- Diese fünf Elemente werden in den folgenden Zeilen (`item`) mit Hilfe von Verweisen (z.B. `#ref-3`) auf nachfolgende Objekte aufgezählt.
- Zwei der fünf Mitarbeiter-Objekte sind dargestellt (`ref-3` und `ref-4`); Sie erkennen die Werte der privaten Variablen `_persnr`, `_name` und `_gehalt`.

Die Klassenvariable `s_persnr`, in der die letzte vergebene Personalnummer festgehalten wird, findet sich übrigens nicht in der SOAP-Datei – und auch nicht in der Binärdatei. Sie muss also beim oder direkt nach dem Deserialisieren rekonstruiert werden, damit keine Personalnummern mehrfach vergeben werden.

7.4 Objektpersistenz: Serialisierung und Deserialisierung

```
<SOAP-ENV:Envelope …>
 <SOAP-ENV:Body>
  <a1:ArrayList id="ref-1" …>
   <_items href="#ref-2"/>
   <_size>5</_size>
   <_version>5</_version>
  </a1:ArrayList>
  <SOAP-ENC:Array id="ref-2"
   SOAP-ENC:arrayType="xsd:anyType[8]">
   <item href="#ref-3"/>
   <item href="#ref-4"/>
   <item href="#ref-5"/>
   <item href="#ref-6"/>
   <item href="#ref-7"/>
  </SOAP-ENC:Array>
  <a3:Mitarbeiter id="ref-3" …>
   <_persnr>1</_persnr>
   <_name id="ref-9">Eins</_name>
   <_gehalt>1000</_gehalt>
   <GehaltsgrenzeEvent xsi:null="1"/>
  </a3:Mitarbeiter>
  <a3:Mitarbeiter id="ref-4" …>
   <_persnr>2</_persnr>
   <_name id="ref-10">Zwei</_name>
   <_gehalt>2000</_gehalt>
   <GehaltsgrenzeEvent xsi:null="1"/>
  </a3:Mitarbeiter>
  …
 </SOAP-ENV:Body>
</SOAP-ENV:Envelope>
```

XMLSerializer

Während man bei der Serialisierung mittels SOAP keinen Einfluss auf den Aufbau der XML-Datei hat, ist `XMLSerializer` wesentlich flexibler, erfordert dafür aber auch höheren Aufwand in der Benutzung. Hier soll als Einstieg in die Möglichkeiten das obige Beispiel – Mitarbeiter-Objekte in einer `ArrayList` – für die Verwendung von `XMLSerializer` aufbereitet werden.

`XMLSerializer` behandelt als `Public` deklarierte Klassen und deren als `Public` vereinbarte Eigenschaften (Variablen oder Zugriffsfunktionen). Zugriffsfunktionen müssen Lesen und Schreiben ermöglichen. Für unsere Mitarbeiter-Klasse heißt das, dass wir auch das Schreiben der Personalnummer zulassen müssen, was eigentlich nicht vorgesehen war. Klassenvariablen werden von `XMLSerializer` nicht bearbeitet, deshalb müssen wir, wie am Ende des vorigen Abschnitts bereits erwähnt, nach dem Deserialisieren die letzte vergebene Personalnummer rekonstruieren und in der Klassenvariable `s_persnr` hinterlegen; dazu benötigen wir eine Zugriffsfunktion auf diese Variable.

`XMLSerializer` ist im Namensraum `System.Xml.Serialization` enthalten. Vor der Benutzung muss man dem XMLSerializer-Objekt bekannt geben, welche Klassen von ihm serialisiert werden sollen. In unserem Beispiel reicht es nicht, nur `ArrayList` zu nennen, weil in einer `ArrayList` beliebige Objekte abgelegt werden können. Wir müssen also zusätzlich die Klassen `Mitarbeiter`, `Programmierer` und `LeitenderProgrammierer` nennen. Einer der Konstruktoren der XMLSerializer-Klasse erlaubt die Angabe mehrerer Klassen auf die folgende Art:

```
Private meineTypen() As Type = {GetType(Mitarbeiter),
   GetType (Programmierer), GetType(LtdProg)}
Private meinXMLSerialisierer As New XmlSerializer(
   GetType(ArrayList), meineTypen)
```

Hier wird ein Array `meineTypen` vereinbart; die Elemente sind vom Typ `Type`, dessen Werte Typinformationen sind, wie man sie etwa mittels `GetType`[67] erhalten kann. Dem Konstruktor von `XMLSerializer` werden dann zwei Argumente übergeben: Das erste enthält den Typ des obersten Serialisierungsobjekts, das zweite eben dieses Array mit weiteren Typen.

Dann kann man die Serialize- und Deserialize-Methoden ähnlich wie schon beschrieben benutzen:

```
Private Sub SerialisiereXML(alleMA As ArrayList,
   dateiname As String)
   Dim meineDatei As FileStream
   Try
      meineDatei = New FileStream(dateiname,
         FileMode.Create, FileAccess.Write)
      meinXMLSerialisierer.Serialize(meineDatei, alleMA)
   Catch ex As Exception
      … 'Fehlerbehandlung
   Finally
      If Not (meineDatei Is Nothing) Then meineDatei.Close()
   End Try
End Sub
```

und

```
Private Function DeserialisiereXML(
   dateiname As String) As ArrayList
   Dim meineDatei As FileStream
```

---

[67] Vgl. Kap. 3.4 "Objektvariablen".

7.4 Objektpersistenz: Serialisierung und Deserialisierung

```
    Try
      meineDatei = New FileStream(dateiname,
        FileMode.Open, FileAccess.Read)
      Return CType(
        meinXMLSerialisierer.Deserialize(meineDatei),
        ArrayList)
    Catch ex As Exception
      … 'Fehlerbehandlung
    Finally
      If Not (meineDatei Is Nothing) Then meineDatei.Close()
    End Try
  End Function
```

Die erzeugte XML-Datei sieht für ein Beispiel mit zwei Mitarbeitern und einem Programmierer so aus:

```
<?xml version="1.0"?>
  <ArrayOfAnyType
    xmlns:xsi=http://www.w3.org/2001/XMLSchema-instance
    xmlns:xsd="http://www.w3.org/2001/XMLSchema">
    <anyType xsi:type="Mitarbeiter">
      <PersNr>1</PersNr>
      <Name>Meier</Name>
      <Gehalt>1000</Gehalt>
    </anyType>
    <anyType xsi:type="Programmierer">
      <PersNr>2</PersNr>
      <Name>Müller</Name>
      <Gehalt>2000</Gehalt>
    </anyType>
    <anyType xsi:type="Mitarbeiter">
      <PersNr>3</PersNr>
      <Name>Schulze</Name>
      <Gehalt>1500</Gehalt>
    </anyType>
  </ArrayOfAnyType>
```

Im Vergleich zu der SOAP-Datei sieht man, dass die Bezeichnungen der öffentlichen Zugriffsfunktionen statt der privaten Variablen verwendet werden, und dass die Tatsache, dass die Mitarbeiter-Objekte die Inhalte der `ArrayList` sind, durch die hierarchische Struktur, nicht durch Referenzierung, ausgedrückt werden.

`XMLSerializer` hat einen Nachteil, der auch bei unseren relativ einfachen Aufgaben bereits auftritt: Referenzen auf Objekte werden nicht als Referenzen, sondern als neue Objekte serialisiert. Das bedeutet, das die Team-Mitglieder eines Leitenden Programmierers in der serialisierten Datei nicht auf die vorhandenen Mitarbeiter und Programmierer verweisen, sondern neue Objekte (mit den gleichen Variablenwerten!) sind. Nach der Deserialisierung ist dann keine Verbindung zwischen den originären Mitarbeitern und den Team-Mitgliedern der Leitenden Programmierer mehr vorhanden, weil sie verschiedene Objekte sind.[68]

➔ Übung **Mitarbeiter 10** am Ende des Kapitels.

7.5 Übungen

Ein einfacher Texteditor

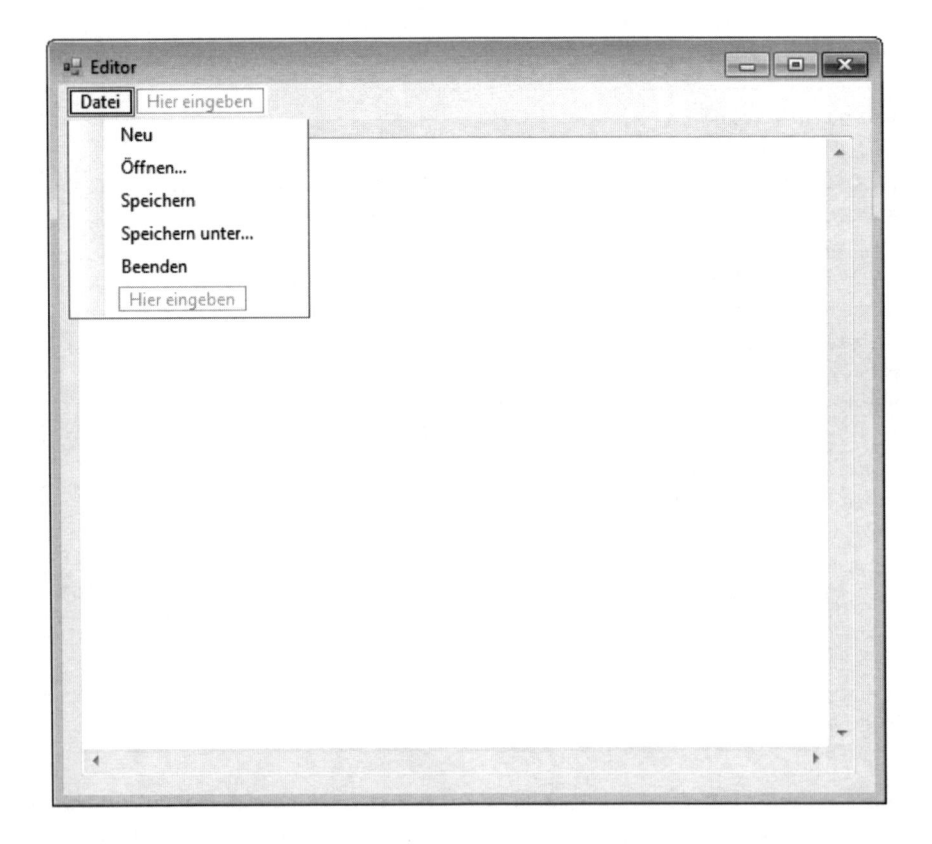

Abb. 7.5   Oberfläche des Texteditors

---

[68] In unserer einfachen Aufgabenstellung lässt sich dieses Problem leicht lösen, indem man nach der Deserialisierung anhand der Personalnummern die Team-Mitglieder wieder zu Verweisen auf die originären Mitarbeiter macht. Im generellen Fall kann dies aber ein KO-Kriterium gegen den Einsatz von `XMLSerializer` sein.

Erstellen Sie einen einfachen Texteditor, der aus einem mehrzeiligen Textfeld und einem Menü mit den Menüpunkten *Neu, Öffnen, Speichern, Speichern unter* und *Beenden* (mit den üblichen Bedeutungen) besteht. Sie sollen keine Textbearbeitungsfunktionen implementieren; die von dem Textfeld bereitgestellten Funktionen sollen genügen.

Neben dem Textfeld und dem Menü benötigen Sie noch je ein Objekt der Klassen `OpenFileDialog` und `SaveFileDialog`, die Sie aus der Toolbox in Ihr Fenster ziehen können.

Benutzen Sie StreamReader- und StreamWriter-Objekte für die Datei-Ein-/Ausgabe. Die Methoden `ReadToEnd` bzw. `Write` sind in der Lage, den kompletten Inhalt einer Textdatei auf einmal einzulesen bzw. den ganzen Inhalt des Textfelds auf einmal zu schreiben.

Mitarbeiter 10 – Die Mitarbeiterdatei

Erweitern Sie Ihre Lösung zu **Mitarbeiter 9** wie folgt: Speichern Sie die Mitarbeiterdaten beim Beenden des Programms in einer Datei ab (Serialisierung). Lesen Sie diese Daten beim Start des Programms wieder ein (Deserialisierung).

Entwickeln Sie drei Varianten:

- mittels `BinaryFormatter`.
- mittels `SOAPFormatter`.
- mittels `XMLSerializer`.

Berücksichtigen Sie auch das Problem, dass die Klassenvariable, die die letzte vergebene Personalnummer enthält, nicht gespeichert wird. Denken Sie bei der Variante mit `XMLSerializer` auch daran, dass referenzierte Objekte nicht als solche gespeichert werden, sondern zu neuen Objekten werden.

Im einfachen Fall stellen Sie den Namen und den Speicherort der Datei fest im Programm ein. Sie können auch den Benutzer die Datei auswählen lassen (mit `OpenFileDialog` und `SaveFileDialog`).

8 .NET-Programmdateien (Assemblies)

> **Lernziel**
> Das letzte Kapitel beschäftigt sich mit der Frage, wie man Visual Basic .NET-Programme weitergibt. Daran anknüpfend werfen wir einen kurzen Blick hinter den Vorhang, damit Sie einen Eindruck davon erhalten, wie das alles funktioniert.

8.1 Weitergabe von Visual Basic .NET-Programmen

Ihr Programm ist fertig, und Sie wollen es dem Auftraggeber zur Installation auf seinem Rechner übergeben. Was ist zu tun? Sie müssen keine Installationsroutinen schreiben oder Setup-Programme benutzen, sondern lediglich zwei Schritte ausführen:

- Der Auftraggeber muss auf seinem Rechner das .NET Framework installieren, das kostenlos bei Microsoft[69] erhältlich ist. Benutzt er Windows Vista oder Windows 7, ist es schon bei der Installation des Betriebssystems mit installiert worden.
- Geben Sie alle Dateien aus dem Unterverzeichnis `bin\Release` des Projektverzeichnisses weiter. Dort finden sich das ausführbare Programm (`.exe`), benötigte eigene Klassenbibliotheken (`.dll`) sowie einige weitere Dateien. Alle diese Dateien werden automatisch erzeugt, wenn Sie in der Entwicklungsumgebung *Erstellen > Konfigurations-Manager* wählen, im Fenster *Konfigurations-Manager* unter *Konfiguration der aktuellen Projektmappe* statt *Debug* den Punkt *Release* wählen und anschließend *Erstellen > projektname erstellen* anklicken. Der Auftraggeber kopiert die Dateien in ein Verzeichnis seiner Wahl.

Das ist also sehr unkompliziert – es gibt keine Registry-Einträge und keine Abhängigkeiten von anderen Komponenten außer dem .NET Framework. Für Dateien, die von Ihrem Programm erzeugt und/oder verarbeitet werden, können Sie so vorgehen:

---

[69] Suchen Sie auf der Seite <http://www.microsoft.com/downloads/de-de/default.aspx> nach dem Begriff ".NET Framework".

- Programminterne Dateien, die Ihr Programm benötigt, die der Anwender aber nicht sehen muss, gehören ins Programmverzeichnis. Das erreichen Sie, indem Sie beim Anlegen der Datei nur den Dateinamen ohne Verzeichnisangabe nennen; die Datei landet dann im aktuellen Verzeichnis, welches das Verzeichnis mit dem ausführbaren Programm ist.
- Dateien mit den Daten des Anwenders sollten da gespeichert werden, wo der Anwender es möchte. Es bietet sich die Verwendung der Standarddialoge [70] zum Speichern und Öffnen von Dateien an, mit deren Hilfe der Anwender einen Speicherort seiner Wahl bestimmen kann.

8.2 Assemblies

Eine Assembly ist die kleinste weitergebbare Code-Einheit; im Normalfall ist sie eine ausführbare Datei (.exe) oder eine Klassenbibliothek (.dll). Sie enthält, wie schon in Kapitel 1.1 erläutert, MSIL-Code (Intermediate Language), der vom .NET-Laufzeitsystem CLR (Common Language Runtime) ausgeführt wird. Weiter enthält eine Assembly Daten, die ihren Inhalt beschreiben.

Man unterscheidet zwischen privaten und gemeinsamen (shared) Assemblies. Private Assemblies gehören einer einzelnen Anwendung und befinden sich im Anwendungsverzeichnis. Wir haben im Verlauf dieses Buchs stets – ohne es ausdrücklich zu sagen – private Assemblies erzeugt. Wenn man einem Projekt einen Verweis auf eine selbst erstellte Klassenbibliothek wie z.B. die mit den Mitarbeiter-Klassen[71] hinzufügt, dann wird diese Assembly automatisch ins Anwendungsverzeichnis kopiert. Die Verbindung zum Original bleibt dabei erhalten. Vor jedem neuen Programmablauf wird geprüft, ob eine neue Version der Klassenbibliothek vorliegt; wenn das so ist, wird eine neue Kopie erstellt. In Abb. 8.1 sehen Sie das Anwendungsverzeichnis der Lösung zu Mitarbeiter 10 mit den Klassenbibliotheken `MA7Assembly.dll` und `PosZahlTB`.

Jede Anwendung hat also einen kompletten Satz ihrer eigenen Assemblies. Eine häufig verwendete Assembly kann also in zahlreichen Kopien in vielen Anwendungen vertreten sein. Ältere Anwendungen können auch – völlig problemlos – alte Versionen dieser Assembly verwenden. Der einzige Nachteil ist darin zu sehen, dass die Kopien Platz auf dem externen Speicher belegen; bei den heutigen Festplattenpreisen ist das aber kein echtes Problem.

Die zum .NET Framework gehörenden Assemblies werden nicht ins Anwendungsverzeichnis kopiert. Sie sind gemeinsame (shared) Assemblies, die an einem speziellen Ort, dem *GAC (Global Assembly Cache),* residieren. Sie finden ihn unter Windows 7 und Windows Vista im Verzeichnis `C:\Windows\assembly`. Dieses Verzeichnis können Sie mit dem Windows Explorer betrachten; ein Explorer-Zusatzmodul zeigt den Inhalt etwas anders an als normale Dateien. Abb. 8.2 stellt einen Ausschnitt dar.

---

[70] Vgl. Kap. 7.2 "Standarddialoge".

[71] Vgl. die Übung "Mitarbeiter 7 – Erstellen einer Klassenbibliothek" in Kap. 6.8.

8.2 Assemblies

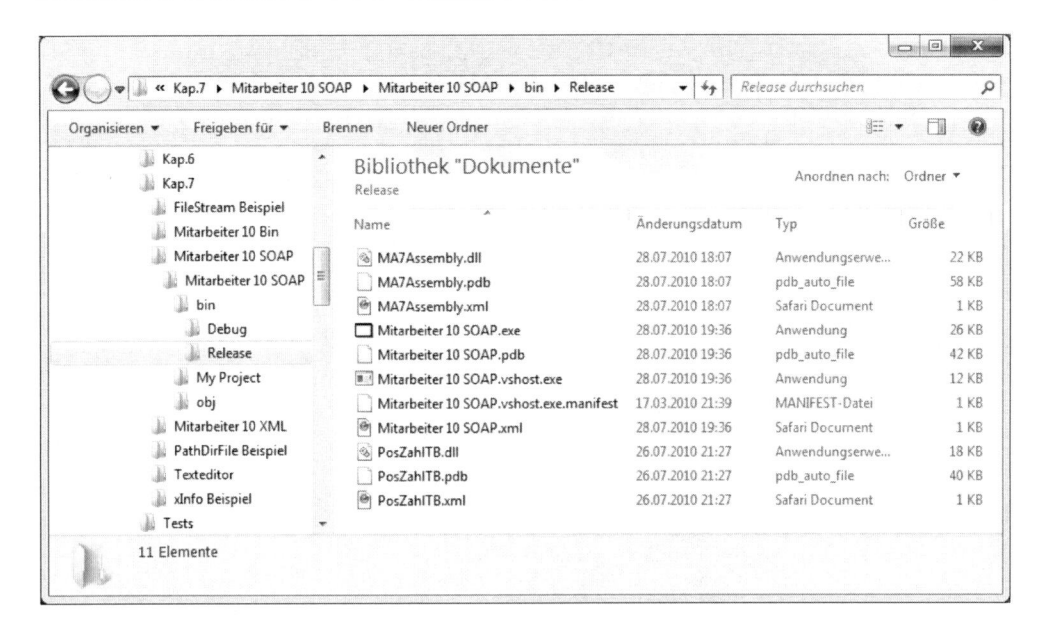

Abb. 8.1 *Anwendungsverzeichnis*

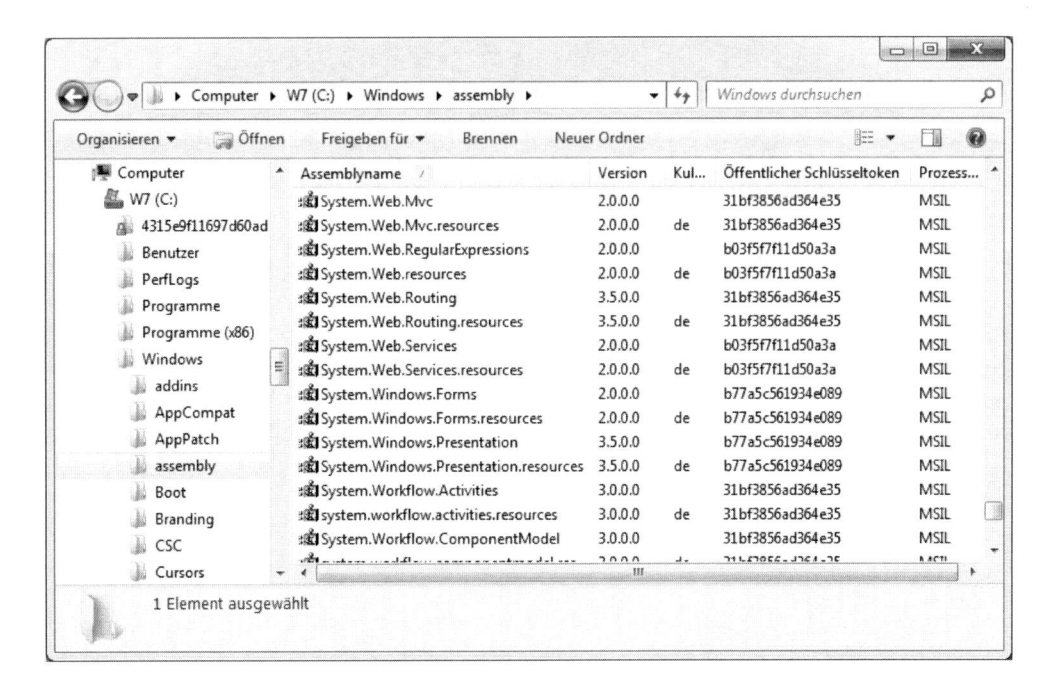

Abb. 8.2 *Global Assembly Cache*

Die in einer Assembly enthaltenen Beschreibungsdaten sind in der Datei `AssemblyInfo.vb` enthalten, die jedem Projekt automatisch hinzugefügt wird. Zugriff auf diese Datei erhalten Sie, wenn Sie im Projektmappen-Explorer auf `My Project` doppelklicken und dann auf der Registerkarte *Anwendung* die Schaltfläche *Assemblyinformationen* drücken. Alternativ können Sie im Projektmappen-Explorer *Alle Dateien anzeigen* wählen und dann die unterhalb von `My Project` befindliche Datei `AssemblyInfo.vb` öffnen. Sie können dann die in Abb. 8.3 gezeigten Informationen eingeben.

Abb. 8.3 Assembly-Informationen

Diese Informationen finden sich in der übersetzten Assembly wieder. Um sie sichtbar zu machen, verwenden Sie das Hilfsprogramm `ildasm.exe` (*Intermediate Language DisAsseMbler*).[72] Wenn Sie mit ihm eine Assembly öffnen, sehen Sie zahlreiche Details, wie in Abb. 8.4 angedeutet, darunter auch ein Element namens `MANIFEST`, das die Assembly-Informationen enthält.

---

[72] Das Programm finden Sie nicht im Start-Menü. Lassen Sie auf `C:` danach suchen.

8.2 Assemblies

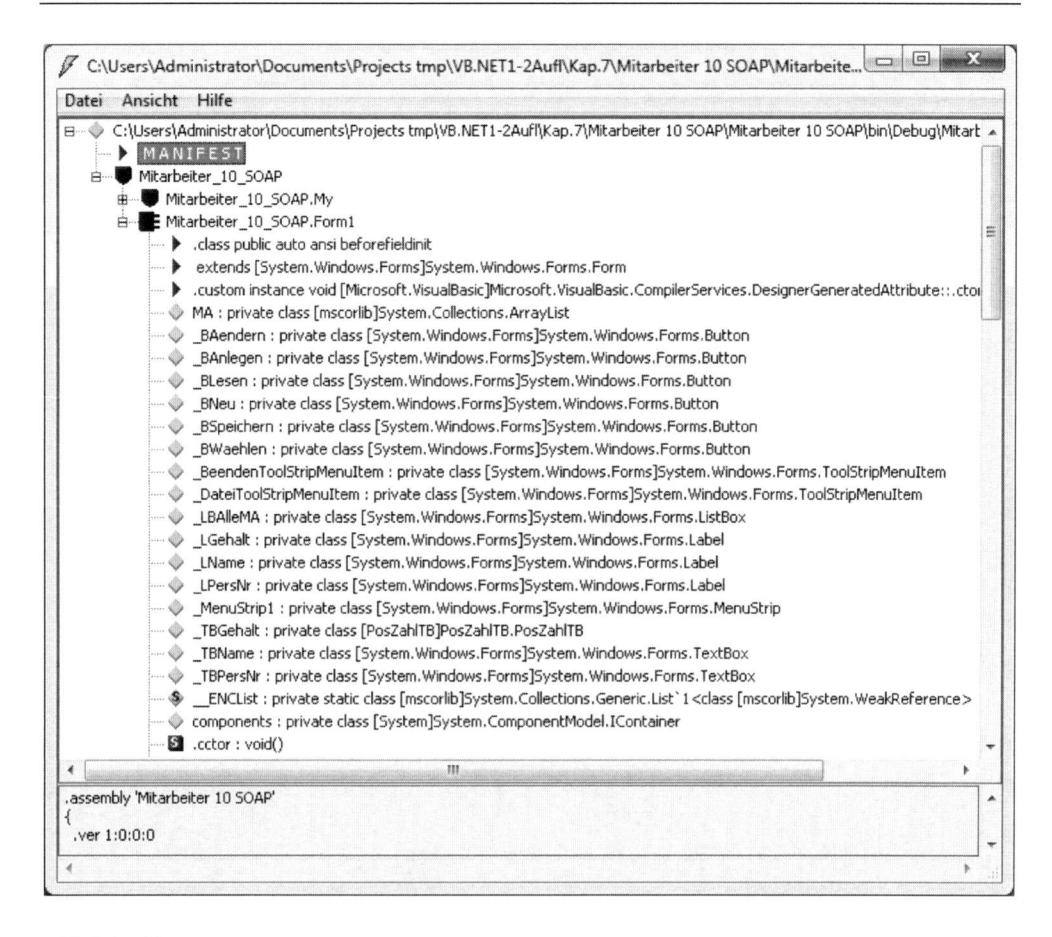

Abb. 8.4 ildasm.exe

Soweit diese kurze und oberflächliche Tour. Festzuhalten ist am Ende dieses Kapitels:

- Die Weitergabe von Anwendungen, die mit Visual Basic .NET erstellt wurden, ist äußerst einfach.
- Das Konzept, alle benötigten privaten Assemblies in das Anwendungsverzeichnis zu kopieren, eliminiert Versions- und Verfügbarkeitsprobleme.
- Die Selbstbeschreibung von Assemblies durch Metadaten, die auch in den übersetzten Code übernommen werden, erlaubt die Identifikation von Dateien auch ohne deren Quellcode.

Literatur

Es gibt zahlreiche Bücher zu Visual Basic .NET, sowohl Lehrbücher als auch Nachschlagewerke. Hier sollen nur drei Werke genannt werden:

Cornell, Gary, Morrison, Jonathan: Programming VB.NET: A Guide for Experienced Programmers, Berkeley: Apress 2002

> Dieses Buch ist didaktisch gut aufgebaut und hat meine Auswahl und Präsentation des Materials beeinflusst. Es ist auf dem Stand der Beta-Versionen von Visual Studio 2003.

Balena, Francesco: Programming Microsoft Visual Basic .NET, Redmond, WA: Microsoft Press 2002

> In diesem Nachschlagewerk mit fast 1600 Seiten findet man alles zu Visual Studio 2003, wenn man nur lange genug sucht.

MacDonald, Matthew: Microsoft Visual Basic .NET Programmer's Cookbook, Redmond, WA: Microsoft Press 2003

> Eine Fundgrube für komplette Programme und Codeschnipsel zu zahlreichen Problemstellungen. Stand: Visual Studio 2003.

Index

.NET, 13
Abonnent, 112
Abstrakte Klasse, 92
Abstrakte Methode, 91
Abstraktion, 64
Activated, 138
AddHandler, 113
AddressOf, 113
Adressübergabe, 56
Aggregation, 64
Aktivierreihenfolge, 133
And, 50
Anweisung, 31
Anwendungstyp, 147
AppendText, 168
ApplicationException, 122
Architektur, 14
Argument, 55
Arithmetischer Operator, 38
Array, 42
ArrayList, 102
Array-Literal, 42
Assembly, 127, 147, 180
AssemblyInfo.vb, 182
Assemblyinformationen, 147, 182
Auflistungsinitialisierer, 105
Automatisch implementierte Eigenschaft, 75
Automatisches Einfügen eines Property-Abschnitts, 76
Bedingung, 48
Befehlsschaltfläche, 130
Benutzung, 64
Bezeichnungsfeld, 130
BinaryFormatter, 169
BinaryReader, 166
BinaryWriter, 166

Boolean, 35
Boxing, 88
Browsable, 146
Button, 130
ByRef, 56
Byte, 34
ByVal, 56
Call, 54
Cancel, 146
CancelEventArgs, 145
Catch, 119
CausesValidation, 145
CBool, 40
CByte, 40
CChar, 40
CDate, 40
CDbl, 40
CDec, 40
Char, 35
CheckBox, 130
CheckedChanged, 138
CInt, 40
Class, 74
Click, 138, 142
CLng, 40
Clone, 100
Close, 148, 163
Closed, 138
Closing, 138
Codeansicht, 133
Code-Vervollständigung, 27
Collection, 101
ComboBox, 130
CommonDialog, 159
CompareTo, 105
Console.ReadLine, 19

`Console.Write`, 19
`Console.WriteLine`, 19
`ContextMenuStrip`, 140
`Control`, 128
`Controls`, 135
`CreateText`, 168
`CShort`, 40
`CSng`, 40
`CStr`, 40
`CType`, 41
`Date`, 35
Datenstrom, 160
Datentyp, 32
`DateTime`, 144
Deactivate, 138
Debuggen starten, 29
`Decimal`, 35
Deklaration, 66
Deserialisierung, 169
`Deserialize`, 170, 171, 174
Destruktor, 70
Dezimalpunkt, 35
`DialogResult`, 159
`Dim`, 36
`Directory`, 152
`DirectoryInfo`, 154
`DirectoryNotFoundException`, 161
Direktzugriff, 162
`DivideByZeroException`, 122
`Do`, 50
`Double`, 35
Eigenschaft, 63, 74
Eigenschaften-Fenster, 25, 131
Einfacher Datentyp, 34
`Enabled`, 133
`EndOfStreamException`, 162
`Enter`, 145
Enthaltensein, 64
Entscheidung, 45
Entwurfsansicht, 133
`Enum`, 44
`Equals`, 94
Ereignis, 110
Ereignisprozedur, 137
Erweiterung, 151

`Event`, 111
`EventArgs`, 114
`Exception`, 121
`Exit For`, 52
Fakultät, 59
Feld, 42
`File`, 152
`FileAccess`, 163
`FileDialog`, 158
`FileInfo`, 155
`FileMode`, 163
`FileName`, 158
`FileNotFoundException`, 161
`FileStream`, 161, 163
`FileSystemInfo`, 154
`Filter`, 158
`Finally`, 119
`Flush`, 163
Fokus, 138, 139, 145
`For`, 51
`For Each`, 52, 103
`Friend`, 78
`Function`, 53
GAC (Global Assembly Cache), 180
Garbage Collection, 70
Gehe zu Definition, 29
Generate From Usage, 57, 79
Geschichte, 15
`Get`, 74
`GetEnumerator`, 104
`GetType`, 73, 174
`GotFocus`, 138, 139, 145
`GroupBox`, 130
Hallo Welt!, 19
`Handles`, 112
Hauptmenü, 140
Hauptverzeichnis, 151
`Height`, 131
Herausgeben und Abonnieren, 110
Herausgeber, 111
Hilfe, 29
`ICloneable`, 100
`IComparable`, 105
`IEnumerable`, 104
`IEnumerator`, 104

Index

If, 45
ildasm.exe, 182
IList, 104
Implements, 97
Implizite Zeilenfortsetzung, 32
Imports, 28
Index, 42
Inherits, 90
InitializeComponent, 135
Instanziierung, 66
Int16, 36
Int32, 36
Int64, 36
Integer, 34
Integration, 14
IntelliSense, 27, 67
Interface, 96, 97
Intermediate Language, 14, 180
Interval, 142
IOException, 161
Is, 72
Items, 133
Kapselung, 64
KeyChar, 139
KeyCode, 139
KeyDown, 139
KeyEventArgs, 139
KeyPress, 139
KeyPressEventArgs, 139
Keys, 139
KeyUp, 139
Klasse, 64
Klassenbibliothek, 24, 127, 147
Klassendiagramm, 90, 97
Klassenereignis, 115
Klassenkonstruktor, 81
Klassenmethode, 67, 81
Klassenvariable, 80
Kombinationsfeld, 130
Kommandozeilen-Compiler, 17
Kommentar, 32
Konsolenanwendung, 24
Konstante, 37
Konstruktor, 66, 69
Kontextmenü, 140

Kontrollkästchen, 130
Label, 130
Laufwerksbuchstabe, 151
Laufzeitfehler, 118
Leave, 145
Length, 40
Like, 49
ListBox, 130
Listenfeld, 130
Literal, 34
Load, 138
Location, 133
Logischer Operator, 50
Lokaler Typrückschluss, 37, 42
Long, 34
LostFocus, 138, 139, 145
Me, 78
Mehrfachvererbung, 96
Member automatisch auflisten, 67
MemberwiseClone, 95
MenuStrip, 140
Messagebox.Show, 22
Methode, 63
Methodenüberladung, 67
Mitarbeiter 1, 81
Mitarbeiter 10, 177
Mitarbeiter 2, 106
Mitarbeiter 2a, 106
Mitarbeiter 2b, 107
Mitarbeiter 3a, 107
Mitarbeiter 3b, 107
Mitarbeiter 4, 108
Mitarbeiter 5, 116
Mitarbeiter 6, 125
Mitarbeiter 7, 147, 180
Mitarbeiter 8, 147
Mitarbeiter 9, 148
Mitglied, 64
Mono, 17
MouseDown, 139
MouseUp, 139
Müllabfuhr, 70
Multiline, 131
Muster, 49
MustOverride, 91

`My Project`, 25, 182
`MyBase`, 78
`MyClass`, 78
Namensraum, 93
Namespace, 93
`New`, 69, 78
`NonSerialized`, 169, 171
`Not`, 50
`Nothing`, 72
`NotInheritable`, 92
`NotOverridable`, 91
Oberklasse, 89
`Object`, 71, 93
Objekt, 64
Objektbrowser, 29, 93
Objektmethode, 67
Objektpersistenz, 168
Objektvariable, 71
`OpenFileDialog`, 160
`OpenText`, 168
Operator, 38
`Option Compare Binary`, 49
`Option Compare Text`, 50
`Option Explicit`, 26
`Option Strict`, 26
Optionsfeld, 130
`Or`, 50
`Overloads`, 78
`Overridable`, 91
`Overrides`, 91
Parameter, 55
Parameterinformationen, 67
`Partial`, 134
`Path`, 152
`PathTooLongException`, 161
Pfad, 151
Polymorphie, 65
`Preserve`, 43
`Private`, 74
Private Variable, 74
Projekteigenschaften, 147
Projektmappen-Explorer, 25
Projekttyp, 24
`Property`, 74
`Protected`, 78

Prototyp, 130
Prozedur, 52
Prozedurrumpf, 57, 138
`Public`, 74
publish and subscribe, 110
Punkt-Notation, 67
`RadioButton`, 130
Rahmen, 130
`RaiseEvent`, 111
`Random`, 66
`Read`, 162
`ReadByte`, 162
`Readonly`, 77, 133
`ReDim`, 43
`ReDim Preserve`, 43
`ReferenceEquals`, 95
Referenztyp, 87
Referenzübergabe, 56
Rekursion, 59
`RemoveHandler`, 113
`Return`, 53
`SaveFileDialog`, 160
Schnittstelle, 96
`Select Case`, 47
`SelectedIndexChanged`, 138
sequentiell, 162
Sequenz, 45
Serialisierung, 169
`Serializable`, 169, 171
`Serialize`, 170, 171, 174
`Set`, 74
`Shared`, 81, 115
SharpDevelop, 17
`Short`, 34
`ShortcutKeys`, 142
`ShowDialog`, 159
`ShowShortcutKeys`, 142
`Single`, 35
`Size`, 131
SOAP, 171
`SOAPFormatter`, 171
`Sort`, 43
`StackTrace`, 122
Standardkonstruktor, 69
`Start`, 142

Steuerelement, 128
Stop, 142
Stream, 161
StreamReader, 167
StreamWriter, 167
String, 35
StringBuilder, 70
Strukturierte Ausnahmebehandlung, 117
Stub, 57
Sub, 53
Symbolleiste, 140
SystemException, 122
TabIndex, 133
Tastenkombination, 142
Text, 131
TextBox, 130
TextChanged, 138
Textdatei, 167
TextReader, 167
TextWriter, 167
Throw, 123
Tick, 142
Timer, 142
ToLower, 40
Toolbox, 128, 129
ToolStrip, 140
ToolStripMenuItem, 142
ToString, 95
ToUpper, 40
Try, 119
Try-Block, 119
TypeName, 73
TypeOf, 73
Überladen, 68, 78
Überschreiben, 91
Unboxing, 88
Unicode, 35
Unterklasse, 89

Unterstützung, 64
Validated, 145
Validating, 145
Value, 74
Variable, 32
Variablenname, 33
vbc.exe, 17
Vererbung, 64, 65, 89, 99
Vergleichsoperator, 48, 72
Verkettungsoperator, 38
Verweis hinzufügen, 28
Virtuelle Methode, 91
Visible, 133
Visual Inheritance, 144
Visual Studio-Entwicklungsumgebung, 23
Wahrheitswert, 35
Weitergabe von Programmen, 179
Wertetyp, 87
Wertübergabe, 55, 73
Width, 131
Wiederholung, 50
Windows Forms-Anwendung, 24, 128
Windows-Gebietsschema, 50
WithEvents, 112, 135
Write, 163
WriteByte, 162
Writeonly, 77
XML, 171, 173
XMLSerializer, 173
Xor, 50
Zeichen- und zeilenorientierte Ein- und Ausgabe, 19
Zeichenkettenvergleich, 49
Zeitgeber, 142
Zufallszahl, 66
Zugriffsmodifizierer, 78
Zugriffstaste, 141
Zuweisung, 37